KB122873

전국책
명문장
100구

戰國策

Copyright ©2006 by Gong Sun Ce

Korean Translation Copyright ©2016 by Nulmin Books
This Translation is published by arrangement with BUSINESS WEEKLY
PUBLICATIONS A DIVISION OF CITE PUBLISHING LTD. through
SilkRoad Agency, Seoul, Korea.

All rights reserved.

이 책의 한국어판 저작권은 실크로드 에이전시를 통해 BUSINESS WEEKLY
PUBLICATIONS A DIVISION OF CITE PUBLISHING LTD.와 독점 계약한
도서출판 눌민에 있습니다.
저작권법에 의해 한국 내에서 보호를 받는 저작물이므로 무단 전재와 복제를
금합니다.

戰國策

험난한 시대를 살아가기 위한 지략과 계책 배우기

전국책
명문장
100구

계욱승 기획 | 공손책 지음 | 안소민 옮김

나루

군자이건 소인이건 각각
이 안에서 얻는 것이 있으리라

『전국책(戰國策)』의 원작자가 누구인지는 정확히 알 수 없으나, 전국 시대 각국 제후의 사관들이 기록했다는 것이 정설로 알려져 있다. 서한(西漢) 시대에 이르러 유향(劉向)이 그것을 33권으로 정리하고 나라별로 구분한 뒤 『전국책』이라고 명명했다.

『전국책』에 담긴 내용은 그 시대의 책사들이 여러 제후 군주들을 위해, 혹은 눈앞의 당면한 문제를 해결하기 위해 내놓은 구체적인 방안들이다. 당시의 국제 정세가 복잡하고 예측하기 어려울 만큼 빠르게 진행되었으므로 그들이 내놓는 방침과 계책 또한 변화무쌍하고 다단(多端)했다. 그러므로 이 책은 일종의 '임기응변 지침서'라고 불릴만하다.

어려운 상황에 직면하여 어떻게 해야 할지 알 수 없을 때, 조급하게 점집으로 달려가 운세를 점치기 전에 『전국책』을 펼쳐보라. 틀림없이 어려움을 타개할 만한 요긴한 계책을 발견하게 될 것이다. 그러나 한편으로 그것은 '임기응변'에 불과하므로 중장기적으로는 예기치 않은 후유증을 겪게 될 가능성도 있다. 그러므로 유향은 『전국책』의 서록(書錄)에서 그 한계를 다음과 같이 정확히 지적했다.

"남을 위해 계책을 모의하는 자들은 당시 형세에 근거하여 의견을 제시하고 시기에 맞추어 행동하지 않을 수 없었다(爲之謀策者, 不得不

因勢而爲資, 據時而爲)."

　그러면서도 그는 『전국책』에 수록된 계책을 아래와 같이 긍정적으로 평가하기도 했다.

　"뛰어난 능력을 가진 인재와 날카로운 통찰력을 지닌 지식인들이 그 당시 군주가 할 수 있는 바를 헤아려 기이한 계책과 지혜를 내놓았다. 이는 모두 위기를 안정으로 바꾸고 죽음을 삶으로 바꾸어놓은 것들이니, 또한 즐길 만하고 모두 살펴볼 만하다(皆高才利士度時君之所能行, 出奇策異智, 轉危爲安, 運亡爲存, 亦可喜, 皆可觀)."

　후대에 『전국책』을 교정했던 학자들 가운데 송대(宋代)의 증공(曾鞏)은 이렇게 말했다.

　"서로를 따라다니며 그것을 행한다면 이롭지 않은 것이 없지만, 결국 그 해로움을 이기지는 못할 것이요. 얻는 바가 있을 것이나 손실을 이기지는 못할 것이다(其相率而爲之者, 莫不有利焉而不勝其害也, 有得焉而不勝其失也)."

　원대(元代) 오사도(吳師道)도 이렇게 말했다.

　"시작은 이롭지만 결국에는 해롭고, 얻는 것은 적으며 잃는 것은 많다(見其始利而終害, 小得而大喪)."

　중국의 지식인들은 수백 수천 년 동안 유가(儒家)를 핵심사상으로 삼고 신봉했다. 그로 인해 머리를 굴려 계책을 짜내는 『전국책』의 논의들은 유가의 사상에 얽매여 있는 수구주의자들에게 공격받기 쉬웠다. 『전국책』을 교정하는 학자들이 그에 대한 한두 줄의 논평을 덧붙임으로써 '자신을 방어하는 수단'으로 삼고자 했던 것도 그래서이다. 그 가운데 그나마 덜 부정적인 평가는 '군자이건 소인이건 각자 이 안에서 얻는 것이 있다(君子小人各有得焉)'라는 것이었다. 다시 말해, 이 책은 군자와 소인이 저마다 필요한 바를 취할 수 있으므로 여전히 존재 가치가 있다는 것이다. 만약 이러한 평가가 없었다면 『전국책』은 아마도 일찌감치 일부 당권 보수파에 의해 '금지'되었을 것이다.

그러나 「온고지신 인문학」 시리즈의 출판 목적은 '계책'을 다루는데 있는 것이 아니라 '경전의 명구'를 진지하게 다루는데 있으므로 유가적 '도리'의 문제와는 관계가 적다. 그러나 다른 한편으로는 그런 이유로 좀 더 훌륭한 '계책'을 수록하지 못할 때도 있었다. 예컨대, 감라(甘羅)가 열두 살에 진(秦)나라를 위해 연(燕)나라와 조(趙)나라에 사신으로 갔던 이야기는 내용뿐 아니라 문체도 대단히 뛰어나다. 그런데도 그 가운데 경전으로 삼을 만한 명언을 단 한 구절도 찾을수 없었으므로 과감히 미련을 버릴 수밖에 없었다.

또한, 채택한 명구가 반드시 원래 이야기의 요지(要旨)이거나 경구(警句)일 필요는 없었다. 따라서 필자는 각 경전의 명구에 부제를 달아 해당 내용이 '무슨 무슨 계책'임을 풀이했고, 〈고전의 지혜〉를 통해 추출한 경전 명구에 주석을 달거나 확장 표현을 덧붙였다.

이 시리즈의 기획 단계 초기에 '사자성어는 최대한 피하자'라는 암묵적인 합의가 있었다. 따라서 『전국책·제책(齊策)』의 '화사첨족(畫蛇添足)'이나 『전국책·초책(楚策)』의 '경궁지조(驚弓之鳥)'와 같은 성어는 아무리 훌륭한 내용을 담고 있다 할지라도 선택하지 않았다. 그 밖에도 시리즈로 앞서 출판된 『사기(史記)』 등에 이미 사용된 명구는 최대한 중복하지 않으려고 노력했다. 예를 들어, "선비는 자신을 알아주는 이를 위해 죽고 여인은 자신을 행복하게 해주는 이를 위해 꾸민다(士爲知己者死, 女爲悅己者容)"와 같은 명구는 과감히 제외했다.

집필 과정에서 가장 어려운 부분은 무엇을 명구로 채택할 것인가의 문제였다. '경전'에 대한 정의가 사람마다 제각각 다를 수 있기 때문이다. 필자는 개인적으로 '중·고등학생 수준'을 기준으로 문장을 선별한 뒤 70개가량의 구절을 뽑아냈다. 좋은 이야기나 계책 100개 토막을 선별하는 데는 전혀 어려움이 없었지만, 반드시 경전 명구가 포함되어야 했기 때문이었다. 내키지는 않지만, '넘칠지언정 부족해서는 안 된다'는 심정으로 여기에 『좌전(左傳)』과 『설원(說苑)』에 수록된 명구 이야기를 추가했다. 이 두 책 모두 춘추전국시대의 일들을 기록한 것인 데다 『좌전』의 저자 좌구명(左丘明)이 기본적으로 진지한 사람이라 어느 정도 『전국책』의 '계략적 기질[術氣]'을 줄여줄 수 있을 것으로 기대했다. 게다가 『설원』의 저자도 유향이라 세 권의 이야기를 한 책 안에 두어도 전혀 어색하지 않으리라 판단했다.

하지만 『좌전』은 평론에 치중하는 글로서 오로지 계책과 모략을 중시하는 『전국책』의 서술과는 사뭇 다르므로 『좌전』에서 추출된 명구의 부제는 '무슨 무슨 계책'으로 붙이지 않고, '무슨 무슨 이치', '무슨 무슨 주장', '무슨 무슨 변론' 등으로 바꾸었다.

아무튼, 이 책이 독자들에게 도움이 되길 바란다. 명구를 배우고 옛이야기를 살펴보기 위해서든 역사를 읽기 위해서든 저마다 '얻는 바가 있을 것'이다.

— 공손책

제5장　　**원만한 대인관계를 위한 책략**

일러두기

1 이 책은 대만 상주출판사(商周出版社)의 「중문 경전 100구(中文經典100句)」 시리즈 중 『전국책(戰國策)』을

   번역한 것으로, 서한(西漢) 시대의 유향(劉向)이 정리해 펴낸 『전국책』에서 핵심적인 구절 100개를 가려내어

   그 뜻과 그 속에 담긴 역사적 사건을 설명하고 역사적으로 쓰인 용례와 오늘날의 용례를 정리한 책이다.

2 책명은 『 』으로 묶어 표기하고, 편명은 「 」로 묶어 표기했다.

3 본문의 이해를 돕기 위해 역자가 내용을 보충한 경우에는 따로 주석을 달지 않고 본문 내용 중에 풀어서 설명했다.

제 1장

안정된 삶을 위한 책략

- 과거를 잊지 않고 미래의 스승으로 삼는다

귀한 까닭을 귀하게 여겨야 귀해진다

권력의 근원을 정확히 아는 계책

001

諺曰: '貴其所以貴者貴[1].' 今王之愛習[2]公也,
언왈: '귀 기 소 이 귀 자 귀[1].' 금 왕 지 애 습[2] 공 야,

不如公孫郝. 其知能[3]公也, 不如甘茂.
불 여 공 손 학. 기 지 능[3] 공 야, 불 여 감 무.

今二人者, 皆不得親[4]於事矣,
금 이 인 자, 개 부 득 친[4] 어 사 의,

而公獨與王主斷[5]於國者,
이 공 독 여 왕 주 단[5] 어 국 자,

彼有以[6]失之也.
피 유 이[6] 실 지 야.

—『戰國策·韓策』

1 貴(귀): 첫 번째 '貴'는 동사로 '존중하다'의 뜻이고, 두 번째, 세 번째 '貴'는 형용사로 '지위가 높다, 존귀하다'의 뜻이다.
2 愛習(애습): 시들지 않고, 꾸준히 총애하고 신임하다.
3 知能 (지능): 재능을 믿다.
4 親(친): 직접 일을 처리하다. '親政(친정: 몸소 정사를 돌보다)'의 '親'과 같은 용법이다.
5 主斷(주단): 정책을 결정하다.
6 以(이): 원인

▶ 속담에 이르길, "귀한 까닭을 귀하게 여겨야 귀해진다"고 했습니다. 지금 대왕께서 공(公)을 총애하고 신임하기는 하지만, 예전에 공손학(公孫郝)을 아끼셨던 정도에는 미치지 못합니다. 대왕께서 공의 능력을 믿지만, 예전에 감무(甘茂)에게 권한을 부여하셨던 것만은 못하지요. 그런데 지금 이 두 사람은 더는 국가 대사에 참여하지 못하고, 오직 공께서만 여전히 대왕과 더불어 나랏일을 결정하고 계십니다. 이는 저들 두 사람이 신임을 잃었기 때문입니다.

진(秦)나라의 공손학은 임금의 측근이었고, 감무는 군대의 총책임자였다. 그런데 공손학은 한(韓)나라와 가깝고, 감무는 위(魏)나라와 친하게 지냈던 탓에 둘은 진나라 소왕(昭王)의 신임을 잃게 되었다.

이 계책의 주인공인 향수(向壽)는 진나라 선태후(宣太后)의 친정 사람이었다. 선태후는 진나라로 시집오기 전에 초(楚)나라 공주였으므로 그녀의 친정 사람인 향수 역시 초나라 혈통이었다. 그런 터라 초나라는 향수의 연줄을 자기편으로 끌어들이려 부단히 노력했고, 향수는 초나라와 연합하여 한나라를 공격하는 외교적 전략을 취했다.

위의 이야기는 한나라 재상 공중(公仲)이 보낸 유세객이 향수 앞에서 진술하는 내용이다. 공중의 논리는 이렇다. 공손학, 감무, 향수는 모두 진나라의 중신이다. 한나라, 위나라, 초나라가 그들을 존중하는 것은 그들이 진나라의 권력을 장악하고 있기 때문이다. 그러나 신하의 권력은 국왕의 신임에서 나온다. 만약 어떤 나라가 자신에게 뇌물을 주며 잘 보이려 한다고 해서 그 나라에 치우친다면 아무리 막강한 권력을 가진 신하라도 머지않아 임금의 신임을 잃게 될 것이고, 그로 인해 권력 또한 봄눈 녹듯 사라질 것이다. 그렇게 되면 결국 다른 나라의 신뢰도 잃어버리게 된다. 이는 자신이 '귀한 까닭'을 소중히 여길 줄 몰라서 결국 '귀하지 않게' 되는 것이다.

유세객은 진나라 왕에게 한나라와 연합하여 초나라를 방비하도록 건의하라고 향수를 설득했다. 초나라 출신인 향수에게 초나라는 그의 '조국'인 반면 한나라는 그와 전쟁을 치른 이력이 있는 '원수' 국가였다. 그러므로 '조국'인 초나라를 경계하고 '원수'인 한나라와 연합해야 한다고 건의한다면 향수는 장차 왕의 신임을 얻을 수 있다는 것이다.

역사를 사로잡은 명장면

초나라와 한(漢)나라가 서로 싸우던 시절, 범증(范增)은 항우(項羽)의 유일한 군사(軍師)였고, 항우는 그를 '아부(亞父)'라고 부르며 존경했다. 한번은 항우의 사자가 한나라 군주 유방(劉邦)의 군중에 간 일이 있었다. 유방의 책사였던 진평(陳平)은 '태뢰(太牢)'를 갖추어놓고 예의를 차렸다. '태뢰'란 소, 양, 돼지 세 가지 짐승의 고기를 모두 사용해 최고급으로 차린 상으로 상대방에 대한 존경을 표시하는 상징물이었다. 그런데 진평은 연회를 시작하려다 짐짓 놀라는 척하며 실수했다는 듯 말했다.

"아부의 사자인 줄 알았더니, 항왕의 사자였군요."

진평은 그 즉시 태뢰를 물리고 낮은 등급의 술상으로 바꾸어 차려주었다.

사자가 돌아와 그 일을 항우에게 보고했고, 항우는 범증의 충성심을 의심하기 시작했다. 결국, 범증은 나이를 핑계로 사직을 청하여 고향으로 돌아갔다. 그리고 얼마 뒤 등에 부스럼이 나서 죽었다고 하는데, 정확한 사인은 밝혀지지 않았다.

물론 이는 진평의 이간계가 성공한 것이다. 실제로는 범증의 '귀한 까닭'을 훼손시키는 원리를 운용한 것이기도 하다. 범증은 줄곧 자신의 공적을 치켜세우며 공신이라 자처했는데, 그로 인해 결국 진평이 파고들 빈틈을 만들어준 셈이다.

고전의 지혜

중국 민남(閩南) 지역에는 이런 속담이 있다.

"뿌리가 굳건하게 박혀 있기만 하다면 나뭇가지 끝에 부는 거센 바람은 두렵지 않다."

몸과 마음을 편안히 보호하는 뿌리와 근본을 단단히 지키면 비바람이 불어와도 두렵지 않다. 그러나 그렇게 하지 않는다면 제아무리 큰 나무라 할지라도 바람을 맞아 뿌리가 뽑히게 되니, 그때는 나무도 끝장이다.

알아서는 안 되는 일이 있고
몰라서는 안 되는 일이 있다.
잊어서는 안 되는 일이 있고
기억해서는 안 되는 일도 있다

은혜를 베풀고도 보답을 바라지 않는 계책

002

人之憎我也, 不可不知也. 吾憎人也,
인 지 증 아 야,   불 가 부 지 야.   오 증 인 야,

不可得而知也. 人之有德於我也,
불 가 득 이 지 야.   인 지 유 덕 어 아 야,

不可忘也. 吾有德於人也. 不可不忘也.
불 가 망 야.   오 유 덕 어 인 야.   불 가 불 망 야.

今君殺晉鄙, 救邯鄲, 破秦人, 存趙國,
금 군 살 진 비,   구 한 단,   파 진 인,   존 조 국,

此大德也. 今趙王自郊迎. 卒然[1]見趙王,
차 대 덕 야.   금 조 왕 자 교 영.   졸 연[1]견 조 왕,

臣願君之忘之也.
신 원 군 지 망 지 야.

—『戰國策·魏策』

---

1 졸연(卒然): 의도치 않게, 준비 없이. 여기에서는 '마치 그런 일이 없었던 듯이'로
해석된다.

▶ 남이 나를 증오할 때는 그 일을 몰라서는 안 되고, 내가 남을 증오할 때는 마음에 오래 담아두어서는 안 됩니다. 남이 나에게 은덕을 베푼 일은 잊어서는 안 되고, 내가 남에게 은덕을 베푼 일은 기억해서는 안 됩니다. 주군께서는 진비(晉鄙)를 살해하고 한단(邯鄲)을 구하셨으며, 진(秦)나라 군대를 격파하여 조나라를 보존케 하셨습니다. 이는 조나라 왕에게 큰 은덕입니다. 지금 조나라 왕이 직접 성 밖까지 나와 영접하니, 군께서는 아무 일 없었다는 듯이 조왕을 대면하십시오. 저는 군께서 그 일을 잊으시길 바라옵니다.

이것은 한(韓)나라, 조(趙)나라, 위나라가 합세하여 진(秦)나라에 항쟁했던 최후의 승리에 관한 이야기다.

당시 진나라는 무섭게 동진(東進)하고 있었고, 가장 먼저 그들과 충돌하여 처참하게 짓밟힌 것은 한나라였다. 동진의 중요한 길목이었던 한나라의 상당(上黨) 지역이 진나라 군대에 의해 고립되었고, 한나라는 이미 포기 상태였다. 그러나 상당의 군사와 백성들은 진나라 군대에 항복하지 않고 끝까지 버텼다. 이에 조나라 효성왕(孝成王)이 위험을 무릅쓰고 상당을 접수하면서 진나라에 정면으로 대항했다. 하지만 조나라 군대는 진나라 군대의 적수가 되지 못했다. 장평(長平)에서 벌어진 한 번의 전투에서 무려 40만 명이 생매장당했고, 2년 뒤에는 수도 한단이 포위되었다.

평원군(平原君)은 구원병을 요청하기 위해 사신단을 이끌고 초나라로 떠났다. 평원군이 사신단을 조직하는 이야기는 '탈영이출(脫穎而出)', '모수자천(毛遂自薦)'과 같은 유명한 성어가 탄생한 배경이기도 하다. 평원군이 초나라에 구원병을 요청하러 간 사이, 평원군의 손아래 처남이었던 위나라의 안리왕(安釐王)과 신릉군(信陵君) 형제도 대장군 진비에게 군대를 통솔하게 하여 조나라로 원군을 파병했다. 그런데 뜻밖에도 진나라의 사신이 안리왕을 협박했고, 안리왕은 진비에게 병사를 주둔시킨 채 군사 행동은 하지 말라는 의사를 내비쳤다. 하지만 신릉군이 몰래 위왕의 병부(兵符)를 훔친 뒤 진비의 군중으로 가서 그를 살해했다. 그런 다음, 그는 다시 위나라 군대를 이끌고 가서 한단을 지원했다. 다른 한편에서는 평원군이 초나라에 요청한 지원병도 춘신군(春申君) 황헐(黃歇)의 지휘를 받아 신속히 한단에 도착했다. 그들은 진나라 군대와 일전을 벌인 끝에 결국 진나라 장수 정안왕(鄭安王)의 항복을 받아냈다. 이로써 한단은 절체절명의 위기에서 벗어났다.

이것이 바로 신릉군이 조나라에 베풀어준 '큰 은혜'였다. 한단성의 포위가 풀리자, 조나라 효성왕은 직접 성문 밖 교외에까지 몸소 나와 신릉군을 영접했다. 이때 당휴(唐睢)가 신릉군에게 말했다.

"알아서 안 되는 일이 있고 몰라서는 안 되는 일이 있습니다. 잊어서는 안 되는 일이 있고 기억해서는 안 되는 일이 있습니다."

그리고 난 뒤 그는 위와 같이 설명했다. 신릉군은 '삼가 가르침을 받습니다'라고 말하며 정중하게 그 제안을 받아들였다.

역사를 사로잡은 명장면

이 이야기는 『사기·위공자열전(魏公子列傳)』에 좀 더 극적으로 묘사되어 있다. 조나라 왕은 신릉군에게 다섯 개의 성읍을 주는 문제에 대해 평원군과 상의했다. 그 소식을 전해 들은 신릉군이 교만한 기색을 드러내자 '누군가'가 '다른 사람에게 덕을 베푼 뒤에는 이를 기억해서는 안 된다'는 점을 그에게 상기시켰다. 신릉군은 그 지적을 받아들여 겸손한 태도로 조나라 왕을 만나보았다.

한편, 위나라 왕은 신릉군이 병부를 훔치고 장수를 살해한 것에 크게 분노했다. 이 때문에 신릉군은 위나라로 돌아가지 못하고 조나라에서 10년 동안 머물러야 했다. 얼마 후 진나라 군대가 다시 위나라를 공격해오자, 신릉군은 위나라로 돌아가 조국의 위기를 헤쳐 나가고자 앞장섰다. 그리고 자신의 국제적 명망을 활용, 구원병을 요청하여 위나라를 위기 상황에서 벗어나게 했다. 다시 원점으로 돌아가자. 만약 신릉군이 애당초 자세를 낮추지 않았다면 어찌 조나라에서 10년을 머무를 수 있었겠는가? 신하로서 큰 공적을 세워 군주를 두렵게 하는 일도 매우 위험한데, 하물며 제멋대로 방자하게 구는 '은인'은 어떠하겠는가?

고전의 지혜

이 책략의 첫 두 구절은 바꾸어 말하면 '타인을 경계하는 마음을 가져서는 안 되고, 다른 사람을 공격하려는 마음을 품어서는 안 된다'는 것을 의미한다. 다음 두 구절은 '은혜를 입으면 보답을 잊지 말고 은혜를 베풀면 보답을 바라지 말라'는 의미다.

공이 없으면 봉해서는 안 된다

이익과 손해를 정확히 따지는 계책

003

太后嫁女諸侯, 奉以千金, 齋¹地百里.
태후가녀제후, 봉이천금, 재¹지백리.

以爲人之終²也. 今王願封公子, 百官持職³,
이위인지종²야. 금왕원봉공자, 백관지직³,

群臣效忠, 曰:"公子無功不當封."
군신효충, 왈:"공자무공불당봉."

今王之以公子爲質⁴也, 且以⁵爲公子功而封之也.
금왕지이공자위질⁴야, 차이⁵위공자공이봉지야.

而太后弗聽, 臣是以知人主之不愛丈夫子⁶獨甚也.
이태후불청, 신시이지인주지불애장부자⁶독심야.

且太后與王幸而在, 故公子貴. 太后千秋⁷之後,
차태후여왕행이재, 고공자귀. 태후천추⁷지후,

王棄國家⁸, 而太子卽位, 公子賤於布衣.
왕기국가⁸, 이태자즉위, 공자천어포의.

故非及太后與王封公子, 則公子終身不封矣!
고비급태후여왕봉공자, 즉공자종신불봉의!

—『戰國策·燕策』

1 齋 (재): 증여하다.

2 終 (종): 일생. 평생

3 持職 (지직): 직분을 삼가 지키다.

4 質 (질/지): 인질

5 且以 (차이): 즉. 바로

6 丈夫子 (장부자): 남자

7 千秋 (천추): '百年 (백년)'이라는 말과 같다. '千秋之後 (천추지후)'는 '세상을 떠난 이후'를 가리킨다.

8 王棄國家 (왕기국가): 군왕이 세상을 떠나다.

▶ 진취(陳翠)가 태후에게 말했다.

"태후께서 따님을 제후에게 시집보내실 적에 천금을 혼수로 들려 보내시고 100리의 토지를 선사하신 것은 공주님의 일생을 고려하셨기 때문일 것입니다. 지금 대왕께서 공자에게 토지를 봉해주고자 하십니다. 그런데 백관과 군신들이 자신의 본분에 맞게 충성을 다하여 말하길 '공자께서는 나라에 공로가 없으므로 봉하실 수 없다'고 합니다. 따라서 지금 대왕께서는 일부러 공자를 제나라에 인질로 보내려 하시는 것입니다. 공자께서 나라를 위해 공을 세울 수 있게 한 뒤 봉하시려는 의도입니다. 그런데도 태후께서는 이를 받아들이지 않으십니다. 신은 이 때문에 태후께서 유독 아드님만 아끼지 않으심이 심하다고 생각하는 것입니다. 또한, 지금은 태후와 대왕께서 여전히 건재하시므로 공자께서 존귀한 대우를 받으시는 것입니다. 태후와 왕께서 나라를 등지고 떠나신 이후에 태자가 즉위하게 되면 공자께서는 평민만도 못한 신세가 될 것입니다. 그러니 태후와 대왕께서 재위에 있을 때 공자를 봉하지 못하신다면 공자는 평생토록 봉작을 받지 못하게 될 것입니다."

연(燕)나라의 노신 진취는 제(齊)나라와의 국교를 공고히 하기 위해 연나라 왕 쾌(噲)의 남동생을 제나라에 인질로 보낼 것을 건의했다. 연나라 왕은 이를 승낙했으나 그의 모친인 태후는 아들을 끔찍이 아끼던 터라 진취에게 크게 노했다. 진취가 입궁하여 태후를 알현하여 말했다.

"태후께서는 따님만 사랑하시고 아드님은 사랑하지 않으시나 봅니다."

태후가 그리 생각하는 이유를 묻자 진취는 위와 같이 대답했다. 태후는 이 말을 모두 들은 뒤 즉시 어린 아들의 짐과 수레를 준비하라고 분부했다.

　고대에는 양국이 교전하게 되면 사신이 아닌 인질을 먼저 죽여 맹약이 폐기되었음을 알리는 것이 관례였다. 따라서 인질이 되면 편안하게 지내던 궁궐을 멀리 떠나야 하므로 그 자체로 매우 고된 일이었고, 언제든지 목이 잘릴 수도 있는 위험천만한 임무이기도 했다. 그런 터라 연태후는 자기 아들을 인질로 보내는 것을 한사코 허락하지 않았다. 그러나 진취는 봉토가 없으면 장차 평민으로 전락하고 말 것이라는 사실을 넌지시 일러주었고, 태후가 비로소 이를 이해하게 된 것이다.

역사를 사로잡은 명장면

한나라 고조(高祖) 유방은 다른 성씨를 가진 제후들의 반란을 제압한 이후에 '유(劉)씨가 아니면 왕으로 삼지 말고, 공이 없으면 후(侯)로 삼지 말라'는 규율을 제정했다. 이를 통해 제국의 통치 기반을 굳건히 다지고자 한 것이었다. 그러나 '유 씨가 아니면 왕으로 삼지 말라'는 것은 유 씨 자손일 경우 공로가 없더라도 왕에 봉해질 수 있음을 의미하기도 했으니, 훗날 그로 인해 칠국의 난이 야기되었다. 또한, 그 뒤에는 환관들도 후에 봉해지는 일이 있어 '공이 없으면 후로 삼지 말라'는 제도를 무너뜨렸고, 한 제국은 이때부터 급격히 쇠약해졌다.

도요새와 조개가 서로 다투는 틈에 어부가 이익을 얻다

양측이 모두 피해를 보는 일을 피하는 계책

004

(蘇代謂趙惠王) 今者臣來, 過易水, 蚌方出曝[1],
(소 대 위 조 혜 왕) 금 자 신 래, 과 역 수, 방 방 출 폭[1],

而鷸[2]啄其肉, 蚌合而拑[3]其喙[4]
이 휼[2] 탁 기 육, 방 합 이 겸[3] 기 훼[4]

鷸曰: "今日不雨, 明日不雨, 卽有死蚌."
휼 왈: "금 일 불 우, 명 일 불 우, 즉 유 사 방."

蚌亦謂鷸曰: "今日不出[5], 明日不出, 卽有死鷸."
방 역 위 휼 왈: "금 일 불 출[5], 명 일 불 출, 즉 유 사 휼."

兩者不肯相舍[6], 漁者得而幷[7]禽[8]之. 今趙且[9]伐燕,
양 자 불 긍 상 사[6], 어 자 득 이 병[7]금[8]지. 금 조 차[9]벌 연,

燕趙久相支[10], 以弊[11]大衆, 臣恐强秦之爲漁父也.
연 조 구 상 지[10], 이 폐[11]대 중, 신 공 강 진 지 위 어 부 야.

—「戰國策·燕策」

1 曝(폭): 햇볕을 쬐다.
2 鷸(휼): 물새의 이름. 부리가 뾰족하고 길다.
3 拑(겸): 사이에 끼우다. '箝(겸)'과 같다.
4 喙(훼): 새의 부리
5 不出(불출): 놓아주지 않다.
6 舍(사): 버리다. '捨(사)'와 같다.
7 幷(병): 나란히, 가지런히. '並(병)', '併(병)'과 같다.
8 禽(금): 사로잡다. '擒(금)'과 같다.
9 且(차): 장차
10 相支(상지): 서로 대치하여 승부가 나지 않다.
11 弊(폐): 몹시 피곤하다. 대단히 지치다.

▶ 소대(蘇代)가 조나라 혜왕(惠王)에게 말했다.

"신이 조나라로 오는 길에 역수를 건너다 조개 한 마리가 속살을 내놓고 햇볕을 쬐고 있는 것을 보았습니다. 그런데 바로 그때 도요새가 조개의 속살을 부리로 쪼았고, 조개는 껍데기를 꽉 다물어 도요새의 부리를 물었습니다. 그러자 도요새가 말했지요. '오늘도 비가 오지 않고 내일도 비가 오지 않으면 곧 죽은 조개가 생기겠군.' 이 말을 듣고 조개가 도요새에게 말했습니다. '오늘도 놓아주지 않고 내일도 놓아주지 않으면 곧 죽은 도요새가 생기겠지.' 둘은 서로를 놓아주려 하지 않았고, 결국 어부가 한꺼번에 그들을 잡아갔습니다. 지금 조나라가 장차 연나라를 공격하려 하는데, 연나라와 조나라가 오랫동안 대치하며 버티다가 그로 인해 병사들이 피폐해지면 강한 진(秦)나라가 어부의 이익을 얻게 될까 걱정됩니다."

위의 이야기는 모두가 귀에 익도록 들어 잘 알고 있는 내용이다. 하지만 구체적인 연대나 역사적 자취를 고증하기 어렵다.『전국책·연책』에는 이와 비슷한 이야기가 또 보인다.

연나라 소왕 시절, 연나라에 기근이 들자 조나라 혜왕은 그들이 위급한 틈을 타서 침범하려고 했다. 이때 초나라는 장군 한 명을 연나라에 사신으로 보내어 사정을 살피게 했다. 연나라로 가는 길에 위나라를 지나던 초나라 장군은 그곳에서 위나라 장군 조회(趙恢)를 만났고, 조회는 그에게 연나라와 조나라 사이에서 중재할 것을 건의했다. 그러자 초나라 장군은 그 길로 조나라로 달려가 왕을 알현했다.

"일전에 오(吳)나라가 제나라의 기근을 틈타 공격한 일이 있었습니다. 전방에서 아직 승리를 거두지 못했는데, 후방에서 월나라의 습격을 받았지요. 지금, 대왕께서는 연나라에 기근이 든 틈을 타서 그들을 공격하려 하시니, 강한 진나라가 월나라의 이야기를 재연할까 걱정스럽습니다."

조혜왕은 이 말을 듣고 진격하려던 계획을 철회했고, 연소왕은 이 초나라 사신에게 후하게 사례했다.

역사를 사로잡은 명장면

전국시대에는 여러 나라가 전쟁하면 제삼자가 가만히 앉아서 어부지리(漁夫之利)를 얻는 사건이 수도 없이 많았다. 중국 속담에 "호랑이 두 마리가 싸우면 반드시 한 마리는 상한다"는 말이 있다. 이 말은 호랑이 두 마리가 싸우는 것을 보면 가만히 앉아서 결과를 기다린 뒤에 행동을 취한다는 뜻이기도 하다. 이 책의 64번째 명구 "전쟁에서 이겨도 득 될 것이 없지만 이기지 못하면 죽는다" 편의 내용도 군대를 멈추고 상황을 살피며 양측이 싸우다 남에게 이익을 빼앗기지 않을까 걱정하게 하여 전쟁을 멈춘 사건이다. 이 책의 다섯 번째 명구 "귀신도 알 수 없다"의 이야기도 강대국들이 결과를 낼 때까지 기다린 뒤 전쟁에서 패배한 측과 동맹을 맺는 약소국의 생존 방법에 관한 것이다. 계책은 각기 다르지만, 모두 '기다림'이라는 방법을 사용했다.

고전의 지혜

'도요새와 조개가 서로 싸워 어부가 이익을 얻는다'는 이치를 이해한다면 전쟁의 실마리를 쉽게 일으켜서는 안 될 것이다. 일단 도요새의 부리가 조개를 물었고, 조개의 껍데기가 이미 닫힌 뒤라면 그때는 돌이킬 수 없다.

귀신도 알 수 없는 일이 있다

'수박을 먹을 때 작은 조각을 집어 드는' 계책

張丐爲齊見魯君. 魯君曰: "齊王懼乎?"

장 개 위 제 견 노 군. 노 군 왈: "제 왕 구 호?"

曰: "非臣所知也. 臣來弔[1]足下."

왈: "비 신 소 지 야. 신 래 조[1] 족 하."

魯君曰: "何弔?"

노 군 왈: "하 조?"

曰: "君之謀[2]過矣. 君不與勝者而與不勝者.

왈: "군 지 모[2] 과 의. 군 불 여 승 자 이 여 불 승 자.

　　何故也?"

　　하 고 야?"

魯君曰: "子以齊楚爲孰勝哉?"

노 군 왈: "자 이 제 초 위 숙 승 재?"

對曰: '鬼且不知也.'

대 왈: '귀 차 불 지 야.'

—「戰國策·齊策」

---

1 弔(조): 죽은 사람을 추모하다. 불행한 일을 당한 사람을 위문하다.
2 謀(모): 기도하다. 계획하다.

▶ 장개(張丐)가 제나라를 위해 노(魯)나라 임금을 알현했다. 노나라 임금이 말했다.

"제나라 왕은 두려워하는가?"

"그것은 제가 알 바가 아니지요. 저는 그저 전하를 조문하러 온 것입니다."

노나라 임금이 물었다.

"조문이라니, 무슨 일로 조문을 하는가?"

"전하의 계책은 잘못되었습니다. 전하께서 이길 사람과 함께하지 않고 이기지 못할 사람과 함께하시는 것은 무슨 이유입니까?"

노나라 임금이 말했다.

"그대는 제나라와 초나라 중 누가 이길 것이라고 생각하는가?"

이에 장개가 대답했다.

"그것은 귀신도 모르지요."

'귀신도 모른다'라고 한다면 노경공(魯景公)이 '이기지 못할 사람과 동맹을 맺는다'는 것은 또 무엇에 근거한 말일까?

사실, 당시 초나라가 제나라를 공격하고자 동원령을 선포했고, 노나라는 사절을 파견하여 초나라 왕에게 연합 의사를 밝혔다. 제나라 위왕(威王)이 이를 고심하자, 장개가 나서서 노나라가 중립을 지키게 할 수 있다고 장담했다. 장개의 의견은 이랬다. 제나라와 초나라는 모두 강국이며, 노나라보다 영토가 훨씬 넓다. 실상 두 나라는 노나라의 도움이 있건 없건 전혀 개의치 않는다. 따라서 노나라의 입장에서 가장 좋은 계책은 우선 중립적인 태도를 보이며 힘을 보전하다가 두 강국 사이에 승부가 결정 나면, 그래서 병졸이나 장수나 할 것 없이 모두 죽거나 다치고 나면 패배한 나라와 연합하는 것이다. 그래야만 노나라는 가장 큰 이득을 얻을 수 있다.

장개의 논리는 만약 전쟁에서 패배한 측과 동맹을 맺으면 그 이후에는 승리자가 될 수 있다는 순환식 논리였다. 노나라의 힘이 약한 상황에서 섣불리 견해를 밝히면 자칫 강대국의 표적이 될 뿐이며, 반드시 두 나라의 힘이 쇠약해지길 기다리며 착실히 힘을 길러야만 언젠가는 제대로 영향력을 행사할 수 있게 된다는 것이 핵심이었다.

또한 노나라는 지리적으로 제나라와 초나라 사이에 있어, 만약 대국에 의존하면 '순망치한(脣亡齒寒)'의 실패담을 재연하지 않을 것이라고 장담하기 어려웠다. 전쟁이 끝난 뒤 오래도록 국토를 온전히 보전할 수 있는 가장 좋은 방책은 패전국과 연합하는 것이다. 이는 "수박을 먹을 때는 큰 조각을 잡아 쥔다(西瓜偎大邊)"는 중국 속담의 역발상이라고 할 수 있다. 일반적으로 사람들은 수박을 먹을 때 큰 조각을 집어 드는 것이 비교적 많은 이익을 누리는 방법이라고 생각한다. 그러나 국왕은 그렇게 생각해서는 안 된다.

역사를 사로잡은 명장면

삼국시대의 적벽대전 당시 제갈량은 유비를 위해 계책을 내놓았다. 손권과 연합하여 조조에 대항하되, 동오(東吳)가 주력을 공격하게 하고 유비는 후방에서 '힘 안들이고 쉽게 이득을 얻어야 한다'는 것이었다. 성공하면 형주(荊州)라는 근거지를 얻을 것이고, 그런 뒤 힘을 키워 사천(四川) 지역을 접수하면 솥에 달린 세 개의 발처럼 천하삼분(天下三分)의 형세를 이룰 수 있다는 것이 제갈량의 생각이었다. 이 또한 '수박을 먹을 때 작은 조각을 집어 드는' 계책이라 할 수 있다.

『한비자(韓非子)』에 다음과 같은 이야기가 있다.

제나라 왕이 화공에게 물었다.

"가장 그리기 어려운 것이 무엇입니까?"

"개와 말입니다."

"가장 그리기 쉬운 것은 무엇입니까?"

그러자 화공이 대답했다.

"귀신입니다. 개나 말은 사람들이 모두 본 적이 있으므로 제대로 그리지 못하면 쉽게 들통이 납니다. 하지만 귀신을 본 사람은 아무도 없지요. 그래서 마음대로 그려도 된답니다."

누군가 어지럽게 한바탕 이야기하는 것을 '귀신 씻나락 까먹는 소리 한다'고 하는 것도 같은 이치다. '귀신도 모른다'고 한 장개의 말은 가장 좋은 핑곗거리다. 노경공의 실제 질문인 '어느 쪽이 승리할 것인가?'에 대한 답을 가볍게 넘기고 자신의 논리를 전개하기 시작한다. 이것은 변론의 기술 가운데 하나이다.

땅강아지나 개미도
그를 업신여긴다

근본을 지키고 말단을 버리는 계책

006

君不聞大魚乎? 網不能止, 鉤不能牽, 蕩而失水,
군불문대어호? 망불능지, 구불능견, 탕이실수,

則螻蟻得意[1]焉, 今夫齊, 亦君之水也.
칙루의득의[1]언, 금부제, 역군지수야.

君長有齊陰[2], 奚以薛爲? 失齊,
군장유제음[2], 해이설위? 실제,

雖隆薛之城到於天, 猶之無益也.
수룡설지성도어천, 유지무익야.

—『戰國策·齊策』

---

1 得意(득의): 함부로 업신여기다.

2 陰(음): 보살핌. 도움. '蔭(음)'과 같다.

▶ 주군께서는 대어(大魚)에 대해 듣지 못하셨습니까? 대어가 물속에 있을 때는 어망으로도 잡을 수 없고 낚시 바늘로도 낚을 수 없습니다. 하지만 잘못해서 물 밖으로 벗어나는 날에는 뭍의 땅강아지나 개미도 그를 업신여길 수 있게 되지요. 지금 제나라는 주군에게 '물'과도 같습니다. 주군께서 오래도록 제나라의 보살핌을 받으신다면 설(薛) 땅이 무슨 필요가 있겠습니까? 반대로. 만일 제나라를 잃는다면 비록 설 땅의 성벽을 하늘에 닿을 듯 높이 쌓더라도 아무런 도움이 되지 않을 것입니다.

정곽군(靖郭君) 전영(田嬰)이 제나라의 재상이 되자 제위왕(齊威王)은 그에게 설 땅을 봉읍으로 하사했다. 정곽군은 설에 성을 세우려고 했고, 이에 한 빈객이 위와 같은 비유를 들어 그에게 간언했다. 결국, 정곽군은 축성을 단념했다.

이 빈객의 비유는 제나라야말로 '근본[本]'이고 설은 단지 '지엽[末]'이므로 근본을 제쳐두고 말단을 좇아서는 안 된다는 의미를 함축하고 있다. 이 비유는 이후에 적중한다.

제위왕이 세상을 떠나고 제선왕(齊宣王)이 왕위를 계승하자 많은 사람이 새로운 왕에게 전영을 비방했다. 결국 선왕은 정곽군의 재상 직위를 파면하여 그의 봉읍인 설로 돌아가 노년을 보내게 했다.

정곽군 문하의 빈객이었던 제모변(齊貌辨)이 제선왕을 알현하고 말했다.

"초나라 재상 소양군(昭陽君)이 정곽군에게 몇 배 면적의 토지를 설 땅과 교환하자고 요구해왔습니다. 그러나 정곽군은 선왕께서 하사한 땅이므로 승낙할 수 없다고 하셨습니다."

이 말을 들은 제선왕은 정곽군을 불러들여 다시 재상을 맡아줄 것을 청했고, 3일에 한 번씩 그에게 가르침을 받았다.

역사를 사로잡은 명장면

정곽군의 아들 전문(田文)이 바로 그 유명한 맹상군(孟嘗君)이다. 그는 아버지의 봉읍을 계승했고, 제나라의 재상이 되었다.

한번은 맹상군이 설 땅에서 토지세를 거두어들이고자 했다. 그는 문하에 있는 식객 3천 명 가운데 풍환(馮驩)을 파견하여 조세를 걷어오게 했다. 풍환은 설 땅에 도착하여 10만 전의 소작료를 수령했고, 그런 뒤 사람들 앞에서 모든 토지임대 계약서를 불태워버렸다. 맹상군이 그 일을 문책하자, 풍환이 말했다.

"주군을 위해 민심을 사들인 것입니다."

이후 맹상군은 제나라에서 뜻을 이루지 못하고 다른 나라에서 재상을 하다가 결국 다시 설 땅으로 돌아오게 되었다. 설 땅으로 돌아온 그는 설공(薛公)으로 불리며 '중립적으로 어느 제후에도 소속되지 않은' 엄연한 하나의 독립 제후와도 같은 지위를 누렸다. 그가 이렇게 될 수 있었던 까닭은 설이라는 견고한 근거지를 소유했기 때문이었다. 그에게 있어 설은 '근본[本]'이 되었고, 다른 나라의 재상 자리는 단지 '지엽[末]'이 되었다. 일전에 풍환이 임대 계약서를 불태운 일은 바로 '근본을 공고히' 한 일이었다.

고전의 지혜

오늘날 중국에서는 "땅강아지와 개미도 무시한다(螻蟻得意焉)"라는 표현을 사용하는 경우가 드물다. 대신에 "용이 얕은 물에 갇혀 있으면 새우에게 놀림을 받는다(龍困淺灘遭蝦戲)"라는 말을 자주 하는데, 같은 뜻이다. 두 구절을 비교해보면, '대어'보다 '용'을 사용하는 것이 좀 더 '높은 곳에서 추락한' 느낌이 강조되고, '새우' 또한 더욱 생동감 있다. 전체 구절도 비교적 구어적이고 쉽게 이해된다. 그러나 대어가 땅강아지나 개미에게 잡아먹히는 모습을 상상해보면 몹시 참담하지 않을 수 없다.

깃털이 풍성하지 않으면
높이 날 수 없다

덕과 힘을 헤아리는 지혜

007

秦王曰：“寡人聞之, 毛羽不豐者不可以高飛,
진 왕 왈 : “과 인 문 지 , 모 우 불 풍 자 불 가 이 고 비 ,

文章[1]不成者不可以誅[2]罰,
문 장[1] 불 성 자 불 가 이 주[2] 벌 ,

道德不厚者不可以使民,
도 덕 불 후 자 불 가 이 사 민 ,

政教不順者不可以煩大臣.
정 교 불 순 자 불 가 이 번 대 신 .

今先生儼然不遠千里而庭教之,
금 선 생 엄 연 불 원 천 리 이 정 교 지 ,

願以異日[3]."
원 이 이 일[3] ."

—『戰國策·秦策』

---

1 文章(문장): 여기에서는 덕행, 공적, 예악법도를 가리킨다.

2 誅(주): 처벌하다. 징벌하다.

3 異日(이일): 다른 날. 미래

▶ 진(秦)나라 왕이 말했다.

"과인이 듣건대, 깃털이 풍성하지 않으면 높이 날 수 없고, 예약과 제도가 완비되지 않으면 형벌을 내릴 수 없다고 했습니다. 또 도(道)와 덕(德)이 두텁지 않으면 백성을 부릴 수 없고, 정치와 교화가 순조롭지 않으면 대신을 바삐 일하게 할 수 없다고 했습니다. 지금 선생께서는 천 리 길도 멀다 여기지 않고 정중히 조정에 올라 가르침을 주고자 하십니다만, 허나 원하건대 다른 날 다시 말씀하시지요."

소진(蘇秦)은 전국시대를 통틀어 '최고의 책사'로 평가받는 인물이다. 그가 역사에 이름을 남길 수 있게 했던 최고의 공적은 '합종(合縱)하여 진나라에 대항하자'라는 주장을 관철시킨 것이라고 할 수 있다. 그런데 사실 그는 합종을 주창하기 전, 진나라에 가서 '연횡(連橫)'의 계책을 상주한 적이 있었다. 그것이 바로 위의 장면이다.

당시 진나라의 왕은 혜왕(秦惠王)이었다. 소진이 진나라에 갔을 때는 공교롭게도 진혜왕이 상앙(商鞅)을 주살한 지 얼마 지나지 않았을 때였다. 그 당시 진나라 내부는 '상앙 변법(變法)'의 일대 개혁을 겪고 있었다. 진나라는 새로운 제도를 시행함으로써 강성해지기는 했으나 기득권 집단이 크게 반발하면서 격렬한 정치적 투쟁을 벌이는 진통을 겪고 있었다. 이러한 시대적 상황으로 인해 소진의 계책은 받아들여지지 않았다. 그는 무려 열 번이나 상소문을 올렸지만 성과를 거두지 못했고, 가지고 갔던 돈도 모두 탕진한 채 결국 집으로 돌아올 수밖에 없었다.

소득 없이 집으로 돌아온 소진을 반겨주는 사람은 아무도 없었다. 심지어 그의 부인은 그를 쳐다보지도 않았고, 형수는 밥도 차려주지 않았으며, 부모는 그와 말도 나누려 하지 않았다. 그 일이 있고 나서, 그는 더욱 분발하여 『태공음부경(太公陰符經)』을 연구했다. 연구를 마치고 다시 길을 나서 제후들에게 유세했는데, 그가 이번에 주장한 내용은 '합종'의 계책이었다. 그는 제후들을 설득하여 결국 여섯 나라의 재상 인장을 한몸에 차게 되었다.

소진은 뛰어난 말재간을 지녔지만, 단지 시기가 맞지 않았던 것일 뿐이었다. 사실 진혜왕에게도 그의 계책을 받아들여 시도해보려는 마음은 있었다. 그러나 단지 시기가 맞지 않았을 따름이었다. 훗날 장의(張儀)가 연횡책을 제시하자 진혜왕은 이를 받아들이고 중용했다. 사실, 이 이야기의 핵심은 소진이나 장의의 '계책'이 아니다. 일국의 리더로서 우선 내부적인 안정을 추구하고, 그런 다음 외부의 적을 물리치고자 하는 진혜왕의 정치적 지혜가 핵심이라고 할 수 있다.

역사를 사로잡은 명장면

한나라 고조 유방은 말년에 척(戚) 씨 부인을 총애하여 태자를 폐위하고, 그녀 소생인 조왕(趙王) 유여의(劉如意)를 그 자리에 앉히고 싶어 했다. 그러나 대신들이 일제히 반대하는 바람에 그 계획은 성공하지 못했다.

자기 아들의 지위가 매우 위태롭다고 판단한 여태후(呂太后)는 장량(張良)에게 계책을 구했다. 장량이 여태후를 위해 내놓은 계책은 후한 예물을 보내어 '상산사호(商山四皓)'를 모셔오라는 것이었다. '상산사호' 이 네 명의 노인은 이미 여든 살이 넘었으나 높은 학식과 훌륭한 품성으로 관중(關中) 사람들의 추앙을 받았다. 유방도 여러 차례 산에서 나와 정치에 참여해주기를 청했지만 소용이 없었다.

그러던 어느 날, 군신들과 큰 연회를 즐기던 유방은 태자의 뒤쪽에 상산사호가 서 있는 것을 보았다. 연회가 끝난 뒤 그는 후궁으로 돌아와 척 부인에게 말했다.

"태자의 날개가 이미 완성되었으니 이제 바꿀 수 없게 되었구려."

고전의 지혜

새는 날개에 기대어 비상하고, 군주는 대신에 기대어 나라를 다스린다. 대신들의 마음
이 태자를 향해 있고, 산속에 은거하며 나오지 않던 고매한 지식인들까지도 태자를 보
좌하려는 모습에서 유방은 태자의 날개가 이미 풍성해졌음을 알게 되었다. 유방이 태
자를 폐위할 수 없었던 것은 아니다. 그가 만약 억지로 일을 강행한다면 안 될 것도 없
었다. 그러나 자신이 어렵게 기틀을 닦아놓은 정권을 '날개가 이미 완성된' 태자에게
전해 주는 것은 '깃털이 아직 풍성하지 않은' 조왕에게 주는 것보다 분명 더욱 믿을 만
한 일이다. 이것이 바로 유방의 지혜이다.

욕은 자신이 듣고
칭송은 임금에게 돌리다

중신이 자신을 보호하는 방법

008

謂周文君曰: "國必有誹譽[1], 忠臣令誹在己,
위 주 문 군 왈: "국 필 유 비 예[1], 충 신 령 비 재 기,

譽在上. …… 子罕釋相爲司空,
예 재 상. …… 자 한 석 상 위 사 공,

民非[2]子罕而善其君.
민 비[2] 자 한 이 선 기 군.

…… 管仲故爲三歸[3]之家,
…… 관 중 고 위 삼 귀[3] 지 가,

以掩桓公, 非自傷於民也?"
이 엄 환 공, 비 자 상 어 민 야?"

—『戰國策·東周策』

---

1 誹譽(비예): 비방과 칭송

2 非(비): 헐뜯다. 옳지 않다고 여기다.

3 三歸(삼귀): 서로 다른 세 명의 여성과 결혼하다.

▶ 누군가 주문군(周文君)에게 말했다.

"나라에는 반드시 비방하는 말이 있고 칭송하는 말도 있기 마련입니다. 한데, 충신은 자신이 비방을 받고 자기 임금이 칭송받는 수단을 취합니다. (중략) 송(宋)나라 재상이었던 자한(子罕)이 재상 자리를 사직하고 사공(司空)이 되자 백성들은 자한을 비방하고 송평공(宋平公)을 찬양했습니다. (중략) 제나라 재상이었던 관중(管仲)은 일부러 세 명의 부인과 아홉 명의 첩을 맞이하여 7백 명의 아름다운 후궁을 들였던 환공(桓公)의 흠을 덮어주었습니다. 이는 백성들의 마음속에 자리 잡고 있는 자신에 대한 이미지를 스스로 상하게 한 것이 아니겠습니까?"

동주국(東周國)의 임금은 당시에 이미 '왕(王)'이 아닌 '군(君)'으로 불렸다. 주문군이 재상이었던 공사자(工師藉)를 면직하고 그 자리에 여창(呂倉)을 임명했다. 하지만 나라 안의 사람들은 인사이동에 불만을 가졌고 수많은 비판을 제기했다. 주문군은 여론을 들은 뒤 이를 수렴하여 다시 되돌려놓으려 했다. 그러자 여창의 빈객이 주문군에게 자한과 관중의 예를 들며 '대신이 명예를 얻는 것은 국가에 좋은 일이 아니다'라는 점을 분명하게 밝혔다. 주문군은 이를 근거로 여창의 지위를 지켜주었고, 공사자가 복귀할 수 있는 길을 차단했다.

역사를 사로잡은 명장면

대신이 인심을 얻는 것이 국가에 좋은 일이 아닌 이유는 무엇일까? 제왕의 전제 정치 아래에서는 '짐이 곧 국가'인 법인데, 대신의 명망이 과도하게 높으면 '황제에게 이롭지 않기' 때문이다. 바꾸어 말하면, 빈객의 주장은 각박한 군주의 마음에 쏙 드는 말이었다. 역사적으로 피바람이 불고 유혈이 낭자했던 사건들은 대부분 군왕이 대신을 경계하고 꺼려서 살수(殺手)를 보내어 처단하는 경우였다. 그러면서 '비방하는 말은 자신이 짊어지고 칭송하는 말은 임금에게 돌리는' 일은 중신이 자신을 보호하는 이치가 된 것이다.

한나라 고조 유방은 병사를 이끌고 나가 반란을 평정하는 와중에도 여러 차례 사신을 보내 상국 소하(蕭何)가 조정에서 무슨 일을 하고 있는지 살펴보게 했다. 사실, 소하는 과거에 유방을 보좌하며 천하의 기틀을 다지던 시기와 다름없이 한결같았다. 그는 후방의 백성을 안정시켰으며, 군수물자를 공급하고 운송하는 등 맡은 바 임무에 전력을 다하고 있었다. 이에 한 빈객이 소하에게 권했다.

"군께서는 조만간 멸족의 화를 당하실 것입니다. 군께서는 관중의 인심을 얻으셨지만, 그로 인해 도리어 황제의 의심을 사게 될 것입니다. 어찌 전답을 대량으로 사들여 자신의 명성을 더럽히지 않으십니까?"

소하는 그의 건의를 받아들여 유방이 마음을 놓게 하였다.

유방이 전쟁에서 승리하고 돌아온 뒤 관중의 백성들은 길을 막고 상소를 올려 소상국이 싼값에 수천만 백성의 전답을 강제로 사들였음을 규탄했다. 유방은 얼굴에 웃음을 띠고 백성들의 진정서를 모조리 소하에게 건네주며 말했다.

"그대가 직접 가서 백성들에게 사죄하라."

그러자 소하가 백성을 대표하여 청원했다.

"장안에는 농사를 지을 수 있는 땅이 매우 적습니다. 황실의 상림원(上林苑)에 한가하게 방치된 노는 땅이 많이 있으니 백성들이 경작하도록 나누어주시길 청하옵니다."

유방이 이 말을 듣고 크게 노했다.

"그대가 백성들에게서 이익을 받아 챙기고는 인제 와서 그들을 위해 나의 정원을 바라는 것인가."

그러고는 소하를 하옥했고, 얼마 뒤 사면해주었다.

소하의 청원은 사실 유방이 백성의 인심을 얻을 수 있도록 배려해준 것이었으며, '비방하는 말을 자신이 짊어지고 칭송하는 말을 임금에게 돌리는' 고단수의 표현이었다. 소하는 시기심이 극도로 심한 유방을 만나 개인적인 이익을 위해 인심을 샀다는 의심을 받았다. 그리고 그로 인해 불의의 화를 당할 뻔했다.

고전의 지혜

윗사람을 위해 자신이 대신 잘못을 뒤집어쓰고 일의 공로를 모두 윗사람에게 돌리는 행동은 관료 사회뿐만 아니라 직장에서도 대단히 유용한 계책이다. 그러나 '윗사람에게 명예를 돌리는' 것은 약간의 패기를 가진 사람이라면 비교적 쉽게 행할 수 있는 일이지만 '자신이 비방을 떠안는' 것은 어려운 일이다.

변수를 이루 다 헤아릴 수 없다

달걀을 한 바구니에 담지 않는 계책

009

夫國之所以不可恃者多, 其變[1]不可勝數[2]也.
부 국 지 소 이 불 가 시 자 다. 기 변[1] 불 가 승 수[2] 야.

或以政教不脩[3], 上下不輯[4], 而不可恃者.
혹 이 정 교 불 수[3]. 상 하 부 집[4]. 이 불 가 시 자.

或有諸侯鄰國之虞, 而不可恃者.
혹 유 제 후 린 국 지 우. 이 불 가 시 자.

或以年穀不登[5], 畜[6]積竭盡, 而不可恃者.
혹 이 년 곡 부 등[5]. 축[6] 적 갈 진. 이 불 가 시 자.

或化[7]於利, 或比[8]於患.
혹 화[7] 어 리. 혹 비[8] 어 환.

臣以此知國之不可必恃也.』
신 이 차 지 국 지 불 가 필 시 야.

—『戰國策·魏策』

1 變(변): 변수

2 勝(승): 상세하고 빠짐없다. / 勝數(승수): 일일이 열거하다.

3 脩(수): 닦다. '修'와 같다.

4 輯(집): 모으다. '集(집)'과 같다. / 不輯(부집): 단결하지 않다.

5 登(등): 농작물을 수확하다.

6 畜(축): 쌓다. '蓄'과 같다.

7 化(화): 전환하다. 바꾸다.

8 比(비): 접근하다. '比附(비부: 견강부회하다)', '朋比(붕비: 무리를 짓다)'의 '比'와 같은 용법이다.

▶ 무릇 주변의 동맹국을 완전히 의지해서는 안 되는 까닭은 너무 많으니 그 변수를 이루 다 헤아릴 수 없기 때문입니다. 정치와 교회가 잘 이루어지지 않아 윗사람과 아랫사람이 단결하지 못하므로 의지해서는 안 되는 경우도 있고, 이웃 제후국과 마찰이 있으므로 의지해서는 안 되는 경우도 있습니다. 또한, 흉년으로 작황이 좋지 않고 쌓아둔 곡식도 고갈되는 상황이라 의지해서는 안 되는 경우도 있지요. 따라서 동맹국에 의지하는 것은 우리나라의 형세를 유리하게 만들어줄 수도 있지만 '잘못된 편에 기대어' 재앙을 초래할 수도 있습니다. 이 때문에 신은 동맹국에만 의지해서는 안 된다는 점을 말씀드리는 것입니다.

위나라의 안리왕과 초나라의 춘신군은 서로 우호적인 관계였다. 위나라는 초나라라는 강력한 동맹국의 뒷배를 믿고 진(秦)나라의 체면을 봐주지 않았다. 또한, 위나라는 한나라를 공격하여 한나라가 진나라에 기댈 수밖에 없게 만들고자 했다. 그러자 누군가 안리왕에게 위와 같이 간언하며 과거의 사례를 들어 설명했다.

과거에 조(曹)나라는 제나라에 의지하여 진(晉)나라를 경시했다. 그 결과, 진나라는 제나라가 밖으로 군대를 동원한 틈을 타 조나라를 멸망시켰다. 증(繒)나라는 제나라에 의지하여 월나라에 횡포를 부리다가 제나라에 내란이 일어나자 그 기회를 틈타 쳐들어온 월나라에 의해 멸망했다. 정(鄭)나라는 위나라의 힘만 믿고 한나라를 멸시했는데, 한나라는 위나라 북측 변방에 우환이 있는 틈을 타서 정나라를 멸망시켰다. 원(原)나라는 진(秦)나라에만 의지하며 진(晉)나라에는 예를 갖추지 않았다. 그러다가 진(秦)나라에 흉년이 들어 수확이 좋지 않던 해에 진(晉)나라가 출병하여 원나라를 멸망시켰다.

또 중산국(中山國)은 제나라와 위나라를 믿고 조나라를 뿌리치고 멸시했는데, 결국 제나라와 위나라가 군대를 연합하여 초나라와 교전하는 틈을 타 쳐들어온 조나라에 의해 멸망했다. 이 다섯 나라가 멸망한 까닭은 모두 '모든 달걀을 한 바구니에 담아두었기' 때문이다. 즉, 동맹국을 유일한 후원자로 삼았기 때문이다. 그들의 후원자가 자기 자신을 돌보느라 겨를이 없을 때 재앙이 닥친 것이다.

역사를 사로잡은 명장면

강대국의 틈바구니에서 생존을 모색하는 것이 약소국의 전략이며, 그 틈새에서 입장을 강요받는 것이 약소국의 비애이다. 사실, 위에서 언급한 다섯 약소국은 입장을 강요받는 상황에서의 희생물이라고 할 수 있다. 그러나 위나라의 경우는 나라가 약소하지 않았음에도 불구하고 오히려 강대국과 연합하여 약소국을 업신여기려 했으니, 이는 분명 화를 자초하는 것이다.

역사적으로 송대에도 거울로 삼을 만한 사건이 있었다. 송은 금(金)나라와 연합하여 요(遼)나라에 대항했다. 또한, 송은 몽골과 연합하여 금나라에 대항했다가 결국에는 몽골의 원(元) 왕조에 의해 멸망했다. 따라서 자신이 스스로 강해질 방법을 찾지 않고 강대국의 힘을 끌어들이는 일에만 급급하여 강대국이 승부를 내주기를 기다리면 결국 동맹자라도 적이 될 수 있다.

고전의 지혜

강력한 동맹국에는 '셀 수 없이 많은 변수'가 있다. 만일 약소국이 자신의 정치와 교육에 신경 쓰지 않고 정부와 민간이 단결하여 국가 경제를 잘 운영하지 않는다면 어떻게 되겠는가. 그로 인해 동맹국에 변고가 생기기 전에 먼저 스스로 붕괴한다면 이는 '변수'가 아닌 '어리석음'을 이루 다 셀 수 없는 일이다.

과거를 잊지 않고
미래의 스승으로 삼는다

사직하여 자신을 보호하는 계책

010

張孟談對[1]曰: "君之所言, 成功之美[2]也,
장 맹 담 대 1 왈 : " 군 지 소 언 , 성 공 지 미 2 야 ,

臣之所謂, 持[3]國之道也. 臣觀成事[4],
신 지 소 위 , 지 3 국 지 도 야 . 신 관 성 사 4 ,

聞往古, 天下之美同,
문 왕 고 , 천 하 지 미 동 ,

臣主之權均之而能美, 未之有也.
신 주 지 권 균 지 이 능 미 , 미 지 유 야 .

前事之不忘, 後事之師. 君若弗圖,
전 사 지 불 망 , 후 사 지 사 . 군 약 불 도 ,

則臣力不足." 愴然[5]有決[6]色, 襄子去[7]之.
즉 신 력 불 족 ." 창 연 5 유 결 6 색 , 양 자 거 7 지 .

—『戰國策·趙策』

1 對(대): 아랫사람이 윗사람에게 답하다.

2 美(미): 매우 훌륭하다.

3 持(지): 유지하다.

4 成事(성사): 과거의 사례

5 愴然(창연): 얼굴색이 슬프다.

6 決(결): '訣(결)'과 같다. 이별하다.

7 去(거): 해직하다. 파면하다.

48

▶ 장맹담(張孟談)이 조양자(趙襄子)에게 아뢰었다.

"주군께서 말씀하시는 바는 공적을 이룬 뒤의 아름다운 결과이지요. 신이 말씀드리는 것은 국가 안정을 유지하는 도리입니다. 제가 과거의 사례를 살펴보고 옛말을 들어본 바에 의하면, 천하의 일은 아름다운 결과를 거두는 데 있어서 반드시 일정한 법칙을 따릅니다. 하지만 신하와 군주가 권력을 고르게 나누어 아름다울 수 있었던 적은 지금까지 없었습니다. 과거의 경험을 잊지 않고 깊이 새겨 미래의 스승으로 삼아야 합니다. 주군께서 만일 저의 요청을 받아주지 않으신다면 저는 간언의 책임을 다하지 못하는 것입니다."

그가 슬픈 낯빛으로 결연하게 말하자, 조양자는 그를 파면했다.

장맹담은 조양자를 위해 큰 공을 세운 이후에(관련 내용은 27번째 명구 "그대의 입에서 나와 내 귀로 들어가다" 참고) 자신의 공적이 지나치게 큰 것에 불안함을 느끼고 사직을 청했다. 조양자는 당연히 이를 허락하지 않았다. 또한, 그는 '큰 공을 세운 자의 지위는 존귀해지기 마련'이라며 나라를 위해 충성을 다하기만 한다면 너무 마음 쓸 필요가 없다고 장맹담을 설득했다. 그러나 장맹담은 단호하게 사직 의사를 밝혔다. 그는 봉읍을 바라지도 않았다. 장맹담은 고향에 내려가 직접 농사를 지으며 생계를 꾸려갔다.

3년 뒤 한나라, 위나라, 제나라, 초나라의 연합군 공격으로 위기를 맞게 된 조양자는 서둘러 장맹담을 찾아가 가르침을 구했다. 장맹담은 조양자에게 칼을 차고 수레를 몰아 장맹담 자신을 경성으로 '영접'해 불러들일 것을 권했다. 또한, 조정 대부들에게 명령하여 일률적으로 자신의 명령을 따르도록 조치를 취해달라고 요청했다.

장맹담이 다시금 정권을 장악하자 그의 명성에 연합군은 겁을 먹고 감히 경거망동하지 못했다. 그 틈에 장맹담은 자신의 아내를 초나라에, 큰아들을 한나라에, 둘째 아들을 위나라에, 막내아들을 제나라에 인질로 보내어 공작을 펼쳤다. 이 계책으로 네 나라가 서로를 의심하게 하였고, 종전의 연맹도 이로 인해 와해했다.

역사를 사로잡은 명장면

공로가 커서 군주가 위기의식을 느끼게 하는 것은 신하에게 있어 가장 큰 위기다. 특히, 의심 많은 군왕을 보좌하는 경우라면 언제든지 예측하지 못한 위협이 들이닥칠 수 있다.

역사적으로 공신을 살해한 황제의 이야기는 대단히 많다. 물론 죽음에 이르러서도 깨닫지 못한 채 원한을 품고 죽어간 공신들이 훨씬 많지만, 장맹담과 같이 자신을 보호할 줄 알고 민첩하게 대처했던 주인공들도 적지 않다.

예를 들어, 구천(句踐)의 공신이었던 문종(文種)은 군주에게 살해당했으나, 범려(范蠡)는 서시(西施)를 데리고 멀리 떠나 장사꾼이 되었다. 유방의 공신이었던 한신(韓信)은 주살되었으나, 장량은 도를 닦아 신선이 되어 속세와의 인연을 끊었다. 명대(明代)의 초대 황제인 주원장(朱元璋)은 가장 많은 신하를 처형한 것으로 유명한데, 서달(徐達), 남옥(藍玉), 이선장(李善長), 호유용(胡惟庸)을 주살했고, 심지어 그들과 연루된 1만3천 명을 처형했다. 그러나 유백온(劉伯溫)은 관직에서 물러난 뒤 고향으로 돌아갔고, 매일같이 술 마시고 바둑 두며 세상일은 묻지 않았다.

고전의 지혜

'임금과 함께하는 것은 호랑이와 함께하는 것과 같다'는 점과 '교활한 토끼가 죽으면 뒤쫓던 사냥개는 삶는다'는 점을 잘 알아야만 부귀영화를 버리고 자신과 집안의 목숨을 길이 보전할 수 있다. 또한, 그것이야말로 '과거를 잊지 않고 미래의 스승으로 삼는 것'이라 할 수 있을 것이다.

꾀 많은 토끼는 세 개의 굴을 판 뒤에야
근심 걱정 없이 편안히 잔다

삼중으로 위험을 예방하는 계책

011

馮諼[1]曰: "狡兎有三窟, 僅得免其死耳.
풍 원 왈 : "교 토 유 삼 굴, 근 득 면 기 사 이.

今君有一窟, 未得高枕而臥也,
금 군 유 일 굴, 미 득 고 침 이 와 야,

請爲君復鑿二窟."
청 위 군 부 착 이 굴."

…… 還報孟嘗君曰: "三窟已就,
…… 환 보 맹 상 군 왈 : "삼 굴 이 취,

君姑高枕爲樂矣." 孟嘗君爲相數十年,
군 고 고 침 위 악 의." 맹 상 군 위 상 수 십 년,

無纖介[2]之禍者, 馮諼之計也.
무 섬 개 지 화 자, 풍 원 지 계 야.

—『戰國策·齊策』

---

1 馮諼(풍원): 인명. 『사기』에는 '풍환(馮驩)'으로 되어 있다.
2 纖介(섬개): 대단히 미세하고 자잘함을 형용한다.

▶ 풍훤이 맹상군에게 말했다.

"꾀 많은 토끼는 굴을 세 개씩 파놓는다고 합니다. 그래야 죽음을 면할 수 있지요. 지금 주군께서는 단지 하나의 굴만을 소유하고 계시니 아직 베개를 높이 베고 누워 마음 편안히 계실 수는 없습니다. 제가 주군을 위해 나머지 두 개의 굴도 뚫을 수 있도록 허락해주소서."

(중략) (임무를 완수한 뒤에) 돌아와 풍훤이 맹상군에게 보고를 올렸다.

"이제 세 개의 굴이 완성되었습니다. 주군께서는 높은 베개를 베고 즐기시옵소서."

맹상군이 재상에 재임한 수십 년 동안 사소한 화도 입지 않았던 것은 풍훤의 계책 덕분이었다.

풍훤이 맹상군을 위해 '의리를 사들인[市義]' 일로(관련 내용은 6번째 명구 "땅강아지나 개미도 그를 업신여긴다" 참고) 설 땅의 백성들은 맹상군의 은덕에 감격했다. 그래서 맹상군이 제나라 재상 자리에서 물러나 봉읍인 설 땅으로 돌아오자 그곳 백성들은 열렬히 환호하며 맞이했다. 맹상군은 풍훤이 의리를 샀다는 것이 무슨 의미였는지를 그제야 깨달았다며 만족스러워했다. 그러자 풍훤은 '두 개의 굴'을 더 파야 한다는 계책을 내놓는다.

　풍훤은 이후 위나라의 혜왕을 찾아가 맹상군에게 큰돈을 하사하여 위나라로 초빙한 뒤 재상으로 등용할 것을 건의했다. 그 소식을 들은 제나라 민왕(泯王)은 태부(太傅)를 파견하여 황금 열 근, 네 마리 말이 모는 꽃가마 두 대, 보검 한 자루를 가지고 맹상군을 찾아가게 했다. 거기에 서신 한 통을 더했는데, 그 내용은 맹상군이 조정으로 돌아와 재상을 맡아달라고 정중히 부탁하는 것이었다. 이것이 바로 두 번째 '굴'이다.

또한, 풍훤은 이 기회에 설 땅에 제나라의 종묘를 건립하고 선왕의 제기(祭器)를 이전해올 수 있도록 왕을 설득해야 한다고 건의했다. 이렇게 되면 제나라는 장차 설 땅을 공격하지 않을 것이고, 이로써 종묘에 화가 미치는 일은 면할 수 있다는 것이었다. 이것이 바로 세 번째 '굴'이다.

자신이 기반을 두고 있는 근거지의 백성들이 그를 적극적으로 지지하면 위급한 시기에 도망할 수 있는 곳이 생긴다. 외국이 그를 발탁해 가고자 하면 본국 임금의 예우를 보장할 수 있다. 국가의 종묘를 자신의 봉읍에 건설하면 이후에 설령 임금이 교체되더라도 공격당할 걱정이 없다. 이 세 개의 굴이 있어야 비로소 오래도록 두 다리 쭉 뻗고 잘 수 있는 것이다.

역사를 사로잡은 명장면

상앙은 진(秦)나라 효공(孝公)을 위해 변법을 시행하고 부국강병을 도모했다. 그 과정에서 태자의 사부를 고문하는 일도 서슴지 않았고, 그로 인해 '태자당(太子黨)'의 원한을 샀다. 얼마 후, 효공이 세상을 떠나고 태자가 즉위하여 진나라 혜문왕(惠文王)이 되었다. 혜문왕은 곧바로 상앙의 죄를 벌하라는 명령을 내렸다. 상앙은 국경을 넘어 위나라로 도주했으나 위나라는 그에게 원한을 가지고 있던 터라 받아주지 않았다. 그래서 상앙은 어쩔 수 없이 자신의 봉읍인 '상(商)' 땅으로 도망갔고, 가신들을 이끌고 험준한 지형을 방패 삼아 완강히 저항했다. 그러나 결국 오래 버티지 못하고 생포 당하여 거열형으로 무참히 처형되었다.

상앙은 단지 '하나의 굴'만 가지고 있었을 뿐 국외의 성원도 없었고 종묘의 비호도 없었다. 그런 까닭에 이처럼 비참한 최후를 맞이한 것이다. 상앙은 맹상군과 비교하면

50~60년 정도 앞서 있다. 풍훤은 아마도 이러한 역사적 본보기를 교훈으로 삼아 맹상군에게 좋은 계책을 내놓았을 것이다.

고전의 지혜

중국에서는 신문 기사 등에서 "꾀 많은 토끼가 세 개의 굴을 파놓듯, 범인이 교묘하게 숨어버려 사법부가 체포에 난항을 겪고 있다"라는 표현이 자주 사용된다. 사용 방법은 틀리지 않았지만, 아마도 도주범은 아무 걱정 없이 마음이 편하기만 하지는 않을 것이다. 풍훤이 구성한 계책에 비하면 그 차이는 말할 수 없이 크다. 화를 피하고자 세 개의 굴을 파놓는 행동은 세 개의 굴을 만들어놓음으로써 '사소한 재앙조차 당하지 않았던' 것에 견줄 수 없으니 말이다.

세 번 싸워 세 번 이겨도
나라가 위태롭다

작은 나라는 전쟁을 좋아해서는 안 된다는 주장

012

齊與魯三戰而魯三勝, 國以危, 亡隨其後,
제 여 노 삼 전 이 노 삼 승, 국 이 위, 망 수 기 후,

雖有勝名而有亡之實, 是何故也?
수 유 승 명 이 유 망 지 실, 시 하 고 야?

齊大而魯小. 秦趙戰於河漳之上,
제 대 이 노 소. 진 조 전 어 하 장 지 상,

再戰而再勝秦. 戰於番吾之下,
재 전 이 재 승 진. 전 어 번 오 지 하,

再戰而再勝秦. 四戰之後, 趙亡卒數十萬,
재 전 이 재 승 진. 사 전 지 후, 조 망 졸 수 십 만,

邯鄲[1]僅存. 雖有勝秦之名, 而國破矣!
한 단[1] 근 존. 수 유 승 진 지 명, 이 국 파 의!

是何故也? 秦强而趙弱也.
시 하 고 야? 진 강 이 조 약 야.

—『戰國策·魏策』

---

1 邯鄲(한단): 지명. 지금의 허베이 성(河北省) 서남부와 허난 성(河南省)의
경계 지점에 위치한다.

▶ 제나라와 노나라가 세 차례 교전하여 노나라가 세 번 모두 이겼습니다. 그러나 노나라는 그로 인해 위태로운 처지에 놓였고, 결국에는 나라가 망하는 지경에 이르렀지요. 비록 승리했다는 '명성'은 얻었으나 망국이라는 '실상'을 갖게 된 것입니다. 그 까닭은 무엇일까요? 제나라는 크고, 노나라는 작기 때문입니다. 진(秦)나라와 조나라가 하장(河漳)의 북쪽에서 교전했을 당시, 두 번을 싸워 두 번 모두 조나라가 진나라를 이겼습니다. 또 번오(番吾) 남쪽에서 겨루었을 때도 두 번을 싸워 두 번 모두 조나라가 승리했지요. 그렇게 네 번을 싸운 뒤에 조나라는 결국 수십만 명의 병졸을 잃었고, 수도 한단만을 간신히 지키고 있습니다. 비록 진나라를 이겼다는 '명성'을 얻었으나 나라는 망가진 것입니다. 이는 무슨 까닭이겠습니까? 진나라는 강하고, 조나라는 약하기 때문입니다.

이는 장의가 진왕(秦王)을 위해 제후들에게 '연횡'을 유세하는 장면 가운데 제선왕을 설득하는 내용이다. 『전국책』의 전문에는 이 내용의 바로 앞에 소진이 제나라 왕에게 '합종'을 유세하는 내용이 있다. 두 사건의 사이에는 22년의 시차가 있었고, 당시 제나라는 지속해서 제선왕이 다스리고 있었다. 그러나 국제적인 형세에는 많은 변화가 있었다.

제선왕은 과거 소진이 주장했던 '합종책'을 받아들였고, 이후 장의가 주장한 '연횡책'도 기꺼이 받아들였다. 그렇다면 유능한 군주라는 평가를 받을 만한 제선왕이 이처럼 앞뒤가 전혀 다른 결정을 내린 이유는 무엇일까? 그 원인은 진나라가 계속 강성했고, 진나라 대항 세력의 주력이었던 조나라가 비록 명장을 배출하기는 했으나 여러 해 계속된 출정으로 국력을 크게 손실한 데에 있었다.

같은 시기, 진나라는 초나라와 혼인을 통해 친교를 맺었고, 한나라, 조나라, 위나라 또한 진나라에 영토를 할양하여 화친을 도모했다. 제나라는 가장 멀리 동쪽에 위치하고 있기는 했지만, 결국 장의의 주장을 받아들여 진나라에 영토를 헌납했다. 그리고 이를 통해 우호를 표시했다.

역사를 사로잡은 명장면

위의 일이 있은 뒤 30년이 지나 진나라는 또다시 조나라를 공격했다. 당시 조나라는 진나라의 끊임없는 공격을 막아내기에 역부족이었고, 그래서 소자(蘇子)에게 부탁하여 진나라 왕에게 유세하게 했다. 소자가 진왕에게 말했다.

"조나라는 이미 국력이 소진되었습니다. 한단을 겨우 지켜낼 힘만 남아 있을 뿐입니다. 이런 나라는 설령 얻는다고 하더라도 장기적인 이익이 되지 않습니다. 속담에 '전쟁에서 이기는 것은 도리어 나라를 위태로운 상황에 빠지게 한다. 전쟁이 끊이지 않아서 힘과 물자를 쉬지 않고 소모하게 되기 때문이다'라는 말이 있습니다. 군사 부담이 지나치게 무거우면 진나라에 결코 유리하지 않을 것입니다."

진왕은 그의 의견을 받아들여 29년간 휴전했다. 그러는 사이 중원의 제후들은 서로 전쟁을 멈추지 않았고, 결국 진나라가 천하를 잠식하고 집어 삼킬 조건을 마련해 주었다.

고전의 지혜

'전쟁에서 이겨도 나라가 위태롭다'는 것은 전쟁을 좋아하는 약소국에 충고하는 말이긴 하지만, 강대국에도 똑같이 적용될 수 있다. 국가 지도자에게는 더더욱 금과옥조로 삼을 만한 최고의 경구라고 할 수 있다. 맹자가 말하기를, "전쟁을 잘하는 사람은 최고형을 받고 제후를 연합하는 자는 그다음 형벌을 받는다(『맹자(孟子)·이루상(離婁上)』)"라고 했다. 싸움을 잘하는 용맹한 장수나 전쟁을 주장하는 언변 좋은 집단은 '백성을 근본으로 삼자[以民爲本]'고 주장하는 맹자의 눈에는 가장 큰 죄인이다. 한 차례의 전쟁으로 인해 수십 수백 년 동안 누적된 경제적 성과가 한순간 잿더미로 변할 수 있고, 설령 싸움에서 이긴다 하더라도 백성들은 처참한 꼴을 당하게 되기 때문이다.

황하 물이 맑아지기를 기다리지만
사람 목숨이 얼마나 오래 붙어 있다던가

작은 것으로 큰 것을 섬기는 계책에 대한 변론

013

楚子囊[1]伐鄭, 討其侵蔡也. 子駟, 子國, 子耳欲從楚,
초 자 낭[1] 벌 정, 토 기 침 채 야. 자 사, 자 국, 자 이 욕 종 초,

子孔, 子蟜, 子展[2]欲待晉.
자 공, 자 교, 자 전[2] 욕 대 진.

子駟曰: "周詩有之曰: '俟河之清[3], 人壽幾何? 兆云詢多[4],
자 사 왈: "주 시 유 지 왈: '사 하 지 청[3], 인 수 기 하? 조 운 순 다[4],

職競作羅[5]', 謀之多族[6], 民之多違[7], 事滋[8]無成,
직 경 작 라[5]', 모 지 다 족[6], 민 지 다 위[7], 사 자[8] 무 성,

民急矣, 姑從楚以紓吾民, 晉師至, 吾又從之."
민 급 의, 고 종 초 이 서 오 민, 진 사 지, 오 우 종 지."

—『左傳·襄公八年』(子展子駟議從楚)

---

1 子囊 (자낭): 초나라 영윤 (令尹)

2 子駟 (자사), 子國 (자국), 子耳 (자이), 子孔 (자공), 子蟜 (자교), 子展 (자전): 이 여섯 사람은 모두 정나라의
   공자이다. 세 사람은 초나라에 굴복할 것을 주장했고, 나머지 세 사람은 진나라 군대의 지원을 기다릴
   것을 주장했다.

3 俟河之清 (사하지청): 전설에 따르면 황하는 5백 년에 한 번 맑아지는데, 이때 성인이 세상에 나타난다고 한다.

4 兆 (조): 점복의 결과 / 詢 (순): 의견 / 兆云詢多 (조운순다): 점복 결과에 대한 해석이 일치하지 않고, 각종
   의견이 많다.

5 職 (직): 원인 / 羅 (라): 그물. 올가미 / 職競作羅 (직경작라): 모두가 다투어 서로를 난처하게 하는 것은
   아무런 일도 이루지 못하게 되는 원인이다.

6 謀之多族 (모지다족): 정나라에 영향력이 있는 종족 (가문)이 많다.

7 違 (위): 위배하다. 백성들이 각기 자신의 주인을 옹호하여 서로 어긋난다.

8 滋 (자): 더욱. 훨씬

▶ 정나라가 채(蔡)나라를 침략했다는 이유로 초나라 자낭(子囊)이 군사를 이끌고 정나라를 공격했다(당시 국제 정세는 채나라가 초나라의 보호를 받고, 정나라는 진(晉)나라의 보호를 받는 상황이었다). 정나라의 공자는 두 파로 나뉘었는데, 자사(子駟)와 자국(子國), 자이(子耳)는 초나라에 굴복할 것을 주장했고, 자공(子孔), 자교(子蟜), 자전(子展)은 끝까지 꿋꿋이 지키며 진나라의 지원병을 기다릴 것을 주장했다. 그러자 자사가 말했다.

"주(周)나라 시에 이런 구절이 있습니다. '황하가 맑아지기를 기다리지만, 사람 목숨이 얼마나 오래 붙어 있다던가. 점괘의 해석과 각종 의견이 번잡하게 일치하지 않고, 그물에 얽힌 듯 모두는 서로를 난처하게 하네.' 정나라의 권문세족이 여럿이고, 그 의견도 각기 달라 백성들은 각기 자신의 주인을 옹립하고자 하며 서로 등지고 있어 상황이 점점 결단하기 어려워지고 있습니다. 현재 백성들의 목숨이 위급하니 우선 초나라에 순응하여 귀순하려는 태도를 보이는 것이 좋을 것입니다. 그리하여 위기를 벗어난 뒤 진나라 구원병이 오기를 기다렸다가 그들이 당도하면 또다시 진나라로 귀순하면 될 것입니다."

자사가 주장하는 '약소국의 도리'는 두 강대국의 국경에서 예물을 준비하고 있다가 어느 편이 우세한지 판단하여 '수박의 큰 조각을 집어 드는' 것이었다. 그는 백성들을 해치지만 않는다면 괜찮다고 여겼다. 반면, 자전이 주장하는 '작은 것으로 큰 것을 섬기는 도리'는 신용을 지키는 것이었다. 정나라는 진나라와 이미 다섯 차례의 회맹을 맺었는데, 만약 '소국으로서 신용이 없다'면 '전쟁이 자주 일어나 머지않아 망하게 될 것'이라는 것이 자전의 주장이었다.

정목공(鄭木公)은 섣불리 결정을 내리지 못했다. 이 두 사람의 주장을 모두 들은 뒤 자사를 초나라로 파견하여 화친을 청했고, 다른 한 편으로 대부 백병(伯騈)을 진나라로 파견하여 '어쩔 수 없이 화친을 맺는다'는 고충을 토로하게 했다. 그러나 진나라는 이를 양해해주지 않았고, 그 이듬해 정나라를 공격했다.

역사를 사로잡은 명장면

큰 것 사이에 끼어 있는 작은 것이 가장 어려운 법이다. 초강대국 두 나라 사이에 끼어 있는 약소국은 입장을 분명히 밝히면 한쪽을 불쾌하게 만들고, 입장을 분명히 밝히지 않으면 양측의 기분을 모두 상하게 한다. 그러나 가장 좋지 않은 계책은 이랬다저랬다 하는 것이다. 입장이나 주관 없이 단지 어느 쪽이 승산이 있는지 상황을 판단하여 이리저리 빌붙는 것은 더욱 많은 전쟁을 초래할 뿐이다.

특히 정나라에 닥친 이번의 위기는 스스로 자초한 것이다. 자국과 자이가 군사를 이끌고 채나라를 침략했고, 그로써 진나라에 환심을 사고자 했다. 이후 초나라 군대가 정나라를 공격하자 초나라에 순종하자고 주장한 것 또한 그들이었다.

정나라는 춘추시대 초기에 한동안 강성했으나 작은 나라임에도 불구하고 전쟁을 좋아하여 점차 쇠약해졌다. 이후 큰 나라에 의지하면서도 또한 진나라와 초나라 사이에서 갈팡질팡했고, 연이은 전쟁으로 끝내 멸망을 면하지 못했다.

고전의 지혜

사람의 목숨으로는 황하가 맑아질 때까지 기다릴 수 없고, 작은 나라는 원군이 올 때까지 버틸 수 없다. 그런데 만일 흉악한 악령을 스스로 건드린다면 남은 수명을 또 얼마나 유지할 수 있겠는가? 같은 논리로, 작은 나라가 전쟁을 좋아하면 어찌 나라의 복을 유지할 수 있겠는가?

덕을 세우고
공을 세우고 말을 세우다

'썩어 없어지지 않는 세 가지(三不朽)'에 관한 변론

014

豹¹聞之. 大上²有立德. 其次有立功. 其次有立言.
표¹문지. 대상²유입덕. 기차유입공. 기차유입언.

雖久不廢. 此之謂不朽. 若夫保姓受氏³,
수구불폐. 차지위불후. 약부보성수씨³,

以守宗祊⁴. 世不絶祀. 無國無之.
이수종팽⁴. 세부절사. 무국무지.

祿之大者. 不可謂不朽.
녹지대자. 불가위불후.

—『左傳·襄公二十四年』(叔孫豹論三不朽)

1 豹(표): 숙손표(叔孫豹). 노나라의 대부(大夫)
2 大上(대상): '至高無上'. 더할 수 없이 높다.
3 受氏(수씨): 조상의 성씨를 계승하다.
4 祊(팽): 종묘 문 안의 제사 장소

▶ 숙손표가 말했다.

"제가 듣기로, 더할 수 없이 크고 높은 사람은 인덕이 후세에까지 미치고, 그다음은 공적이 후세에 미치고, 또 그다음은 학설이 후세에 전해진다고 합니다. 설령 그 사람이 죽더라도 그의 덕행과 공적, 학문은 오래되어도 사라지거나 쇠퇴하지 않으니, 이것을 일컬어 '썩지 않음[不朽]'이라고 합니다. 만일 단지 조상의 성씨를 계승하고 보우하고 종묘를 지키며 대대로 제사가 끊어지지 않는 것이라면 그런 가문이 없는 나라는 없습니다. 따라서 관직이 높고 가문이 눈부신 것을 '썩지 않음'이라고 할 수는 없습니다."

노나라의 대부 숙손표가 진(晉)나라에 사신으로 갔는데, 진나라의 대부 범선자(范宣子)가 그에게 물었다.

"옛말에 '죽어서도 썩지 않는다(死而不朽)'라는 말이 있지요. 이는 무슨 뜻입니까?"

숙손표가 대답을 하기도 전에 범선자가 계속해서 말했다.

"우리 조상은 순(舜) 임금 이전에 도당 씨(陶唐氏)였습니다. 하(夏) 왕조 때는 어용 씨(御龍氏)였고, 상 왕조 때는 축위 씨(豕韋氏)였고, 주 왕조 때는 당두 씨(唐杜氏)였습니다. 지금 진나라는 중원의 맹주이고, 우리 가문은 진나라의 범 씨(范氏)지요. 우리 가문과 같이 대대로 찬란하게 빛나는 것을 두고 '썩지 않는다'라고 할 수 있겠지요."

범선자의 속내는 숙손표에게 자신의 가문을 과시하려는 데 있었다. 노나라는 주공의 후손으로 줄곧 주례(周禮)의 계승자로 자처했고, 이 때문에 제후국의 군왕들은 항상 노나라에 '예법을 물었으며', 노나라는 '예법을 해석하는' 특권을 가지고 있었다.

당시 제후의 맹주였던 진나라가 주 천자를 안중에 두지 않았으니, 진나라의 육경(六卿)이었던 범선자가 주공의 후손을 존중할 리 만무했다. 따라서 이러한 주장을 했던 것이다. 하지만 오히려 난처한 꼴을 당할 줄을 누가 알았겠는가. 스스로 그 모욕을 자초했던 것이다.

역사를 사로잡은 명장면

'썩어 없어지지 않는 세 가지'인 '입덕(立德)', '입공(立功)', '입언(立言)' 가운데 하나를 성취하면 백 세 동안 길이길이 그 명성을 전할 수 있다. 그러나 역사적으로 세 가지를 모두 갖춘 사람은 매우 드물었다.

청(淸) 왕조의 중흥을 이룩했던 명신 증국번(曾國藩)이 세상을 떠나자, 세상에는 다음과 같이 그를 칭송하는 대련(對聯)이 유행했다.

"덕을 세우고, 공을 세우고, 모범이 될 만한 말을 세우는 것은 썩어 없어지지 않는 세 가지, 스승이 되고 장군이 되고 재상이 됨이 하나의 완벽한 사람에 갖추어졌다(立德立功立言三不朽, 爲師爲將爲相一完人)."

증국번은 분명 세 가지 측면에서 모두 성취한 바가 있었고, 이러한 예찬을 받을 만했다.

남북조(南北朝)시대, 북방에는 호하국(胡夏國)이 있었다. 호하국의 황제 혁련발발(赫連勃勃)은 매우 포악하고 변덕스러웠는데, 문무 대신들이 감히 그를 곁눈질로 보면 눈동자를 뽑았고, 제멋대로 웃으면 입을 찢어버렸으며, 함부로 간언하면 목을 꺾어버렸다.

호하는 훗날 북위(北魏)에 의해 멸망하는데, 북위의 무제(武帝) 탁발도(拓跋燾)가 호하의 수도였던 통만 성(統萬城)을 함락한 뒤 비문을 하나 발견했다. 비문의 내용은 혁련발발의 공덕을 노래한 것이었다. 그런데 그 내용이 그의 치적을 과장하고 거짓으로 꾸며 칭송하는 것이라 차마 눈 뜨고는 봐줄 수 없을 정도였다. 이를 보고 크게 분노한 탁발도는 도대체 어떤 아첨꾼이 글을 지은 것인지 규명하려고 했다.

이는 덕이 없고 공이 없으면서도 오히려 돌 비석에 글을 새겨 '썩지 않음[不朽]'을 바라고자 했던 극단적인 사례라고 할 수 있다.

고전의 지혜

공덕을 노래할 수는 있지만, 반드시 진실로 덕을 세우고 공을 세운 바가 있어야 한다. 그렇지 않으면 그 아무리 아름다운 아첨의 말이라도 후세에 영원히 전해질 수 없으며, '죽어서도 썩지 않는다'는 것은 더더욱 불가능할 것이다.

제 2 장

지혜로운 처세를 위한 책략

- 한 나라에 임금이 셋이나 있으니
  나는 누구를 따라야 하는가

말하는 사람이 다르면
사람의 마음은 변한다

이 보 전진을 위해 일 보 후퇴하는 유세의 계책

015

故其言一也, 言者異, 則人心變[1]矣.
고 기 언 일 야, 언 자 이, 즉 인 심 변[1] 의.

今臣新[2]從秦來, 而言勿與, 則非計[3]也.
금 신 신[2] 종 진 래, 이 언 물 여, 즉 비 계[3] 야.

言與之, 則恐王以臣之爲秦也,
언 여 지, 즉 공 왕 이 신 지 위 진 야,

故不敢對. 使臣得爲王計之, 不如予之.
고 불 감 대. 사 신 득 위 왕 계 지, 불 여 여 지.

— 『戰國策·趙策』

---

1 人心變(인심변): 발언하는 사람의 신분, 입장의 차이에 따라 청자가 받아들이는 정보도
   다르다.
2 新(신): 이제 막. 방금
3 計(계): 계책 / 非計(비계): 좋은 건의가 아니다.

▶ 같은 것을 말할지라도 말하는 사람의 신분이나 입장이 다르면 듣는 사람이 받아들이는 내용도 그에 따라 달라지는 것입니다. 신은 지금 막 진(秦)나라에서 돌아왔지요. 만일 제가 진나라에 여섯 개의 성을 주어서는 안 된다고 말씀드린다면 그것은 올바른 계책이 아닙니다. 하지만 만일 주어야 한다고 말씀드린다면 대왕께서는 제가 진나라를 위하는 것이라고 오해하실 것입니다. 그러므로 감히 대답하지 못하는 것입니다. 그런데도 대왕을 위해 반드시 계책을 말하라고 하신다면 주는 것이 좋다고 생각합니다.

전국시대의 중요한 전투 가운데 하나인 '장평대전'에서 진(秦)나라 군대는 조나라 군대를 대파하고 조나라 병졸 40만 명을 생매장했다. 진나라 군대는 그렇게 조나라 군대를 전멸시킨 뒤 병사를 수습하여 본국으로 돌아갔고, 강화를 맺는 조건으로 조나라에 여섯 개의 성을 요구했다.

조나라의 효성왕이 그 일에 관하여 대부 누완(樓緩)에게 의견을 구했으나 그는 답을 피했다. 조왕이 기어코 그의 의견을 들어야겠다고 하자 누완이 다음과 같은 이야기를 들려주었다.

노나라의 관리였던 공보문백(公甫文伯)이 병으로 세상을 떠나자 집안의 부인과 첩 16명이 모두 그를 따라 자살했다. 그러나 그의 어머니는 아들이 죽었다는 소식을 듣고도 눈물 한 방울 흘리지 않았다. 그러자 누군가 물었다.

"아들이 죽었는데도 울지 않는 어머니가 어디에 있단 말입니까?"

어머니가 말했다.

"공자께서 노나라에서 추방당하셨을 때 이 녀석은 그 어진 분을 따라 나서지 않았네. 한데, 지금 죽고 나니 16명의 여자가 그를 위해 자살했다 하네. 이 녀석은 분명 큰어른에게 박하게 대하고 여자들에게나 후하게 대접했던 것이야."

이 이야기를 꺼낸 누완의 의도는 분명했다. 위와 같은 말이 어머니의 입에서 나오면 성인군자와도 같은 어머니로 평가되지만, 만약 처첩의 입에서 그런 말이 나왔다면 그를 따라 자살한 여인이 16명이나 되었다는 것을 시기하는 질투심 많은 여자로 여겨질 따름이다. 즉, 말하는 사람이 누구냐에 따라 듣는 사람의 마음도 달라진다는 것이다.

하지만 본래 누완은 '친(親) 진나라 세력'이었다. 단지 '이 보 전진을 위한 일 보 후퇴'로 일단 자신에 대한 조왕의 의심을 풀고자 했던 것에 지나지 않았다.

조왕은 그 뒤에도 누완과 '친 제나라 세력'인 우경(虞卿)에게 번갈아가며 의견을 물었고, 둘의 대답은 마치 서로 얼굴을 대면하지 않고 벌이는 논쟁과도 같았다. 이들의 논쟁은 우경의 의견으로 마무리되었다. 제나라에 성을 할양하여 그들과 동맹을 맺은 후 필사적으로 진나라에 대항하고자 한다면, 조나라와 제나라의 연합군이 진나라 국경을 엿보기도 전에 겁먹은 진나라가 도리어 뇌물을 싸들고 조나라에 강화를 요청해올 것이라는 주장이었다. 결국 효성왕은 우경의 의견을 받아들이고, 그를 제나라에 사신으로 파견했다. 과연 우경이 제나라에서 돌아오기도 전에 진나라 사신은 황급히 조나라에 당도하여 조나라를 자기편으로 끌어들이려고 했다. 누완은 그 소식을 듣고 진나라로 도주했다.

누완과 우경의 논쟁은 강한 이웃나라를 상대로 소국이 어떠한 정책 노선을 취해야 하는지에 대한 논쟁의 전형이라고 할 수 있다.

우경은 기본적으로 진나라 군대가 크게 승리하기는 했으나 이미 기력이 다했으므로 결국 병사를 철수시켜 포위를 풀 것으로 생각했다. 만약 그들에게 여섯 개의 성을 넘겨준다면 이는 '적국에 자금을 대는 꼴'이고, 또한 '화친을 가장하여 실제로는 힘을 회복하려는' 진나라의 계략에 넘어가면 얼마 지나지 않아 또다시 공격해올 것이 분명하다는 것이 우경의 판단이었다. 그러므로 우경은 서둘러 제나라와 동맹을 맺어야 하며, 그것이 바른길이라고 주장한 것이다.

한편, 누완의 생각은 달랐다. 예전에는 진(秦)나라와 진(晉)나라가 우호를 맺어 서로 친했었다. 하지만 진(晉)나라가 한(韓), 조, 위(魏) 세 가문으로 나뉜 지금, 진(秦)나라는 한나라, 위나라와는 잘 지내면서 오직 조나라만 공격하고 있다. 이는 조나라가 보이는 '호의'가 한나라, 위나라만 못하기 때문이다. 이대로 계속된다면 조나라가 반드시 패배할 것이 틀림없다. 따라서 반드시 진나라와 화친해야 하며 영토를 할양하고 평화조약을 맺어야 한다는 것이 누완의 생각이었다.

두 사람은 모두 옳기도 하고, 모두 틀리기도 하다. 진(秦)나라와 진(晉)나라가 친교를 맺고 가깝게 지낸 까닭은 두 강대국이 서로 필적할 수 있었기 때문이다. 반면, 한·조·위 세 나라(가문)가 진나라의 위협을 받을 수밖에 없었던 것은 그들이 단결하지 않고 분열되었기 때문이다. 만일 한나라, 조나라, 위나라가 공수동맹을 체결하고 세 가문이 일심동체가 되었다면 제나라와 초나라는 자연히 '합종' 진영에 참여했을 것이다. 그랬다면 진나라는 자연히 먼저 우호적인 감정을 표현했을 것이다. 만일 세 나라 모두가 영토를 할양해가며 원조를 구한다면, 설령 오늘을 넘길 수 있다 하더라도 내일은 넘기기 어렵다.

온 천하에 왕의 땅 아닌 곳 없고
온 세상에 왕의 신하 아닌 자 없다

'정치적 올바름'으로 죄를 벗어나는 계책

016

臣少而誦『詩』, 詩曰: '普天之下, 莫非王土.
신 소 이 송 시 **1**, 시 왈 : '보 천 지 하, 막 비 왕 토.

率土之濱², 莫非王臣.'
솔 토 지 빈 **2**, 막 비 왕 신.'

今周君³天下, 則我天子之臣,
금 주 군 **3** 천 하, 즉 아 천 자 지 신,

而又爲客哉? 故曰主人.
이 우 위 객 재 ? 고 왈 주 인.

—『戰國策·東周策』

1 詩(시): 『시경(詩經)』
2 率(솔): ~로부터 / 濱(빈): 해변 / 率土之濱(솔토지빈): 고대 사람들은 중국의 사방이 모두
  바다라고 믿었다. '率土之濱'은 '四海之內(사해지내)'와 같은 말로, '모든 땅'을 가리킨다.
3 君(군): 동사. '천하에 군림하다'의 의미와 같다.

▶ 제가 어려서부터 『시경』을 암송했는데, 『시경』에 이르기를 "온 천하에 왕의 땅 아닌 곳이 없고, 온 세상에 왕의 신하 아닌 자가 없다"라고 했습니다. 지금 주 천자께서 천하를 통치하고 계시니, 그렇다면 저는 천자의 신하인 셈입니다. 그러니 어찌 '외지 사람[客人]'이라고 할 수 있겠습니까? 그래서 '이 나라 사람[主人]'이라고 말했던 것입니다.

당시 주 왕실은 이미 천하를 통치할 힘을 잃었고, 내부적으로도 동주(東周)와 서주(西周)로 분열되어 있었다. 주 왕실의 최고 권력자는 이제 '천자'가 아닌 '주나라 군왕'에 불과했다.

서주 경내의 온성(溫城) 출신 사람이 동주에 갔다가 체포당했다. 그에게 '외지 사람'이냐고 묻자 그는 자신이 '이 지역 사람'이라고 하면서 위와 같이 답했다. 그의 말은 여전히 '천하에 군림하고 있다'는 환상을 품고 있던 동주 군왕의 마음에 쏙 들었고, 이내 석방되었다.

역사를 사로잡은 명장면

역사에는 천하를 통치할 힘과 능력이 없음에도 자신이 천하에 군림하고 있다는 망상에 사로잡힌 사람들이 자주 등장한다. 그리고 그들은 남들이 자신에게 아첨하는 것을 대단히 좋아한다.

5대 10국 시대는 분열의 시기였다. 일부 지역을 지지기반으로 할거하여 자기 멋대로 스스로 '과인'이라고 칭하는 자가 수도 없이 많았다. 그 당시 고승으로 이름났던 관휴(貫休)는 각 나라의 군벌을 관찰하고 비교하며 이리저리 떠돌아다녔다. 그러던 중 오월왕(吳越王) 전류(錢鏐)가 바둑을 좋아한다는 소문을 듣고, 그에게 시 한 수를 지어 바치며 직접 알현하여 함께 바둑 한판 두기를 청했다. 그의 시에는 이런 구절이 있다.

"온 궁궐에는 3천의 아름다운 빈객이 가득하네. 검 한 번 뽑아 서슬 퍼렇게 휘두르니 14주가 복속되는구나(滿堂綺麗三千客, 一劍霜寒十四州)."

전류는 시를 받아 보고는 매우 기뻐했으나 한편으로 약간 부족하다고 여겼는지, 시구 가운데 '十四州'를 '四十州'로 고친다면 직접 만나 함께 바둑을 둘 수 있도록 윤허하겠다는 명령을 전하게 했다.

관휴는 명령을 전달한 사람에게 말했다.

"주(州)는 보태기 어렵고, 시 또한 고치기 어렵습니다. 저는 한가로이 떠돌아다니는 구름이요, 들판의 고독한 학이지요. 어느 하늘이라고 날지 못하겠습니까?"

결국, 관휴는 사천으로 옮겨 가서 촉왕(蜀王) 왕건(王建)의 예우를 받았다.

전류는 천하에 군림하고 있다는 환상을 가진 사람의 전형이라고 할 수 있다. 실제로 자신이 소유한 국토가 14개 주에 불과하면서도 시구를 '40주'로 고쳐달라고 하는 것은 지금 들어도 굉장히 민망한 일이 아닐 수 없다. 이는 이미 천하를 다스릴 통치 권력을 잃은 주나라 임금을 '천자'라고 호칭하여 불법으로 국경을 넘은 죄를 면할 수 있었던 온성 사람의 처세와 동일한 이치다. 아부와 아첨이 바로 '정치적 올바름(political correctness)'이었던 것이다.

고전의 지혜

"온 천하에 왕의 영토가 아닌 곳이 없고, 모든 영토의 끝까지 왕의 신하가 아닌 이 없다"는 말은 전제 군왕을 칭송하는 말로 자주 인용되어왔다. 그러나 「시경·북산(北山)」에 사용된 이 구절의 원래 의미는 사실 임금에 대한 백성의 원망을 노래한 것이다.

"온 천하가 모두 왕의 영토이고, 영토의 모든 사람은 왕의 신하이네. 하지만 정권을 잡은 대부가 불공평하여 오직 나만 홀로 고생스럽구나. (중략) 누구는 침대에 누워 편안히 쉬고, 누구는 하루 종일 수고롭게 일하고도 노여움을 사지 않을까 근심하네……."

천하의 모든 일은 많고 적고를 걱정할 것이 아니라 공평한지 아닌지를 걱정해야 한다. 공정하지 않은 정치를 하면서도 온 국민이 진심으로 따르기를 바라고, 심지어 대부분이 아부성 발언에 가까운 '정치적 올바름'만을 듣기 좋아한다면 이 어찌 '나무에 올라가 물고기를 구하는 것(緣木求魚)'이 아니겠는가?

이기고도 교만하지 않고
지고도 성내지 않는다

시작과 끝을 모두 잘하는 계책

017

臣竊惑王之輕齊易¹楚而卑畜²韓也. 臣聞.
신 절 혹 왕 지 경 제 이 ¹ 초 이 비 축 ² 한 야 . 신 문.

王兵³勝而不驕, 伯主⁴約⁵而不忿. 勝而不驕,
왕 병 ³ 승 이 불 교 . 패 주 ⁴ 약 ⁵ 이 불 분 . 승 이 불 교 .

故能服世. 約而不忿, 故能從鄰⁶.
고 능 복 세 . 약 이 불 분 . 고 능 종 린 ⁶ .

今王廣德魏趙而輕失齊. 驕也. 戰勝宜陽.
금 왕 광 덕 위 조 이 경 실 제 . 교 야 . 전 승 의 양.

不恤楚交. 忿也. 驕忿非伯主之業也.
불 휼 초 교 . 분 야 . 교 분 비 백 주 지 업 야.

臣竊爲大王慮之而不取⁷也.
신 절 위 대 왕 려 지 이 불 취 ⁷ 야 .

—『戰國策·秦策』

1 輕(경), 易(이): 모두 '소홀히 대하다', '경시하다'의 뜻이다.

2 卑畜(비축): 노예처럼 여기다.

3 王兵(왕병): 왕의 군대

4 伯(패): 우두머리. '霸(패)'와 같다.

5 約(약): 패전하다.

6 從鄰(종린): 이웃나라와 사이좋게 지내다.

7 不取(불취): 찬성하지 않는다. 동의하지 않는다.

▶ 신은 대왕께서 제나라와 초나라를 소홀히 대하시고 한나라를 짐승만도 못하게 취급하시는 이유를 잘 이해하지 못하겠습니다. 제가 듣기로는, 왕의 병사는 승리하고도 교만하지 않고 패주(覇主)는 패배하고도 성내지 않는다고 합니다. 이기고도 교만하지 않으므로 세상을 복종하게 할 수 있고, 지고도 성내지 않으므로 이웃나라와 화목하게 지낼 수 있는 것입니다. 지금 대왕께서 위나라와 조나라에게는 널리 덕을 베풀면서 제나라는 경시하시니, 이는 교만함입니다. 의양(宜陽) 전투에서 승리한 뒤 초나라와의 외교는 신경 쓰지 않으시니, 이는 성내는 것입니다. 교만하고 성내는 것은 패업을 이룬 군주가 할 일이 아닙니다. 신이 삼가 대왕을 위하여 근심하오니 그리 하지 마시옵소서.

위의 이야기는 '누군가가 진왕에게 말한 것'이다. 말하는 사람은 누구일까? 맹자의 제자라는 설도 있고, 초나라 춘신군 황헐이라는 설도 있다. 그렇다면 말하는 대상은 누구일까? 진무왕(秦武王), 진소왕(秦昭王), 진시황(秦始皇) 등 다양한 견해가 존재한다.

사실, 그것이 누구였는지 역사적인 고증은 그다지 중요하지 않다. 전국시대의 형세는 하루가 다르게 변화하고 있었지만 진나라의 전략은 기본적으로 큰 변화가 없었기 때문이다. 진나라의 거의 모든 군왕은 일정 기간 동안 이와 유사한 상황을 겪었다.

핵심은 '일시적인 득실이 패왕의 업적에 미치는 영향은 미약하며, 오히려 군왕의 마음가짐이 결정적인 요소'라고 하는 이 '계책'의 이치에 있다. 『전국책』에는 이와 유사한 '계책'에서 모두 오왕(吳王) 부차(夫差)의 예를 들고 있다. 부차는 처음에 월왕(越王) 구천을 회계산(會稽山)에서 포위하고, 애릉(艾陵)에서 제나라를 격파한 뒤 황지(黃池)

에서 맹주의 자격으로 제후들과 크게 회합했다. 그러나 결국에는 월왕 구천에게 사로잡혀 최후를 맞이했다. '시작은 잘했으나 끝을 맺는 데 신중하지 않았기' 때문이었다. 이는 마치 바둑을 두는 것과 비슷하다. 포석과 중반에 우세를 점했다고 해서 상대를 얕잡아보고 교만한 마음이 생겨난다면 끝내기 단계에서 결국 패배하게 될 것이다. 또한, 만약 잘못 둔 바둑 돌 하나 때문에 괴로워하며 마음을 수습하지 못하고 반격의 대책을 고민하지 못한다면 결국 '한 수의 패착으로 전체 바둑판에서 패배'하게 되는 것이다.

역사를 사로잡은 명장면

당대(唐代)의 시인 두목(杜牧)은 자신의 시 「영오강정(詠烏江亭)」에서 다음과 같이 노래했다.

이기고 지는 것은 병가지상사요, 예측하기 어렵나니	勝敗兵家事不期
수치를 참고 견디는 것이 바로 사내대장부라네	包羞忍恥是男兒
강동의 젊은이 중에 재주가 걸출한 인물이 많으니	江東子弟多才俊
흙먼지 일으키며 다시 돌아왔다면 결과를 알 수 없었으리	卷土重來未可知

위의 시는 항우가 유방에게 패배한 이유에 대해 정곡을 찌른다. 항우는 일찍이 패배해 본 적이 없었고, 이 때문에 상대를 얕잡아보는 마음과 교만한 마음이 생겨났다. 또한, 해하(垓下)에서의 딱 한 차례 패배에 대한 수치심을 참지 못하고 결국 자결로 생을 마감한다. 사실, 그의 실패는 감성지수(EQ)가 너무 낮았던 데에 있었다.

오늘날 우리는 "승리해도 자만하지 말고 패배해도 기죽지 말라"는 말로 스포츠 정신을 북돋는 경우가 많다. 그런데 '패배하고도 기죽지 않는 것'과 '패배하고도 성내지 않는 것'을 비교해보면 실패한 뒤 용기를 잃지 않는 것도 물론 탄복할 만한 일이지만, 패배한 뒤 화를 참아내고 남은 밑천을 다 걸어 최후의 반격을 감행하지 않는 것이 더욱 대단한 일이라고 할 수 있다. 최후의 반격에 '올인'했다가 또다시 패배한다면 전군이 전멸할 수도 있는 노릇이다.

예전에는 거만하다가 이제 와서
공손하게 예를 갖추다

전심전력을 다해 연구하여 크게 성공하는 계책

018

蘇秦曰: "嫂, 何前倨¹而後卑²也?"
소 진 왈 : " 수 , 하 전 거¹이 후 비²야 ? "

嫂曰: "以季子³之位尊而多金."
수 왈 :   " 이 계 자³지 위 존 이 다 금 . "

蘇秦曰: "嗟乎! 貧窮則父母不子,
소 진 왈 : " 차 호 ! 빈 궁 즉 부 모 부 자 ,

富貴則親戚畏懼. 人生世上, 勢位富貴,
부 귀 즉 친 척 외 구 . 인 생 세 상 , 세 위 부 귀 ,

蓋可忽乎哉!"
개 가 홀 호 재 ! "

—『戰國策 · 秦策』

---

1 倨(거): 오만하다.
2 卑(비): 공손하다. 스스로 자신을 낮추다.
3 季子(계자): 동생

▶ 소진이 말했다.

"형수! 어찌하여 전에는 저를 거만하게 대하시더니, 지금은 공손하게 예를 갖추십니까?"

형수가 말했다.

"도련님의 지위가 높아지고 재산도 많아지셨기 때문입니다."

소진이 말했다.

"아! 가난하고 궁색할 때는 부모도 아들 대우를 해주지 않더니 부유해지고 지위가 높아지니 친척들도 무서워하고 두려워하는구나. 사람이 세상에 살면서 권세와 지위와 부귀를 어찌 소홀히 할 수 있겠는가!"

전국시대에 제일 가는 종횡가(縱橫家)였던 소진은 진(秦)나라에서 성공을 꾀하고자 진혜왕에게 모두 열 차례에 걸쳐 상소를 올렸으나 결국 아무런 성과를 얻지 못했다. 입고 갔던 검은 담비가죽 옷은 모두 닳아 떨어지고, 연줄을 대기 위해 가지고 갔던 황금 백 근도 모두 탕진했다. 그저 짚신에 행랑을 짊어진 채 초췌한 꼴로 집으로 돌아올 수밖에 없었다.

집으로 돌아오자 그의 아내는 베를 짜던 일을 멈추지도 않고 그를 본체만체했고 형수는 밥도 지어주지 않았다. 그의 부모마저도 그와 이야기를 나누려 하지 않았다. 이에 소진은 심기일전(心機一轉)하고 뜻을 세운 다음 『태공음부경(太公陰符經)』을 구해 전심전력을 다하여 연구했다. 1년 뒤, 다시 제후들에게 유세하기 위해 길을 떠난 소진은 결국 여섯 나라의 재상 인장을 모두 꿰찼다.

이번에 집에 돌아왔을 때는 상황이 달랐다. 부모는 그를 위해 몸소

방을 정리하고 길을 치웠고, 악대를 부르고 잔칫상을 차린 뒤 30리 밖까지 직접 마중을 나왔다. 아내는 감히 그를 똑바로 쳐다보지도 못하고 곁눈질로 슬쩍슬쩍 바라보며 그의 말 한 마디 한 마디를 귀 기울여 들었다. 형수는 엎드려 기다시피 나와 무릎 꿇고 절하며 용서를 빌었다. 그때 형수와 소진의 위의 대화가 이어졌던 것이다.

역사를 사로잡은 명장면

명(明) 태조(太祖) 주원장이 방국진과 전쟁을 벌이던 시절, 한번은 주원장이 절강(浙江) 괄창산(括蒼山) 청풍사(淸風寺)를 지나다가 절에 들어가 물 한 사발을 청하여 마신 일이 있었다. 절의 주지는 주원장의 관상을 보고는 비범하다고 여겨 거듭해서 그의 이름을 물었다. 주원장은 불쾌함을 참지 못하고 절 담장에 4구의 시를 써내려갔다.

강남의 백만 병사를 모조리 죽이고	殺盡江南百萬兵
허리춤의 보검에는 피도 아직 마르지 않았건만	腰間寶劍血猶腥
산 속 승려는 영웅을 알아보지 못하고	山僧不識英雄主
아직도 조잘대며 성가시게 이름을 묻는구나.	兀自曉曉問姓名

그는 시를 다 쓴 뒤 붓을 휙 던지고는 떠나갔다.

절의 승려들은 주원장의 무례함에 크게 화가 나서 담장 위에 써놓은 시를 물로 씻어버렸다. 하지만 누가 알았겠는가. 석 달 뒤, 주원장이 방국진을 평정하고 군대를 귀환하면서 일부러 청풍사에 들렀던 것이다. 승려들이 당황하여 우왕좌왕하고 있자 절의 주지가 급하게 꾀를 내어 원래 시가 쓰여 있던 자리 옆에 새로운 시를 썼다. 주원장이 가서 보았을 때는 단지 다음의 시 4구절만을 확인할 수 있었다.

황제께서 손수 쓰신 시를 감히 남겨둘 수 없도다.	御筆題詩不敢留

남겨둔 뒤에 귀신의 근심을 살까 매우 걱정되는구나.	留後深怕鬼神愁
그리하여 법수로 가볍게 씻어내었더니	故將法水輕輕洗
오히려 신광이 나타나 두우성(斗牛星)을 찌르는구나.	猶有神光射斗牛

주원장은 이 시를 보고 크게 기뻐하며, 절의 이름을 '황룡사(黃龍寺)'로 바꾸고 현판 글자를 하사했다.

절의 승려가 '처음에 거만했던' 것은 주원장을 알지 못했기 때문이었고, 주원장의 시를 지워버린 이유는 한순간의 분노를 참지 못했기 때문이었다. 또한, 당시에는 천하가 누구의 손에 들어갈 것인지 아직 알 수 없었기 때문이기도 했다. 주원장이 돌아온 뒤에 서둘러 4구의 시를 덧붙여 '뒤늦게 공손함'을 보였으니, 그렇게 죽음의 화를 면할 수 있었다.

고전의 지혜

이 명구는 '전거후공(前倨後恭)'이라는 성어로 바뀌어 자주 사용된다. 사람을 대할 때 처음에는 거만하다가 나중에 공손한 태도를 보여 앞뒤가 백팔십도 변하는 경우를 형용한다. 또한, 중국어 표현 가운데 "대장부는 하루라도 권력이 없어서는 안 된다(大丈夫不可一日無權)"라는 말이 있는데, 이는 위 명구의 이야기에서 소진의 마지막 탄식을 근거로 만들어졌다. 인심의 후함과 박함이 이와 같으니, 권위에 연연하는 사람들의 마음을 어느 정도는 이해할 수도 있지만, 그렇다고 그들의 행동을 모두 양해해줄 수는 없는 노릇이다.

새가 모이고 까마귀가 날고 토끼가 뛰어오르고 말이 내달리다

난이도를 높여서 사건의 발생을 저지하는 계책

019

夫鼎者, 非效醯壺醬瓿[1]耳, 可懷挾提挈[2]以至齊者.
부정자, 비효혜호장부[1]이, 가회협제설[2]이지제자.

非效鳥集烏飛, 兎興馬逝[3], 灘然[4]可至於齊者.
비효조집오비, 토흥마서[3], 리연[4]가지어제자.

昔周之代殷, 得九鼎, 凡一鼎而九萬人輓[5]之,
석주지대은, 득구정, 범일정이구만인만[5]지,

九九八十一萬人, 士卒師徒, 器械被具,
구구팔십일만인, 사졸사도, 기계피구,

所以備者稱[6]此, 今大王縱有其人, 何塗[7]之從而出?
소이비자칭[6]차, 금대왕종유기인, 하도[7]지종이출?

—『戰國策·東周策』

---

1 醯(혜): 식초 / 瓿(부): 단지, 항아리 / 醯壺醬瓿(혜호장부): 식초병과 간장 단지

2 懷挾提挈(회협제설): 품 안에 감추고 손에 든다.

3 興(흥): 마구 뛰어 달아나다. / 逝(서): 빠르게 내달려 지나가다. / 兎興馬逝(토흥마서): 마치 토끼처럼 마구 뛰어 달아나고 말처럼 빠르게 내달리다.

4 灘然(리연): 막힘없이 잘 통하는 모습을 형용한다.

5 輓(만): 당기다. '挽(만)'과 같다.

6 稱(칭): '相稱(상칭:서로 걸맞다)'의 '稱'과 같은 용법이다. 여러 일이 모두 갖추어져야 구정을 옮길 수 있다는 뜻을 나타낸다.

7 塗(도): 길, 경로. '途(도)'와 같다.

▶ 무릇 정(鼎)이라는 물건은 식초병이나 간장 단지와 같이 품 안에 감추거나 손에 들고서 제나라로 가지고 갈 수 있는 것이 아닙니다. 또한 새 떼가 모여들고, 까마귀가 비상하고, 토끼가 뛰어오르고, 말이 내달리는 것처럼 신속하게 제나라로 보낼 수 있는 것도 아니지요. 옛날에 주 왕조가 상 왕조를 대체하면서 구정(九鼎)을 얻었습니다. 정 하나를 옮기는 데 9만 명이 와서 끌었고, 그렇게 아홉 개 정을 옮기는 데 총 81만 명이 동원되었습니다. 그 외에도 필요한 도구와 후방의 보급품을 모두 갖추어야 했고, 그렇게 모든 준비를 마치고서야 비로소 아홉 개 정을 옮길 수 있었습니다. 지금 대왕께서 설령 그만큼의 인력과 물자를 가지고 계신다고 할지라도 한 가지 문제가 더 있습니다. 어떤 길을 통해 제나라까지 가려 하십니까?

진(秦)나라가 군대를 파견하여 주난왕(周赧王)에게서 구정을 빼앗아 가려 하자 주 왕실의 대부인 안솔(顔率)이 제나라 위왕에게 구원을 청하며 말했다.

"진나라에 구정을 주느니 차라리 제나라에 주는 것이 낫다고 사료됩니다."

이에 제나라는 5만 병사를 일으켜 주 천자의 포위를 풀어주었다.

일이 모두 해결된 뒤 제나라는 주 천자에게 구정을 요구했고, 안솔은 제위왕에게 위와 같은 말을 늘어놓았다. 그러고는 또 이렇게 말했다.

"위나라와 초나라가 모두 구정을 원합니다. 만약 이 두 나라를 통과해야 한다면 구정은 끝내 제나라에 도달하지 못할 것입니다."

제위왕이 말했다.

"공께서 두 번이나 방문하셨으나 사실은 근본적으로 성의가 없으셨던 것이 아닙니까!"

안솔이 말했다.

"제가 감히 대국을 속일 수는 없는 일이지요. 청컨대, 대왕께서는
속히 운송할 경로를 결정하십시오. 구정은 언제든지 왕의 명을 기다
리고 있을 것입니다."

역사를 사로잡은 명장면

초나라 장왕(莊王)이 융족(戎族)을 토벌한 뒤, 주 천자의 수도 근방으로 대군을 몰고
가서 무용을 뽐내며 위엄을 과시했다. 그러자 주의 정왕(定王)이 대부 왕손만(王孫滿)
을 시켜 군대를 위문하게 했다. 왕손만이 주둔지에 도착하자 초장왕이 구정의 크기와
무게를 물었다. 구정을 운반할 인력이 얼마나 필요한지를 따져보고 위세를 떨쳐 보이
려는 의도였다.

왕손만이 대답했다.

"천하를 장악하는 것의 핵심은 '덕에 있는 것이지 정(鼎)에 있는 것이 아닙니다.' 위
대하신 우임금께서 구정을 주조하신 것은 천명을 받아서 하신 일입니다. 그의 자손인
하나라의 걸왕(桀王)이 덕을 잃자 구정은 상의 수중에 들어갔고, 상의 주왕(紂王)이
덕을 잃자 구정은 또다시 주의 수중으로 들어갔습니다. 따라서 구정의 무게는 왕께서
물어보실 수 있는 것이 아닙니다."

춘추시대에 주 왕실은 이미 쇠락하고 있었다. 하지만 그때까지만 해도 초장왕이 그
러했듯이 단지 우회적으로 '정의 크기를 물어볼[問鼎]' 수밖에 없었다. 전국시대에 접
어들어서는 주 왕실의 힘이 대단히 쇠약해져서 상황이 바뀌었다. 진왕은 국경까지 쳐
들어가서 구정을 빼앗아가려 했고, 제왕은 '빚 독촉'을 하듯 구정을 넘겨달라고 요청했
다. 그에 반해 주 왕실은 '시치미 떼는' 지경으로 전락하여 직접적으로 '거절'할 수도 없
는 처지가 되었다.

현대에는 동물로 속도를 비유하는 경우가 많이 줄었다. 아마도 기계의 힘이 동물의 힘보다 더욱 빠르고 강하기 때문일 것이다. 그러나 '問鼎(정의 크기를 물어보다)'이라는 표현은 여전히 정권 탈취를 도모한다는 뜻의 구호로 사용된다. "在德不在鼎(덕에 있는 것이지 정에 있는 것이 아니다)"는 표현 또한 여전히 지당한 이치이자 명언이다.

원하는 것이 같으면 서로 증오하고
걱정하는 것이 같으면 서로 친해진다

상대 진영의 내부 모순을 깊어지게 하는 계책

020

張登曰: "今君召中山[1], 與之遇[2]而許之王.
장 등 왈: "금 군 소 중 산[1], 여 지 우[2]이 허 지 왕.

中山必喜而絶[3]趙魏. 趙魏怒而攻中山.
중 산 필 희 이 절[3]조 위. 조 위 노 이 공 중 산.

中山急而爲君難其王, 則中山必恐, 爲君廢王事齊."
중 산 급 이 위 군 난 기 왕, 즉 중 산 필 공, 위 군 폐 왕 사 제."

張丑曰: "不可. 臣聞之, 同欲者相憎, 同憂者相親.
장 축 왈: "불 가. 신 문 지, 동 욕 자 상 증, 동 우 자 상 친.

今五國相與王也, 負海[4]不與焉, 此是欲皆在爲王.
금 오 국 상 여 왕 야, 부 해[4]불 여 언, 차 시 욕 개 재 위 왕.

而憂在負海. …… 致中山而塞[5]四國. 四國寒心.
이 우 재 부 해. …… 치 중 산 이 색[5]사 국. 사 국 한 심.

必先與之王而故親之, 是君臨[6]中山而失四國也."
필 선 여 지 왕 이 고 친 지, 시 군 임[6]중 산 이 실 사 국 야."

— 『戰國策・中山策』

---

1 中山(중산): 춘추전국시대 제후 가운데 하나
2 遇(우): 예우하다. 예를 지켜 정중하게 대우하다.
3 絶(절): 왕래를 끊다.
4 負(부): 등지다. / 負海(부해): 제나라는 바다를 등지고 중원을 향했다. 따라서 자신을 '負海'
   라고 칭했다. 이는 당시의 전략적 사고를 기반으로 만들어진 명사이다.
5 塞(색): 분리하다. 격리시키다.
6 臨(임): 위가 아래를 대하다.

▶ 장등(張登)이 제나라 재상 전영에게 말했다.

"지금 공께서 중산(中山)의 군주를 불러 그를 예우하고 '왕'으로 인정하시면 중산국은 분명 기뻐하며 조나라, 위나라와 단교할 것입니다. 그리하여 조나라와 위나라가 크게 분노하여 중산을 공격하면 중산은 위급해질 것입니다. 또한, 자신이 왕호를 사용하는 것을 공께서 본래 꺼리셨다는 것을 알게 되면 중산의 군주는 분명 두려워할 것입니다. 그리 되면 장차 중산은 스스로 왕호를 버리고 제나라를 섬길 것입니다."

장축(張丑)이 말했다.

"안 됩니다. 신이 듣건대, 원하는 것이 같으면 서로 증오하고, 걱정하는 것이 같으면 서로 친해진다고 합니다. 지금 다섯 나라가 나란히 칭왕하려는데, 제나라는 참여하지 않았습니다. 그들이 공통적으로 바라는 것은 왕이 되는 것이고, 공통적으로 걱정하는 것은 제나라인 것이지요. (중략) 중산만을 불러들여 인정해주고 나머지 네 나라를 제쳐놓는다면 장차 네 나라는 두려워할 것이고, 그들이 먼저 중산을 왕으로 대우해주며 억지로라도 그와 친해지려 애쓸 것입니다. 그렇게 된다면 공께서는 중산을 관리하려다가 나머지 네 나라를 잃게 되십니다."

이 이야기는 위나라, 조나라, 연나라, 한나라, 중산 다섯 나라가 일제히 서로의 '왕호(王號)'를 승인했던, 이른바 '오국상왕(五國相王)'이라 불리는 동맹을 맺은 사건을 시대적 배경으로 한다.

서주시대에는 주 천자만이 '왕'이라는 칭호를 사용할 수 있었다. 주 왕실이 동쪽으로 천도하면서 왕실은 급격하게 쇠락했고, 이로 인해 제후국의 형세도 크게 요동쳤다. 처음 주무왕(周武王)이 봉했던 공(公), 후, 백(伯), 자(子), 남(男) 다섯 등급의 작위는 흥망성쇠를 여러 차례 겪고 난 이후 제후국들의 국력에는 걸맞지 않았다. 자작(子爵)의 작위였던 남방의 초나라가 춘추시대에 가장 먼저 '왕'을 참칭했고, 이로 인해 중원 제후들에게 참람하다는 비난을 받았다. 전국시대에 들어와서 위나라의 혜왕과 제나라 위왕이 가장 먼저 서로의 왕호를 승인했고, 뒤를 이어 진(秦)나라 혜왕, 한나라 선왕(宣王)이 칭왕했다.

이 명구의 이야기는 위나라의 대장군 서수(犀首)가 다섯 나라를 초대하여 '합종'의 맹약을 맺고, 진나라와 제나라의 '연횡'에 대항하기로 하면서 동시에 서로 '칭왕'을 승인하는 것으로 시작된다.

당시 진나라는 서쪽에, 제나라는 동쪽에 자리하고 있었으므로 두 나라의 연합을 '연횡'이라 일컬었고, 중간의 다섯 나라의 연합을 '합종'이라고 일컬었다. 그러나 다섯 나라의 '합종'은 상대적으로 힘이 약했다. 훗날 남쪽의 강국이었던 초나라가 합세하지 않았다면 합종 맹약은 성공하기 어려웠을 것이다.

제나라 왕은 다섯 나라가 왕호를 사용하는 것이 달갑지 않았다. 이는 '원하는 것이 같으면 서로 싫어하게 되는' 이치였다. 그래서 제왕은 다섯 나라 가운데 가장 약소한 국가인 중산국을 걸고넘어지며 조나라와 위나라에게 말했다.

"과인은 중산국과 나란히 왕이 되는 것이 부끄럽소. 그러니 우리 함께 중산국을 멸망시키는 것이 어떻겠소."

이 소식을 들은 중산의 임금은 큰 혼란에 빠졌다. 그래서 즉시 장등을 시켜 제나라의 재상 전영에게 가서 유세하도록 했다. 위와 같은 장등의 주장을 들은 전영은 그의 의견을 받아들이고자 했다. 그러나 그때 전영의 가신이었던 장축이 그의 주장에 반대 의견을 제기했다. 그러나 전영은 장축의 말을 듣지 않고 장등이 건의한 대로 중산의 칭왕을 허락하기로 했다.

장등은 자신의 뜻대로 제나라가 움직여주자 다시 조나라와 위나라로 가서 주장을 펼쳤다.

"제나라 대왕께서는 원래 중산과 동급으로 나란히 왕이 된다는 것을 수치스러워하셨습니다. 그러면서도 지금 오히려 중산이 왕호를 사용하는 것을 허락하려고 하십니다. 이는 분명 중산을 선봉에 세워 전쟁을 일으키려는 속셈입니다. 귀국들은 어찌하여 그보다 선수를 쳐서 중산왕을 승인하지 않으십니까?"

아니나 다를까. 조나라와 위나라가 먼저 중산왕을 승인했고, 중산국은 결국 '합종'의 연맹에 참여하여 진나라와 제나라의 '연횡'에 대항했다.

역사를 사로잡은 명장면

삼국시대, 유비(劉備)는 익주(益州)와 한중(漢中)을 얻은 뒤 자신을 '한중왕(漢中王)'에 봉했다. 당시는 유비와 조조(曹操), 손권(孫權)이 이미 천하를 셋으로 나누어 가진 형국이기는 했으나 한 왕실의 천자가 아직 존재하고 있는 상황이었다. 게다가 조조는 천자를 옆에 끼고 제후들을 쥐락펴락하면서도 자신을 '주공(周公)'이라고 치켜세울 뿐 직접적으로 천자의 지위를 찬탈하려는 생각은 없었다. 그런데 유비가 왕으로 자처하는 꼴을 보자 크게 '분노'할 수밖에 없었다. 손권 또한 속으로 칭왕하고 싶어 몸이 근질근질한 것은 마찬가지였지만, 그럴만한 배짱이 없었다. '원하는 것이 같으면 서로 증오한다'는 말의 뜻이 여실히 드러나는 상황이었다.

이에 조조는 천자의 조서를 꾸며 손권에게 출병을 명하면서 참람하게 왕을 칭한 유비를 토벌하게 했다. 그러나 손권은 동오와 촉한(蜀漢)이 생존하기 위해서는 두 나라가 협력하여 조위(曹魏)에 저항하는 수밖에 없다는 것을 잘 알고 있었다. 그래서 '출병에 협력하겠다'라는 형식적인 답만 보냈고, 결국 조조가 먼저 군사를 일으켜 양번(襄

樊)을 공격했다. 그 결과, 조조 군대의 정예 병력인 칠군(七軍)은 관우(關羽)에 의해 모두 수장되었다. 손권은 속으로 '하마터면 내가 저 꼴을 당할 뻔했어, 큰일 날뻔했네'라며 쾌재를 불렀다.

고전의 지혜

'원하는 것이 같으면 서로 증오한다'는 논리는 모든 상대 진영 간에 발생하는 내부 모순의 본질이다. 하지만 또 다른 누군가가 기회를 노려 그 사이로 손을 뻗으려 하거나 그 사이 틈을 파고들어 이간질하려는 움직임이 간파되면 적대적이었던 두 진영은 도리어 '걱정하는 바가 같으면 서로 친해지는' 상황으로 전환된다. 국제적인 합종과 연횡, 국가 간의 연합은 항상 서로 증오하거나 서로 화친하는 그 사이에서 변화하고 움직이는 것이다.

한 나라에 임금이 셋이나 있으니
나는 누구를 따라야 하는가

견해는 있지만 행동으로 옮기지 않은 사례

021

晉侯¹使士蔿²爲二公子築蒲與屈, 不愼³,
진 후 ¹ 사 사 위 ² 위 이 공 자 축 포 여 굴 , 불 신 ³ ,

寘薪⁴焉. 夷吾⁵訴之, 公使讓⁶之.
치 신 ⁴ 언 . 이 오 ⁵ 소 지 . 공 사 양 ⁶ 지 .

士蔿稽首而對曰: "…… 君其修德而固宗子⁷,
사 위 계 수 이 대 왈 : " …… 군 기 수 덕 이 고 종 자 ⁷ ,

何城如⁸之? 三年將尋師⁹焉, 焉用愼?"
하 성 여 ⁸ 지 ? 삼 년 장 심 사 ⁹ 언 , 언 용 신 ? "

退而賦曰: "一國三公, 吾誰適從¹⁰?"
퇴 이 부 왈 : " 일 국 삼 공 , 오 수 적 종 ¹⁰ ? "

—『左傳·僖公五年』(士蔿築城不愼)

1 晉侯(진후): 진헌공(晉獻公)

2 士蔿(사위): 인명. 진나라 대부

3 愼(신): 견고하다. / 不愼(불신): 견고하지 않다.

4 寘(치): 채우다. 메우다. / 寘薪(치신): 고대에는 성을 쌓을 때 흙을 사용하고 소량의
나뭇가지를 첨가하여 섬유질과 같은 역할을 하게 했다. 사위가 성을 쌓을 때 과도하게
많은 나뭇가지를 넣어서 성벽이 튼튼하지 않았다.

5 夷吾(이오): 진헌공의 셋째 아들

6 讓(양): 질책하다. 꾸짖다. / 使讓(사양): 사절을 보내어 질책하다.

7 宗子(종자): 정실이 낳은 아들. 적자(嫡子)

8 如(여): 비하다. / 如之(여지): ~와 비교가 되다.

9 尋師(심사): 군대를 동원하다.

10 適(적): 따르다.

▶ 진헌공이 사위(士蔿)를 시켜 둘째 아들 중이(重耳)와 셋째 아들 이오(夷吾)를 위해 포 땅과 굴 땅에 성을 쌓게 했다. 그런데 성을 쌓을 때 나뭇가지를 너무 많이 넣어서 성벽이 견고하지 않았다. 공자 이오가 이 사실을 알고 군주에게 고해바치자 진헌공은 사신을 보내 사위를 문책했다. 이에 사위는 무릎을 꿇고 머리를 땅에 조아리며 말했다.

"……국왕께서 덕정을 행하시어 적자의 지위를 굳건하게 하신다면 어떤 성벽이 그보다 견고하겠습니까. 3년 뒤에 병사를 일으켜 이 두 성을 토벌할 것인데, 구태여 아주 견고하게 축성해야 할 필요가 있겠습니까?"

사위는 거처로 돌아와 감정에 젖어 시를 지어 읊었다.

'한 나라에 군주가 셋이니, 나는 누구를 따라야 한다는 말인가!'

진헌공은 총애하던 여희(驪姬)가 아들 해제(奚齊)를 낳자, 해제를 태자로 책봉하고 싶어 했다. 이에 우선 태자 신생(申生)을 곡옥(曲沃)으로 파견하여 그곳에 주둔하며 지키게 했다. 사위는 그때 이미 신생이 결국 제위를 계승하지 못할 것이라는 사실을 알아차리고는 사람들에게 말했다.

"아무래도 태자는 다른 나라로 도망가야 할 것이네. 오(吳)나라 태백(太伯)이 어린 동생에게 양위해준 것을 보고 배우는 것이 좋을 것이야."

하지만 그러면서도 헌공에게 간언을 올리거나 태자에게 진언하지는 않았다.

진헌공은 태자 신생을 살해한 뒤 또다시 사위에게 명령을 내려 포 땅과 굴 땅에 성을 쌓게 했다. 진헌공의 의도를 곰곰이 따져본 사위는 일부러 신중을 기하지 않고 대충 성을 지었다가 공자 이오의 노여움을 샀던 것이다.

그 이후의 사건 전개는 이러했다. 진헌공이 병사를 일으켜 포성과 굴성을 공격했고, 중이와 이오는 다른 나라로 망명했다. 얼마 지나지 않아 진나라에는 내란이 일어났는데, 두 공자는 진목공(秦穆公)의 지지를 받아 본국으로 돌아올 수 있었다. 이오가 먼저 귀국하여 진혜공(晉惠公)이 되었고, 그가 죽은 뒤 공자 중이가 진나라로 돌아와 진문공(晉文公)이 되었다.

사위는 '산비가 쏟아지려 누각에 바람이 가득한(山雨欲來風滿樓)' 정치 투쟁의 긴장 상태에 처한 와중에도 운에 맡겨 어느 한쪽 편을 선택하지 않았고, 어느 한쪽의 노여움을 사는 것을 걱정하지도 않았다. 그래서 따를 바가 없었던 것이다.

역사를 사로잡은 명장면

주 왕조의 제도에 따르면 '삼공(三公)'은 태부, 태사(太師), 태보(太保), 세 개의 고위 관직을 일컫는다. 『예기(禮記)』에서는 사도(司徒), 사마(司馬), 사공을 '삼공'이라고 했고, 한대(漢代)에는 승상(丞相), 어사대부(御史大夫), 태위(太尉)를 삼공으로 삼았다. 이후에 또다시 태부, 태사, 태보를 '삼사(三司)'라고 칭했으며, 이들은 최고 관직에 속했다. 직함은 높았으나 실제적인 직무는 없는 관직이기도 했다.

그러나 '一國三公'에서의 '三公'은 구체적인 세 개의 관직을 가리키는 것이 아니라 정책이 여기저기에서 나오고, 지휘와 명령이 일치하지 않는 것을 가리킨다.

남북조시대 남제(南齊)의 명제(明帝) 소란(蕭鸞)은 극악무도했고, 그가 세상을 떠난 뒤 황위를 이어받은 아들 소보권(蕭寶卷)은 절제 없이 놀고 장난치기만을 좋아했다. 조회를 열어 대신들과 정사를 의논하지는 않고, 매일 곁에 있는 환관이나 호위병들과 놀이를 즐겼다. 이로 인해 국정은 왕요광(王遙光), 서효사(徐孝嗣), 강우(江祐), 소탄지(蕭坦之), 강사(江祀), 유훤(劉暄) 등 여섯 사람이 좌지우지하게 되었다.

병사를 이끌고 옹주(雍州)를 지키고 있던 소연(蕭衍)이 그의 외숙부이자 수석 참모인 장굉책(張宏策)에게 말했다.

"한 나라에 세 명의 군주[三公]가 있는 것만으로도 감당하기 어려운데, 하물며 여섯 대신[六貴]이 한 조정에 있는 것은 어떠하겠습니까. 그들은 필시 서로 간에 알력이 생겨날 것이고, 중앙 정부는 어지러워지는 것을 좌시하고만 있을 것입니다. 우리는 외주(外州)에 위치하고 있어서 재앙을 멀리 피할 수 있겠지만, 몇몇 동생들은 여전히 도성 건강(建康, 지금의 南京)에 살고 있어 아마도 재앙을 겪게 될 것입니다. 제 생각에는, 아무래도 익주 쪽과 연락을 취해야 할 것 같습니다."

당시 익주 자사(刺史) 소의(蕭懿)는 소연의 형이었다. 소연이 했던 말이 어디 형제를 염려했던 것이었겠는가? 그저 병사를 일으켜 모반을 꾀하고자 한 것이었다. 이에 장굉책이 소의에게 가서 유세했다.

"지금 조정은 여섯 마차가 어깨를 나란히 하고 가는 형세입니다. 각각이 황제의 이름을 빌려 칙령을 내리며 남제 정권이 산산이 붕괴되는 것을 그저 지켜보고 있습니다. 하지만 익주와 옹주의 병마는 강합니다. 치세에는 조정에 충성을 다하고, 난세에는 천하를 바로잡아 구제해야 합니다. 정세를 살펴 일을 행하는 것이 만전을 기하는 계책이지요. 서둘러 계획을 세우지 않다가 장차 후회하지 마십시오."

하지만 소의는 형제끼리 손을 잡고 반란을 일으키는 것을 승낙하지 않았다. 뒤에 소의가 살해당하자 소연이 정변을 일으켜 성공했고 남양(南梁)의 무제가 되었다. 이러한 역사적 사실의 핵심은 정책이 여러 경로에서 나오면 정국이 반드시 혼란스러워진다는 것이며, 이것이 바로 '一國三公'이라는 성어의 중심 사상이기도 하다.

고전의 지혜

현대중국어에서 흔히 사용되는 '無所適從(어찌 할 바를 모르겠다)'이라는 표현은 바로 이 장면에서 나온 말이다. '適'자는 고대에 'dí'라고 발음했지만, 지금은 'shì'라고 읽는 것이 일반적이다. 옛것을 따라야 할 필요성이 사라졌기 때문이다. 현대에는 'shì'로 발음하지 않는다면 도리어 잘못 읽은 것으로 오해를 살 수 있다.

미녀가 충신의 간언을 깨뜨리고
미남이 늙은 신하의 모략을 깨부수다

적국의 현명한 신하를 제거하는 계책

022

晉獻公欲伐郭, 而憚¹舟之僑存.
진 헌 공 욕 벌 곽, 이 탄¹주 지 교 존.

苟息曰: "周書有言, 美女破舌²." 乃遺³之女樂⁴以亂其政,
순 식 왈: "주 서 유 언, 미 녀 파 설².″ 내 유³지 여 악⁴이 란 기 정,

舟之僑諫而不聽, 遂去. 因而伐郭, 遂破之.
주 지 교 간 이 불 청, 수 거. 인 이 벌 곽, 수 파 지.

又欲伐虞, 而憚宮之奇存.
우 욕 벌 우, 이 탄 궁 지 기 존.

苟息曰: "周書有言, 美男破老⁵." 乃遺之美男,
순 식 왈: "주 서 유 언, 미 남 파 노⁵.″ 내 견 지 미 남,

教之惡宮之奇, 宮之奇以諫而不聽, 遂亡.
교 지 악 궁 지 기, 궁 지 기 이 간 이 불 청, 수 망.

因而伐虞, 遂取之.
인 이 벌 우, 수 취 지.

—『戰國策 · 秦策』

1 憚(탄): 두려워하다.
2 美女破舌(미녀파설): 미녀가 총애를 받으면 정직한 신하가 입이 닳도록 말해도 군왕은 그의 의견을
  들어주지 않음을 가리킨다.
3 遺(유): 주다. 증정하다.
4 女樂(여악): 고대에 통치 계급을 섬기는 여성 악공과 무용수
5 美男破老(미남파로): 젊은 미남자를 이용해 연륜 있는 사람을 비방하여 그들이 더는 중시받지 못하게 한다.

▶ 진헌공은 곽(郭)나라를 정벌하고 싶었으나 그 나라에 주지교(舟之僑)가 있다는 점을 걱정했다. 이때 순식(荀息)이 말했다.

"『주서(周書)』에 '미녀는 충신의 간언을 깨뜨릴 수 있다'라는 말이 있습니다."

이에 진헌공은 곽나라 임금에게 미녀 가무단을 보내어 국정을 어지럽히게 했다. 주지교가 간언했지만 아무 소용이 없었고, 결국 그는 사직하고 떠나버렸다. 진나라는 그 틈을 타 병사를 일으켜 곽나라를 공격했고, 그들을 멸했다.

진헌공은 또다시 우(虞)나라를 정벌하려 했고, 이번에는 그 나라에 궁지기(宮之奇)가 있는 것이 마음에 걸렸다. 그러자 순식이 또다시 말했다.

"『주서』에 '미남은 노인의 모략을 파괴할 수 있다'라는 말이 있습니다."

이에 우나라 임금에게 미남을 보내어 그들로 하여금 임금 가까이에서 궁지기를 모함하게 시켰다. 궁지기가 여러 차례 간언했지만 들어주지 않자, 결국 궁지기는 우나라를 떠났다. 진나라는 그 틈을 타 병사를 일으켜 우나라를 공격했고, 결국 그들을 멸망시켰다.

장의가 진(秦)나라에 있을 때 그는 줄곧 또 다른 책사 진진(陳軫)을 배척했다. 그러자 진진의 문객이었던 전신(田莘)이 진혜왕에게 위에 인용한 이야기를 언급하면서 그를 깨우쳐주었다.

"초나라가 진나라를 어려워하는 것은 진나라에 용병을 잘하는 횡문군(橫門君)이 있고 진진의 계책이 있기 때문입니다. 그래서 장의에게 뇌물을 주어 두 대신을 비방하게 한 것입니다. 대왕께서는 곽나라의 임금이나 우나라의 임금과 같이 대처하지 않으시기를 바랍니다."

진혜왕은 이 말을 듣고 진진을 모함하는 장의의 말을 받아들이지 않았다.

역사를 사로잡은 명장면

진(晉)나라가 우나라를 멸망시킨 사건에 관하여 사람들의 입에 오르내리는 또 다른 이야기가 있다. 바로 '순망치한(脣亡齒寒)'의 교훈이다.

『좌전』과 『사기』의 기록에 따르면, 순식이 진헌공에게 건의하여 우나라로 보낸 것은 미남이 아니라 훌륭한 명마와 아름다운 옥이었다. 진헌공이 우나라를 멸망시킨 뒤 말하길 '아름다운 옥은 여전히 아름다운 옥이지만 말은 늙어버렸구나'라고 했다. 만일 미남을 보냈던 것이라면 아마도 '미남은 이미 늙었구나'라고 탄식했을 것이다.

사실, 진나라는 괵나라를 정벌하기 위해 우나라에게 두 차례나 길을 빌린 적이 있었다. 이에 궁지기가 우나라 임금에게 간언했다.

"괵나라와 우나라는 입술과 치아가 서로 의존하는 것과 같은 관계입니다. 입술이 없으면 이가 시릴까 우려스럽습니다."

그러나 우나라 임금은 그의 간언을 받아들이지 않았다. 아마도 미남을 보낸 것은 그보다 이전의 일이고, 우나라 임금은 이 때문에 궁지기의 간언을 듣지 않았을 것이다.

고전의 지혜

역사적으로 '미인계'는 아무리 강한 적이라도 쳐부술 수 있는 강력한 계책이었다. 서시는 오왕 부차와 오자서(伍子胥)를 이간했고, 초선(貂蟬)은 동탁(董卓)과 여포(呂布) 사이를 이간했다. 또, 왕소군(王昭君)은 한 왕실과 흉노의 장기적인 평화를 얻어내는 데 중요한 역할을 했다. '미남계'의 경우는 임금과 중신들이 모두 남성이므로 '남색의 취향'이 있는 임금이 아니고서야 효험을 보기 어렵다.

재앙을 복으로 바꾸고
실패로 말미암아 공을 이룬다

위기를 기회로 바꾸는 계책

023

蘇秦對曰: "聖人之制事[1]也, 轉禍而爲福, 因敗而爲功.
소 진 대 왈 : " 성 인 지 제 사[1] 야 . 전 화 이 위 복 . 인 패 이 위 공 .

…… 王能聽臣, 莫如歸燕之十城, 卑辭[2]以謝[3]秦.
…… 왕 능 청 신 . 막 여 귀 연 지 십 성 . 비 사[2] 이 사[3] 진 .

秦如王以己之故[4]歸燕城也, 秦必德[5]王.
진 여 왕 이 기 지 고[4] 귀 연 성 야 . 진 필 덕[5] 왕 .

燕無故而得十城, 燕亦德王, 是棄强仇[6]而立厚交也.
연 무 고 이 득 십 성 . 연 역 덕 왕 . 시 대 강 구[6] 이 입 후 교 야 .

且夫燕秦之俱事[7]齊, 則大王號令天下皆從.
차 부 연 진 지 구 사[7] 제 . 즉 대 왕 호 령 천 하 개 종 .

是王以虛辭附秦[8], 而以十城取天下也, 此覇王之業矣.
시 왕 이 허 사 부 진[8] . 이 이 십 성 취 천 하 야 . 차 패 왕 지 업 의 .

所謂轉禍爲福, 因敗成功者也."
소 위 전 화 위 복 . 인 패 성 공 자 야 . "

—『戰國策·燕策』

1 制事(제사): 일을 처리하다.
2 卑辭(비사): 겸손한 어휘 사용
3 謝(사): 사죄하다.
4 以己之故(이기지고): 자신 때문에
5 德(덕): 감사하다.
6 棄(기): 포기하다. / 棄强仇(기강구): 강력한 적을 없애다.
7 事(사): 섬기다. 추앙하다.
8 附(부): 의지하다. 귀순하다. / 虛辭附秦(허사부진): 외교적 언사로 진나라에 저자세를 취하다.

▶ 소진이 제선왕에게 대답했다.

"성인이 일을 처리할 때는 화를 바꾸어 복으로 만들고 실패를 기반으로 공을 이루어낸다고 했습니다. (중략) 대왕께서 만약 저의 건의를 받아들여 주신다면, 함락시킨 연나라의 열 개 성(城)을 되돌려주고 겸손하게 진(秦)나라에 사죄하는 것이 가장 좋습니다. 그러면 진나라는 대왕께서 자신 때문에 열 개의 성을 반환한 것으로 알고 반드시 대왕께 감사할 것입니다. 연나라 또한 대가 없이 열 개의 성을 되돌려 받았으므로 대왕을 고맙게 여길 것입니다. 이것이 바로 강국이 원수가 되는 상황을 피하고, 반대로 그와 두터운 친교를 맺는 방법입니다. 또한, 연나라와 진나라가 모두 제나라를 섬기게 되면 대왕의 호령으로 천하를 복종하게 할 수 있습니다. 이는 빈말로 진나라를 같은 편으로 만들고 열 개의 성으로 천하를 얻는 방법입니다. 이것이 바로 패왕의 업적이며, 또한 이른바 '전화위복(轉禍爲福), 인패성공(因敗成功)'이라는 것입니다.

진혜왕이 자신의 딸을 연문공(燕文公)의 태자에게 시집보냈다. 연문공이 세상을 떠나자 제선왕은 그 기회를 틈타 연나라의 열 개 성읍을 함락시켰고, 진혜왕의 사위인 연역왕(燕易王)은 제선왕을 설득하기 위해 소진에게 유세를 부탁했다.

제선왕을 알현한 소진은 우선 축하의 말을 전한 뒤 곧바로 그에게 애도의 뜻을 표했다. 이 말에 경계심을 품은 제선왕은 옆에 두었던 창에 손을 갖다 대며 한 발 물러서서 소진에게 물었다.

"무슨 뜻인가?"

소진이 말했다.

"사람이 아무리 배가 고파도 독초를 먹지는 않는 이유는 독에 죽으나 굶어 죽으나 결과는 마찬가지이기 때문입니다. 지금 연나라 임금이 비록 약소하기는 하지만, 그래도 어디까지나 진나라 대왕의 사위이십니다. 대왕께서 열 개 성을 얻으셨으나 이는 오히려 강한 진나라에 죄를 짓는 일입니다. 분명 외적의 침입으로 인한 재앙을 불러일으킬 만한 형세지요. 배가 고프다고 독초를 먹는 것과 다름이 없습니다."

이야기를 들은 제선왕은 소진에게 어떻게 하면 좋을지 물었고, 소진은 전술한 내용을 건의했다. 결국 제선왕은 소진의 의견을 받아들였고, 소진은 연역왕의 부탁을 완수할 수 있었다.

역사를 사로잡은 명장면

소진이 언급한 '성인(聖人)'은 노자(老子)를 가리킨다. 『도덕경(道德經)』에는 "화는 복이 의지하는 바요, 복은 화가 잠복하는 곳이다(禍兮福之所倚, 福兮禍之所伏)"라는 구절이 있다. 화와 복은 상대적인 것이어서 화가 없으면 복이라고 할 만한 것도 없고, 또 반대로 복이 없으면 화라고 할 만한 것도 없다는 뜻이다. 따라서 화는 복의 전제이고, 복에는 화의 유전자가 내재해 있는 것이다.

노자의 사상은 '화복이 상호 전환'할 수 있다는 의미를 내포한다. 복이 있을 때라도 반드시 숨겨져 있는 재앙의 씨앗을 경계하고 신중해야 하며, 화가 미친 뒤라면 적극적으로 나서서 화를 복으로 바꾸어야 한다. 이것이 바로 소진이 말한 '성인이 일을 처리하는 능력'인 것이다. 위기를 기회로 바꿀 수 있는 사람이라면 '성인'이라고 부를 수 있을 것이다.

벼슬 없는 선비가 분노하면
그 피는 다섯 걸음을 적신다

가진 것 없이 맨몸으로 귀인에게 덤비는 계책

唐且曰: "夫專諸¹之刺王僚²也, 彗星襲月.
당 저 왈: "부 전 저 ¹ 지 자 왕 료 ² 야. 혜 성 습 월.

聶政之刺韓傀³也, 白虹貫日. 要離之刺慶忌⁴也,
섭 정 지 자 한 괴 ³ 야. 백 홍 관 일. 요 리 지 자 경 기 ⁴ 야.

倉鷹⁵擊於殿上. 此三子者, 皆布衣之士也,
창 응 ⁵ 격 어 전 상. 차 삼 자 자. 개 포 의 지 사 야.

懷怒未發, 休祲⁶降於天, 與臣而將四⁷矣.
회 노 미 발. 휴 침 ⁶ 강 어 천. 여 신 이 장 사 ⁷ 의.

若士必怒, 伏屍二人, 流血五步, 天下縞素⁸,
약 사 필 노. 복 시 이 인. 류 혈 오 보. 천 하 호 소 ⁸.

今日是也."
금 일 시 야."

—『戰國策·魏策』

1 專諸(전저), 聶政(섭정), 要離(요리): 세 사람은 모두 고대의 유명한 자객이다.
2 王僚(왕료): 오나라 임금 료(僚)
3 韓傀(한괴): 한나라 재상. 『사기』에서는 '협루(俠累)'라고 일컬었다.
4 慶忌(경기): 노나라 집권 대부
5 倉鷹(창응): 암흑색의 대형 독수리
6 休祲(휴침): 흉악하고 난폭한 기운
7 將四(장사): 더해서 합산하면 네 사람이다.
8 縞素(호소): 상복을 입다.

▶ 당저(唐且)가 말했다.

"자객 전저(專諸)가 오나라 임금 료를 암살하려고 할 때 혜성이 달을 덮었습니다. 섭정(聶政)이 한괴(韓傀)를 살해하려고 할 때 백색 무지개가 태양을 꿰뚫었지요. 요이(要離)가 경기(慶忌)를 살해하려 할 때는 검은 독수리가 궁전 위로 날아들었습니다. 이 세 사람은 모두 벼슬 없는 선비[布衣之士]였습니다. 그들이 품은 분노가 터져 나오기도 전에 하늘이 이미 재앙의 징조를 내려주었던 것입니다. 지금 저까지 더하면 네 명이 될 것입니다. 선비가 분노하면 사체는 둘이요, 그 피는 다섯 걸음밖에 적시지 못할 것이나 천하가 모두 상복을 입을 것입니다. 오늘이 바로 그날입니다."

진왕 정(政)이 위나라를 함락시켰으나 위나라의 안릉군(安陵君)은 끝까지 안릉을 굳게 지켰다. 이에 진왕이 사람을 보내어 투항을 종용하면서 말했다.

"과인의 5백 리 땅과 그대의 안릉을 교환하는 것이 어떻겠소."

그러자 안릉군이 당저를 보내 호의에 대한 거절을 표하면서 진왕과 당저 사이에 흥미진진한 대화가 전개되었다.

진왕이 당저에게 물었다.

"선생은 천자가 분노하면 어찌 되는지 들어보았소?"

당저가 답했다.

"들어본 적 없습니다."

"천자가 한 번 화를 내면 죽어 나자빠지는 시체가 백만이요, 그 피가 천 리를 적신다고 하더이다."

그러자 당저가 진왕에게 반문했다.

"대왕께서는 벼슬 없는 평민이 분노하면 어찌 되는지 들어보셨는지요?"

"평민이 화를 내보았자, 모자를 내려놓고 신발을 벗어 던진 채로 머리통을 땅바닥에 내려 찧기밖에 더하겠는가."

"그것은 필부의 분노이지 뜻있는 선비의 분노가 아닙니다."

그러고는 이어서 앞서 언급한 내용을 진술했다. 당저는 위의 말을 마친 뒤 검을 뽑아들고 일어섰다. 놀란 진왕은 서둘러 그에게 사과했다.

역사를 사로잡은 명장면

춘추전국시대에는 이와 유사한 사건이 여러 차례 재연되었다. 조말(曹沫)은 제환공(齊桓公)을 협박하여 노나라가 빼앗겼던 땅을 환수했고, 모수(毛遂)는 초나라 고열왕(考烈王)을 위협하여 조나라에 구원병을 파병하도록 설득한 일이 있었다. 시나리오는 모두 '가진 것 없는 선비가 맨몸으로 절대 권력자에게 덤빈다'는 내용이었다.

그러나 조말이나 모수, 당저의 목적은 암살이 아니라 기세를 몰아 상대를 설득하려는 것이었다. 전저나 섭정, 요이의 경우와는 달랐다.

고전의 지혜

춘추전국시대에는 사인(士人)이 검을 차고 다니는 것이 예의에 부합하는 신분 표시였고, 따라서 위와 같은 장면이 연출될 수 있었다. 이후에 선비들이 검을 들고 입궁하는 것을 금지하면서 '벼슬 없는 선비가 분노하여 피가 다섯 걸음을 적시는' 상황은 사라지게 되었다.

술로 나라를 망치고
여색으로 나라를 망치다

본래의 주제를 빌어 자신의 새로운 의견을 피력하는 계책

025

昔者, 帝女¹令儀狄²作酒而美, 進之禹,
석 자 . 제 녀¹령 의 적²작 주 이 미 . 진 지 우 .

禹飲而甘之, 遂疏³儀狄, 絶旨酒⁴,
우 음 이 감 지 . 수 소³의 적 . 절 지 주⁴.

曰: "後世必有以酒亡其國者."
왈 : " 후 세 필 유 이 주 망 기 국 자 ."

晉文公得南之威⁵, 三日不聽朝,
진 문 공 득 남 지 위⁵. 삼 일 불 청 조 .

遂推南之威而遠之,
수 추 남 지 위 이 원 지 .

曰: "後世必有以色亡其國者."
왈 : " 후 세 필 유 이 색 망 기 국 자 ."

—『戰國策·魏策』

1 帝女(제녀): 요(堯)임금의 딸이자 순임금의 아내
2 儀狄(의적): 인명. 술 담그는 고수
3 疏(소): 소원하다
4 絶(절): 끊다. / 旨酒(지주): 좋은 술. 맛있는 술
5 南之威(남지위): 미녀의 이름. '南威(남위)'라고도 한다.

▶ 옛날. 요임금의 딸이 의적(儀狄)을 시켜 술을 빚게 했는데, 그 맛이 매우 좋아서 이를 대우(大禹)에게 보내주었습니다. 대우께서는 이를 마셔보고 달다고 여기고는 그 이후 의적을 멀리하고 그 좋은 술을 끊으셨습니다. 대우께서는 "후세에 틀림없이 술 때문에 나라를 망치는 자가 있을 것이다"라고 말씀하셨습니다. 또 진문공이 절세미녀 남지위를 얻은 일이 있었습니다. 진문공은 미색에 홀려 삼 일 동안 정사를 돌보지 않았다가 결국에는 남지위를 물리치고 그를 멀리했습니다. 진문공께서는 "후세에 분명 여색 때문에 나라를 망치는 자가 있을 것이다"라고 말씀하셨습니다.

이는 위혜왕(魏惠王)이 제후를 불러 모아 성대한 연회를 베푼 자리에서 노공공(魯共公)이 연설한 내용이다.

춘추시대를 지나 전국시대로 진입하면서 제후들 사이의 게임 규칙이 바뀌었다. 강대국들은 각자 자신을 '왕'이라고 칭했고, 주 왕실의 천자는 이미 '화장실 안의 꽃병'으로 전락했다. 주공의 후손이었던 노나라는 춘추시대까지만 해도 전통적 가치관인 주 왕실의 예법(禮法)에 의지하여 살아남을 수 있었으나 전국시대가 되어서는 그 입지가 아슬아슬했다. 따라서 노공공은 이 기회를 빌려 자신의 의견을 개진했던 것이다.

노공공은 의적이 빚은 술, 남위(南威)의 미색 이외에도 당대 최고 요리사 역아(易牙)가 진상한 진미, 화려한 경치를 자랑하는 강대(强臺)에서의 즐거움 등의 '전례(前例)'도 함께 언급했다. 당시 위혜왕은 한때 패권을 차지하고 있었고, 제후들과의 모임에서 자신을 천자에 비유하는 오만함을 보였다. 그러자 노공공이 주공의 후손으로서 정색을 표하며 위혜왕에게 '대의를 일깨워준 것'이었다.

그러나 이는 전국시대의 무대에서 노나라가 등장했던 최후의 한 장면이었다. 사마천(司馬遷)의『사기·노세가(魯世家)』에서도 이 사건 이후에 대해서는 단지 몇 마디 말로 설명을 마쳤다.

역사를 사로잡은 명장면

주색으로 나라를 망치는 이야기는 수도 없이 많으므로 이루 다 표현할 수 없다. 과연 우임금과 진문공의 예언은 적중했던 것이다. 하지만 그렇다고 해서 술이나 미녀가 무조건 나쁜 것이라고 비난한다면 이는 '술'과 '미녀'에게 억울한 누명을 씌우는 것이요, 의지가 박약한 사람들의 변명일 따름이다.

일찍이 공자는 "술로 인해 곤경을 겪을 만한 일을 하지는 않는다. 그것이 나에게 무슨 어려움이 있겠는가?(不爲酒困, 何有於我哉?)"라고 했다. 이 말은 공자가 주량이 세다고 자랑하는 말이 아니다. 공자는 "술은 양을 정하지 않되, 흐트러질 정도로 마시지는 않았다(唯酒無量, 不及亂)." 술을 마시는 데 절제가 있었다는 것이다. 또한, 「진서(晉書)」에는 도연명(陶淵明)이 "매일 술을 마시는 데 정해진 한도가 있었다"라는 기록이 있다. 이 두 사람은 모두 의지가 강해서 술을 마셔도 그로 인해 일을 그르치지 않았던 모범적인 예라 할 수 있다.

고전의 지혜

"술로 나라를 망치고, 여색으로 나라를 망친다(以酒亡國, 以色亡國)"는 말은 군주에 대한 경고이다. 물질적인 욕망으로 인해 좋아하는 것에 정신이 팔려 뜻을 잃어서는 안 된다는 점을 훈계하는 것이다. 사람들에게는 일곱 가지 감정[七情]과 여섯 가지 욕정[六欲]이 있으니, 과도해서는 안 되는 것이 어디 주색(酒色)뿐이겠는가?

옳은 것을 틀렸다고 하고
틀린 것을 옳다고 하다

합종을 분열시키는 계책

026

凡大王之所信以爲從¹者, 恃²蘇秦之計, 熒惑³諸侯,
범 대 왕 지 소 신 이 위 종 ¹ 자, 시 ² 소 진 지 계, 형 혹 ³ 제 후,

以是爲非, 以非爲是, 欲反覆⁴齊國而不能,
이 시 위 비, 이 비 위 시, 욕 반 복 ⁴ 제 국 이 불 능,

自令車裂⁵於齊之市⁶, 夫天下之不可一⁷亦明矣,
자 령 거 열 ⁵ 어 제 지 시 ⁶, 부 천 하 지 불 가 일 ⁷ 역 명 의,

今楚與秦爲昆弟⁸之國, 而韓魏稱爲東蕃⁹之臣,
금 초 여 진 위 곤 제 ⁸ 지 국, 이 한 위 칭 위 동 번 ⁹ 지 신,

齊獻魚鹽之地, 此斷趙之右臂也, 夫斷右臂而求與人鬪,
제 헌 어 염 지 지, 차 단 조 지 우 비 야, 부 단 우 비 이 구 여 인 투,

失其黨¹⁰而孤居, 求欲無危, 豈可得哉?
실 기 당 ¹⁰ 이 고 거, 구 욕 무 위, 기 가 득 재?

—『戰國策·趙策』

1 從(종): 합종. '縱(종)'과 같다. / 爲從(위종): 합종을 주장하다.
2 恃(시): 의지하다. 의탁하다.
3 熒惑(형혹): 화성의 옛 명칭. 화성은 전쟁의 별이다. 여기에서는 표면적 의미와 내포된 의미를 한꺼번에
  나타내어 '현혹시키다'와 '전쟁을 좋아하다'라는 두 가지 뜻을 지닌다.
4 反覆(반복): 전복되다.
5 車裂(거열): 사지와 머리를 다섯 마리의 말에 묶은 후 말을 몰아 찢어 죽이는 혹형
6 市(시): 시장. 번화한 지역
7 一(일): 동사. 가지런하다.
8 昆弟(곤제): 형제
9 蕃(번): 번국. 속국. '藩(번)'과 같다. / 稱蕃(칭번): 신하를 자칭하고 통치를 받다.
10 黨(당): 여기에서는 '맹우'로 해석된다.

▶ 대왕께서 신임하시는 합종을 주장하는 저들은 모두 소진의 계책에 의존하고 있습니다. 그들은 호전적인 언사로 제후들을 현혹하여 진(秦)나라에 대항하면서 옳은 것을 틀렸다고 하고 틀린 것을 옳다고 하고 있습니다. 소진 자신은 제나라를 전복시키려다 실패하고 결국 제나라의 시장 바닥에서 거열형을 당했지요. 사실, 천하가 발걸음을 나란히 할 수 없다는 것은 이미 명백합니다. 현재 초나라는 이미 진나라와 형제국의 맹약을 맺었습니다. 한나라와 위나라는 동쪽 번국의 신하로 자처했고, 제나라는 어업과 제염업이 가능한 땅을 헌납했습니다. 이는 조나라의 오른팔이 잘려나간 것과 다름없지요. 오른팔을 잘리고도 남과 싸우려고 한다면 무리를 잃고 고립될 것이니 어찌 위험하지 않겠습니까.

장의는 결국 소진이 죽기를 기다렸다가 그가 세상을 떠난 뒤에야 '연횡'을 행동에 옮기기 시작했다. 즉, 그는 합종을 실행하고 있던 각국을 하나하나 분열시켰다. 조나라는 가장 먼저 소진의 합종책을 지지한 나라였고, 장의는 이에 초나라, 위나라, 한나라, 제나라를 설득하여 진나라와 친교를 맺게 한 뒤 마지막으로 조나라 임금을 찾아가 알현했다.

장의의 논점은 두 가지였다. 첫째, 소진이 이미 죽었으므로 합종 맹약은 이미 영혼을 잃었다는 것이었다. 둘째, 네 개 나라가 이미 진나라와 친교를 맺었으므로 조나라가 만약 계속해서 진나라와 적대적 관계를 유지한다면 고립되는 위험에 처할 수 있다는 것이었다.

조무영왕(趙武靈王)은 당시 상황에서 어쩔 수 없이 장의의 의견을 받아들여 민지(澠池)에서 진왕과 회맹했다.

역사를 사로잡은 명장면

장의는 합종을 주장하는 자들이 "옳은 것을 틀렸다고 하고 틀린 것을 옳다고 한다"고 말했다. 솔직히 말해서 합종을 주장하는 것과 연횡을 주장하는 것은 모두 '시비선악'의 문제와는 무관하다. 단지 국제적인 이해에 따른 분열과 통합의 문제와 결부되어 있을 뿐이고, 국제적인 형세의 변화에 따라 외교 전략을 조정해야 하는 문제이다. 진정으로 시비선악을 전도시키는 간신이야말로 끔찍한 것이다.

송대 채경(蔡京)은 휘종(徽宗)의 총애와 신임을 한몸에 받았는데, 그는 휘종을 위해 천하의 진귀한 꽃과 기암괴석을 모조리 수탈했고, 황제의 방탕하고 사치스러운 생활을 종용했다. 또한 말하길, "폐하는 지금의 천자이십니다. 이치상 천하의 봉양을 누리시는 것이 마땅하지요. 아무것도 거리낄 것이 없으십니다"라고 했다. 바로 이런 것을 일컬어 '틀린 것을 옳다고 한다(以非爲是)'라고 하는 것이다.

고전의 지혜

'옳은 것을 틀렸다고 하고 틀린 것을 옳다고 하는' 것은 그래도 '사슴을 가리켜 말이라고 하는(指鹿爲馬)' 것보다는 낫다. 전자는 적어도 옳은 것이나 틀린 것을 말하는 것이지만, 후자는 그 진상이 무엇인지 그마저도 불분명하다. 오죽하면 '말과 사슴도 구별 못하는 멍청이(馬鹿野郎: 바카야로)'라는 욕이 있겠는가!

그대의 입에서 나와 내 귀로 들어가다

은밀히 모반을 선동하는 계책

027

二君¹曰: "我知其然. 夫知伯²爲人也,
이 군¹왈: "아 지 기 연. 부 지 백²위 인 야,

麤³中而少親⁴, 我謀未遂⁵而知,
추³중 이 소 친⁴, 아 모 미 수⁵이 지,

則其禍必至, 爲之奈何?"
즉 기 화 필 지, 위 지 내 하?"

張孟談曰: "謀出二君之口, 入臣之耳,
장 맹 담 왈   "모 출 이 군 지 구, 입 신 지 이,

人莫⁶之知也."
인 막⁶지 지 야."

—『戰國策·趙策』

---

1 二君 (이군): 한나라, 위나라 두 집안의 족장 한강자(韓康子)와 위환자(魏桓子)
2 知伯 (지백): '智伯(지백)'을 말한다. 지 씨(智氏)의 족장
3 麤 (추): 난폭하다. 麤中(추중): 마음이 난폭하다.
4 親 (친): 인자하다.
5 遂 (수): 실현하다. 행동하다.
6 莫 (막): 불가능하다.

▶ 한강자와 위환자가 말했다.

"우리는 순망치한의 이치를 알고 있습니다. 저 지백(智伯)이란 자는 난폭하고 인정머리가 없지요. 만일 우리의 계획이 행동으로 옮겨지기도 전에 발각된다면 분명 큰 화를 입을 것입니다. 그리되면 어찌합니까?"

장맹담이 말했다.

"계획은 두 어르신의 입에서 나와 저 한 사람의 귀로 들어갔으니 다른 사람은 알 수 없을 것입니다."

진(晉)나라의 여섯 개 큰 가문이 내전을 일으켰다. 그 가운데 지 씨가 가장 강력했다. 지 씨는 범 씨와 중항 씨(中行氏)를 차례로 섬멸하고, 그런 뒤에 또다시 한 씨(韓氏), 위 씨(魏氏), 조 씨(趙氏) 세 가문에게 토지를 달라고 요구했다. 한강자와 위환자는 울분을 억누르고 토지를 헌납했다. 그러나 조양자는 이를 허락하지 않았고, 결국 지백은 한·위와 연합하여 조를 공격했다.

세 가문의 연합군이 진양(晉陽)을 포위하고 공격했으나 석 달이 지나도 좀처럼 성은 함락되지 않았다. 이에 지백은 근처 제방을 터서 진수(晉水)를 성안으로 흘려보내 온 성을 물바다로 만들고는 득의양양하게 말했다.

"물을 사용해서 성을 무너뜨릴 수 있다는 것을 이제야 알았구려."

이때 한강자와 위환자는 팔꿈치와 다리로 스리슬쩍 신호를 주고받았다. 한과 위의 근거지도 모두 강변에 위치하고 있었으므로 언제 그 말의 피해자가 될지 모르는 일이었다. 두 가문은 그때 이미 지백을 배반할 마음을 품고 있었다.

성안에서 힘겹게 버티던 조양자는 장맹담을 적군 진영에 사자로 파견했고, 장맹담은 은밀히 한강자와 위환자를 만나 안팎에서 지백을 협공할 것을 모의했다. 장맹담은 그들에게 '입술이 없으면 이가 시리다(脣亡齒寒)'의 이치를 설파했고 단번에 의견 일치를 이룰 수 있었다. 그 뒤에 위의 대화가 전개되었던 것이다.

역사를 사로잡은 명장면

은밀하게 밀약을 모의하는 경우, 입을 막을 수는 있지만 얼굴빛을 감출 수 있을지는 장담할 수 없다. 장맹담이 한·위의 군주와 함께했던 밀모에 대해 지백 가문의 사람이었던 지과(智過)가 눈치챘다. 하지만 안타깝게도 승리에 눈이 멀어 판단력이 흐려져 있던 지백은 지과의 말을 믿지 않았고, 결국 세 가문의 연합군에 의해 멸망했다(관련 내용은 94번째 명구 "요청이 받아들여지지 않았음에도 기뻐하는 기색이 있다" 참고).

춘추시대에는 이런 일이 있었다. 제환공이 제후들과 회합하는 자리에 위(衛)나라 군주가 늦게 나타났다. 이를 괘씸하게 여긴 제환공은 관중과 함께 위나라를 공격할 계획을 상의했다.

환공이 궁궐로 돌아오자 위나라 군주의 딸이자 환공의 부인이었던 위희(衛姬)가 환공에게 용서를 빌며 말했다.

"신첩이 멀리서 뵈오니 전하께서 발을 높이 들며 의기양양하게 걷는 모습이 출병하여 정벌하려는 기세가 있으신 듯하옵니다. 또 전하께서 신첩을 바라볼 때 안색이 흔들리는 것을 보면 분명 위나라를 토벌하려 하시는 것이겠지요?"

다음 날, 환공이 조회를 열자 관중이 물었다.

"군주께서는 위나라를 용서하셨지요?"

환공이 의아해했다.

"자네는 그것을 어찌 알았는가?"

관중이 말했다.

"오늘 아침 조회를 주재하시는 군주의 몸가짐이 정중하고 말씀에 노기가 없이 느릿느릿했습니다. 또 신을 볼 때 옥안에 부끄러워하는 기색을 띠셨지요. 이 때문에 제가 그리 추측했던 것입니다."

『여씨춘추(呂氏春秋)』에서는 이 이야기에 대해 다음과 같이 논평했다. "제환공이 입으로 직접 말하지는 않았으나 표정과 행동거지에서 오히려 암흑 속의 촛불과 같이 확연히 드러났다."

고전의 지혜

"입을 막는 것은 쉽지만 마음을 속이는 것은 어렵다(禁口容易欺心難)"라는 말이 있다. 음모를 꾸미는 일은 '그대의 입에서 나와 나의 귀로 들어오는 것'이라 겉으로 말하지 않을 수 있지만 '하늘이 알고, 땅이 알고, 네가 알고, 내가 아는 법(天知地知, 子知我知)'이니 결국 정체가 탄로 나게 되어 있다.

계책을 결행하지 못하면 명성을 떨칠 수 없다

기회를 잡도록 재촉하는 계책

028

蘇秦謂薛公[1]曰: "臣聞謀泄[2]者事無功.
소 진 위 설 공 1 왈 : " 신 문 모 설 2 자 사 무 공 .

計不決者名不成. 今君留楚太子者.
계 불 결 자 명 불 성 . 금 군 류 초 태 자 자 .

以市[3]下東國也, 非亟得下東國者.
이 시 3 하 동 국 야 , 비 극 득 하 동 국 자 .

則楚之計變.
즉 초 지 계 변 .

變則是君抱空質而負名[4]於天下也."
변 즉 시 군 포 공 질 이 부 명 4 어 천 하 야 ."

—『戰國策·齊策』

---

1 薛公(설공): 맹상군의 봉읍이 설 땅에 있었으므로 그를 '설공'이라고 불렀다.

2 泄(설): 누설하다. 폭로하다.

3 市(시): 교역하다.

4 負名(부명): 의롭지 못하다는 불명예를 짊어지다.

▶ 소진이 설공에게 말했다.

"신이 듣건대, 계략이 새어 나가면 성공할 수 없고, 계책을 정하고도 우물쭈물하며 결행하지 못하면 명성을 떨칠 수 없다고 합니다. 지금 전하께서는 수중에 초나라 태자를 쥐고 계시니, 그를 이용해서 하동국(下東國)과 교환할 수 있습니다. 만약 서둘러 하동국을 얻지 못하면 초나라의 정세에 변화가 생길 것입니다. 그쪽 정세가 변하면 전하께서는 장차 빈껍데기나 다름없는 인질을 붙잡고 천하에 '의롭지 못하다'는 명성을 짊어지시게 될 것입니다."

진(秦)나라 왕은 초회왕(楚懷王)을 속여 진나라로 오게 한 뒤 그를 구류하여 본국으로 돌아가지 못하게 했다. 그러고는 초나라에 '초회왕이 이미 죽었다'는 거짓 정보를 유포했고, 제나라에 인질로 가 있는 태자 횡(橫)을 본국으로 불러들여 왕위를 계승하게 하라고 초나라에 요구했다. 인질이 자기 나라로 돌아가는 것은 두 국가 간에 채결했던 종전의 맹약이 '담보물'을 상실하는 것을 의미했다. 그러므로 진나라의 이러한 행동은 제나라와 초나라의 동맹을 무너뜨리려는 시도로 받아들여졌다.

그러나 제민왕(齊閔王)은 초나라 태자를 억류하고, 그와 초나라 땅을 교환하려고 했다. 그러자 제나라 재상이던 맹상군이 제민왕에게 말했다.

"만약 우리가 태자를 억류하면 초나라는 다른 사람을 새로운 왕으로 세울 것입니다. 그렇게 되면 태자는 이미 태자가 아니고, 인질의 기능을 상실하게 되므로 우리는 쓸데없이 인질을 붙잡고 있는 꼴이 됩니다. 또한, 온 천하에 의롭지 못하다는 불명예를 뒤집어쓰게 될 것입니다."

제나라는 결국 태자가 본국으로 귀환하여 왕위를 이어받을 수 있도록 풀어주었다.

이상의 내용은 『사기』의 기록으로, 『전국책』의 기록과는 전혀 다르다. 그러나 『전국책』의 중점은 '계책'에 있는 것이지 '역사'에 있는 것이 아니므로 독자들은 그 '계책'의 내용을 이해하기만 하면 된다.

역사를 사로잡은 명장면

남송(南宋)의 역사학자 포표(鮑彪)는 「전국책」에 주석을 달면서 "초나라 사람들은 회왕(懷王)이 돌아오지 못할 것임을 알고 급하게 새로운 왕을 옹립하여 진나라의 협박을 사전에 차단했다"라고 했다. 이 주장은 역사적으로 유사한 사례에서 그 근거를 찾을 수 있다.

명대 영종(英宗)은 황제의 몸으로 친히 북쪽 변방의 우환이던 몽골족 오이라트[瓦剌] 정벌에 출정했는데, 크게 패배하고 포로로 사로잡혔다. 오이라트는 영종을 협박 수단으로 이용하여 명 제국으로부터 대량의 재물을 갈취했고, 북경 성내의 여러 신하가 두려워하며 어찌할 바를 몰랐다. 신하들 대부분은 돈을 주고 황제를 되찾아오자고 주장했으나 병부시랑이었던 우겸(于謙)만은 의견이 달랐다. 그는 여럿의 의견을 강하게 물리치며 영종의 아우를 옹립하여 즉위시키고, "대명 제국에 이미 새로운 황제가 있다"고 선언하여 오이라트의 강탈을 막았다.

이후 오이라트가 영종을 석방했고, 영종은 얼마 뒤 '태상황(太上皇)'의 신분으로 정변을 일으켜 제위를 탈환했다. 과거의 일로 인해 우겸은 온 집안의 재산을 몰수당하고 참형에 처해졌다. 그가 죽은 뒤 그의 집안을 수색해보니 재물은 전혀 없었고 서책들만 가득했다. 청렴하고 강직했던 이 사나이는 「석회행(石灰行)」이라는 시를 남겼다. 자신을 석회에 비유해 노래한 시였다.

천 번을 두드리고 만 번을 뚫어 깊은 산에서 나와	千錘萬鑿出深山
뜨거운 불꽃에 태우고 불살라도 아무 일 없다는 듯	烈火焚燒若等閒
몸이 가루가 되고 뼈가 부서져도 두려울 것이 없으리	粉身碎骨渾不怕
인간 세상에 청렴결백하게 남을 수만 있다면	要留淸白在人間

우겸이 새로운 황제를 옹립하여 오이라트의 강탈을 저지한 것은 긴박한 시기에 과감하게 결심해야 할 필요성을 말해준다. 또한, 이 '계책'에서 소진이 말했던 "계책을 결행하지 않으면 명성을 떨칠 수 없다(計不決者名不成)"는 주장을 방증하는 것이기도 하다.

고전의 지혜

중국에는 "딸이 크면 집안에 잡아둘 수 없다. 잡아두고 잡아두면 원망만 남는다"라는 속담이 있다. 부모나 집안 어른이 다 큰 딸을 아끼느라 시집보내지 않고 계속 잡아두면 시간이 지나 결혼 적령기를 놓치게 되고, 결국 딸의 원망을 듣게 된다는 뜻이다. 딸을 시집보내는 일과 인질을 석방하는 일은 같은 이치. 일단 시기를 놓치면 '값'이 떨어질 뿐만 아니라 심지어 원한을 사게 된다.

임금에게 투자하여 적은 자본으로 큰 이익을 얻은 가장 성공적인 사례는 단연코 여불위(呂不韋)를 들 수 있다. 여불위가 처음 진나라의 왕자를 만났을 때, 그는 속으로 '진기한 물건은 값이 오를 때까지 쌓아두고 기다릴 만하다(奇貨可居)'고 생각했다. 여기에서 한자 '居'자는 바로 '물건을 쌓아놓고 좋은 값을 기다리다'는 뜻이다. 그러나 물건을 사들여 곳간에 쟁여놓을 때의 가장 중요한 원칙은 바로 시기를 정확하게 파악해야 한다는 점이다. 시기를 놓치면 '값'도 사라진다. 담보물이 시세를 잃게 되면 앞서 했던 투자나 계약은 한 푼어치의 가치도 없게 되는 것이다.

봉황이 나란히 날아가고
5세손에 이르러 번창한다

나중에 갖다 붙이는 점괘의 풀이

029

初, 懿氏[1] 卜妻[2] 敬仲[3], 其妻占之曰, 吉,

초, 의 씨[1] 복 처[2] 경 중[3], 기 처 점 지 왈, 길,

是謂鳳凰于飛[4], 和鳴鏘鏘[5],

시 위 봉 황 우 비[4], 화 명 장 장[5],

有嬀[6]之後, 將育于姜[7], 五世其昌,

유 규[6] 지 후, 장 육 우 강[7], 오 세 기 창,

並于正卿, 八世之後, 莫之與京[8],

병 우 정 경, 팔 세 지 후, 막 지 여 경[8],

—『左傳·莊公二十二年』(周史知陳大于齊)

1 懿氏 (의 씨): 진(陳)나라의 대부
2 卜妻 (복처): 시집가는 딸을 위해 점을 치다.
3 敬仲 (경중): 진나라 공자. 후에 제나라로 망명한다.
4 鳳凰 (봉황): 상서로운 새. '鳳'은 수컷이고 '凰'은 암컷이다. / 鳳凰于飛 (봉황우비):
   봉황이 날개를 나란히 하고 함께 날아가다.
5 鏘鏘 (장장): 소리가 크고 낭랑하다. 큰 명예를 누리는 것을 비유한다.
6 嬀 (규): 진나라의 성씨
7 姜 (강): 제나라의 성씨
8 京 (경): 높고 크다. / 莫之與京 (막지여경): 비할 데 없이 높고 크다는 뜻으로 군왕이
   된다는 것을 비유한다.

▶ 애초에, 진(陳)나라 대부 의 씨(懿氏)가 자신의 딸을 경중(敬仲)에게 시집보내려고 하자 그의 부인이 점을 쳐본 뒤 말했다.

"길합니다. 이 점괘는 '봉황이 나란히 날개를 펴고 함께 날아가니 울음소리 크고 낭랑하다'라고 풀 수 있습니다. 진나라의 후손은 제나라에서 자랄 것입니다. 5세손에 이르면 크게 번창하여 정경(正卿)과 어깨를 나란히 할 것이고, 8세손에 이르면 그보다 높고 큰 사람은 어느 누구도 없을 것입니다."

진(陳)나라에 정변이 발생하여 태자가 피살되었다. 그 일로 태자와 같은 무리에 속해 있던 공자 경중은 제나라로 도피하여 전 씨(田氏)로 성을 바꾸고 살아갔다. 그렇게 제나라에서 살아가던 경중은 자신의 능력을 발휘하여 제환공의 신임을 얻었다. 제환공은 그를 경(卿)에 임명하려고 했으나, 경중은 이를 정중하게 사양하고 그저 백공의 책임자 격인 공정(工正)의 직무를 맡았다.

경중의 5세손 전무우(田無宇)에 이르러 제장공(齊莊公)의 총애와 신임을 받았고, 전 씨는 대부를 맡기 시작했다. 그의 아들 전걸(田乞)은 민심을 얻기 위해 마음을 다했는데, 부세를 걷을 때는 소두(小斗: 작은말)를 사용하고, 양식을 나누어줄 때는 대두(大斗: 큰말)을 사용했던 일화로 유명하다. 진(晉)나라에 내전이 발발했을 당시 전걸은 제나라의 식량으로 진나라의 범 씨와 중항 씨를 원조했고, 그들을 나라 밖 지원군으로 심어두었다.

제경공(齊景公)이 세상을 떠나자 전걸은 군주를 폐위한 뒤 다시 세웠으며, 또다시 그 군주를 시해하고 새 군주를 세웠다. 이 과정에서 전 씨는 제나라의 실질적인 집권 가문으로 부상했다. 전걸의 손자,

즉 경중의 8세손인 전화(田和)에 이르러서는 제강공(齊康公)을 쫓아 냈다. 당시 셋으로 분할된 진(晉)나라의 세 가문 중 하나였던 위문후(魏文侯)는 주 천자에게 전화를 제후(齊侯)로 세울 것을 건의했다. 역사에서는 이 일을 '전 씨가 제나라를 찬탈했다'고 평가한다. 또한, 진나라가 세 가문으로 분할되었던 그 시기를 역사가들은 전국시대의 시작으로 삼는다.

역사를 사로잡은 명장면

의 씨의 부인이 점괘가 진정 그리도 영험했던 것일까? 진나라의 후손이 제나라에서 번성하여 5세손은 대관이 되고, 8세손은 군왕이 되었다는 역사적 사실을 보면 그 점괘가 참으로 정확했던 것 같다.

하지만 만약 이 점괘의 풀이가 정말로 처음부터 존재했던 것이라면 강 씨(姜氏) 성의 제나라 군주는 분명히 전 씨를 경계하고 방비했을 것이다. 마치 진시황이 "진나라를 망하게 하는 것은 호(胡)이다"라는 예언 때문에 대군을 일으켜 흉노를 공격했던 것처럼 말이다. 결과적으로 '흉노[胡]'가 진나라를 멸망시킨 것이 아니라 오히려 그의 불초한 자식 이세황제 '호해(胡亥)'가 진 제국을 무너뜨렸지만 말이다.

따라서 역대로 신비한 예언이 있을 때 가장 쉽게 출현하는 상황은 다음 두 가지였다. 첫째는 후대 사람들이 억지로 끌어 붙여 이해하지도 못하면서 억지로 이해하는 척하는 경우이고, 둘째는 후대 사람들이 위조하여 사실을 '적중' 시킨 경우이다.

고전의 지혜

어찌 되었든 간에, 중국에서는 "鳳凰于飛'와 '五世其昌"이라는 표현이 오늘날까지 전해져서 결혼을 축복하는 말로 사용된다. 물론, '부부 내외가 함께 국외로 망명한다'거나 '흥성하기는 하는데, 권력을 장악하고 지위를 찬탈하여 얻는 흥성이다'라는 본래 의미에 얽매일 필요는 없다. 그저 부부의 해로와 번창을 축복하는 표현으로 사용될 뿐이다.

우리가 갈 수 있으면
적군도 갈 수 있다

정면으로 적군과 맞서 물러서지 않는 계책

030

楚大饑, 庸人帥群蠻以叛楚,
초 대 기, 용 인 솔 군 만 이 반 초,

麇人率百濮¹取於選², 將伐楚.
균 인 솔 백 복¹취 어 선², 장 벌 초.

······ 楚人謀徙於阪高³.
······ 초 인 모 사 어 판 고³.

蔿賈⁴曰: "不可. 我能往, 寇亦能往. 不如伐庸.
위 가⁴왈: "불 가. 아 능 왕, 구 역 능 왕. 불 여 벌 용.

夫麇與百濮謂我饑不能師, 故伐我也.
부 균 여 백 복 위 아 기 불 능 사, 고 벌 아 야.

若我出師⁵, 必懼而歸."
약 아 출 사⁵, 필 구 이 귀."

— 『左傳·文公十六年』(蔿賈謀伐庸)

1 庸(용), 麇(균), 濮(복): 이는 모두 초나라 남방의 남만족(南蠻族) 명칭이다. '百濮(백복)'은 복(濮) 지역의 여러 오랑캐를 가리킨다.

2 選(선): 지명. / 取於選(취어선): 선(選) 땅에 집결하다.

3 阪高(판고): 지명. 지형이 매우 험준하다. / 徙於阪高(사어판고): 지형이 험준한 판고 지방으로 천도하다.

4 蔿賈(위가): 초나라 대부. 손숙오(孫叔敖)의 아버지

5 師(사): 첫 번째 '師'는 동사로 '전쟁하다'의 뜻이고, 두 번째 '師'는 명사로 '군대'를 뜻한다.

▶ 초나라에 큰 기근이 들자 남방 민족들이 모두 등을 돌리고 대대적으로 반란을 일으켰다. 용족(庸族)을 필두로 균족(麇族)과 백복(百濮)이 선 땅에서 집결하여 초나라를 공격할 준비를 끝마쳤고, 초나라 조정은 이 때문에 지형이 험준한 판고(阪高)로 천도해갈 것을 상의했다.

위가(蔿賈)가 말했다.

"천도는 안 됩니다. 우리가 갈 수 있으면 적군도 갈 수 있습니다. 차라리 선봉에 있는 용족을 정면으로 공격하는 것이 낫습니다. 균족과 백복은 우리가 기황으로 인해 싸울 힘이 없다고 여기고 있고, 그러므로 감히 침범해온 것입니다. 만일 우리가 주동적으로 병사를 일으켜 공격한다면 그들은 분명 두려워하며 군대를 철수할 것입니다. 그렇게 되면 남만족 연합군은 와해될 것입니다."

결국 위가의 건의가 수용되어 전군이 출병했고, 과연 균족과 백복은 서둘러 철군했다.

　초나라 군대와 용족 군대가 진영을 갖추고 대치하고 있는 상황에서 초나라 대부 반왕(潘旺)이 적군을 속일 계책을 내놓았다. 초나라 군대가 일곱 번 싸워서 일곱 번 모두 패배하면 용족의 군대는 승리가 눈앞에 보인다고 여겨 경계를 소홀히 할 것이고, 그때 매복을 심어놓으면 틀림없이 당할 것이라는 계책이었다. 결과는 그의 말과 같았다. 초나라 대군은 총공격을 감행하여 적군의 포위를 돌파했고, 진(秦)나라와 파(巴)나라의 원군도 속속 당도했다. 이에 남만(南蠻) 여러 부족은 초나라와 평화 조약을 체결했으며, 용족은 끝내 고립되어 멸망했다.

위가에게는 손숙오라는 아들이 있었다. 손숙오는 훗날 장성하여 초나라 재상이 되는데, 지혜롭고 사려 깊은 인물로 유명했다.

손숙오가 어렸을 때 머리가 둘 달린 뱀을 본 일이 있었다. 머리 둘 달린 뱀을 보는 사람은 죽는다는 전설이 있었으므로 그는 너무나 무섭고 걱정스러웠다. 한참을 걱정하던 그는 문득 이런 생각이 들었다.

'내가 보았으니 다른 사람도 보게 될 것이다. 나는 어쨌든 이미 뱀을 보았으니 죽음을 면하기 어렵다. 다른 사람을 위해 해악을 없애는 것이 좋겠다.'

생각을 마친 손숙오는 곡괭이로 머리 둘 달린 뱀을 때려죽였다. 손숙오는 어떻게 되었을까? 당연히 죽지 않았다.

'내가 보았으니 다른 사람도 보게 될 것이다'라는 손숙오의 논리는 '우리가 갈 수 있으면 적군도 갈 수 있다'라는 아버지 위가의 논리와 같다. 머리 둘 달린 뱀을 때려죽이는 일은 문제를 회피하지 않고 정면으로 맞서 해결한 것으로, 이 또한 '정면승부'를 주장했던 위가의 대처 방식과 일치한다. 아마도 그는 적잖이 아버지의 영향을 받은 듯하다.

서한 선제(宣帝) 시기에 장족(藏族)의 한 갈래 부족이었던 서강(西羌)이 문제를 일으킨 일이 있었는데, 이때 노장 조충국(趙充國)이 난을 평정하기 위해 전선에 뛰어들었다. 강족에는 두 개의 주력 부대가 있었다. 하나는 선령(先零)으로 비교적 강했고, 다른 하나는 한병(罕幵)으로 상대적으로 약했다. 조정에서 가만히 '앉아서 전쟁을 논하는' 대신들과 주천(酒泉)의 태수는 모두 한병을 먼저 공격해야 한다고 주장했다. 하지만 조충국은 단호하게 말했다. 선령을 먼저 해결하면 한병은 자연히 퇴각한다는 것이었다. 조충국은 결국 거짓으로 패배해서 적을 속이는 계책을 사용해 선령의 부대를 물리쳤고, 한병은 자동으로 귀순했다. 이는 선봉에 있는 용족을 정면으로 공격했던 위가의 전략과 같았다.

고전의 지혜

강적의 위협을 받을 때 우회해서 '공간으로 시간을 버는 것' 또한 하나의 방법이다. 반드시 적군과 정면으로 대적해야 하는 것은 아니다. '우리가 갈 수 있으면 적군도 갈 수 있다'는 주장의 기본 정신은 거북이처럼 목을 움츠려 비겁한 사람이 되지 않겠다는 것이다. 방법을 생각해내야지 무턱대고 숨고 피해서는 안 된다. 만약 퇴각할 수밖에 없는 상황이라 물러나는 것이면서도 오히려 '우리 군대는 천 리를 옮겨가며 싸우고 있고, 적군은 뒤쫓아오지 못하는구나'라고 큰소리치며 허풍을 떤다면 이는 자신도 속이고 남도 속이는 어리석은 일이다.

명분은 양립할 수 없고
행동은 함께 성립할 수 없다

충성과 효도 둘 모두를 갖출 수 없다는 한탄

031

申鳴[1]曰: "食君之食[2], 避君之難, 非忠臣也.
신 명[1]왈: "식 군 지 식[2], 피 군 지 난, 비 충 신 야.

定君之國, 殺臣之父, 非孝子也.
정 군 지 국, 살 신 지 부, 비 효 자 야.

名不可[3]兩立, 行不可兩全也. 如是而生,
명 불 가[3]양 립, 행 불 가 양 전 야. 여 시 이 생,

何面目立於天下?" 遂自殺也.
하 면 목 립 어 천 하?" 수 자 살 야.

—『說苑·立節』

---

1 申鳴(신명): 초나라 좌사마(左司馬)

2 食(식): 첫 번째 '食'은 동사로 '먹다'의 뜻이고, 두 번째 '食'은 명사로 '음식'을 뜻한다.

3 不可(불가): 할 수 없다.

▶ 신명(申鳴)이 초혜왕(楚惠王)에게 말했다.

"군왕의 밥을 먹으면서 만일 군왕의 어려움을 피한다면 충신이 아닙니다. 그러나 군왕의 나라를 안정시키려 제 아비를 죽게 한다면 이는 효자가 아닙니다. 충과 효의 명분은 양립할 수 없고 충과 효의 행위는 함께 성립할 수 없습니다. 이렇게 살아서 무슨 면목으로 천하에 발붙이겠습니까?"

말을 마친 신명은 결국 스스로 목숨을 끊었다.

신명은 초나라의 유명한 효자이다. 초나라 왕이 신명을 불러 관직을 내렸으나 그는 맡으려 하지 않았다. 그러자 그의 아버지가 말했다.

"만약 네가 국가를 위해 봉사하며 훌륭한 정치적 업적을 쌓는다면 나는 매우 기쁠 것 같구나!"

이 말을 들은 신명은 관직에 올랐다. 3년 뒤, 백공(白公)이 반란을 일으켜 초혜왕이 구금되었다. 신명은 백공의 군영에 가서 초혜왕을 구하고 국가 위기를 헤쳐 나가는 데 앞장서고자 했다. 하지만 그의 아버지는 그런 그를 저지하고 싶어 했다. 신명이 아버지에게 말했다.

"벼슬을 하는 이상 제 한 몸은 군왕을 위해 바치고 봉록은 부모님께 바쳐야 할 것입니다."

그러고는 병사를 일으켜 백공을 포위하고 공격했다.

백공의 참모 석걸(石乞)이 말했다.

"신명은 이름난 효자입니다. 그의 아비를 납치한다면 그로 하여금 무기를 내려놓게 할 수 있을 것입니다."

그러나 신명은 말했다.

"예전의 나는 아버지의 효성스러운 아들이었다. 하지만 지금 나는 주군의 충성스러운 신하이다."

신명은 계속해서 백공을 공격했고, 결국 반란을 진압했다. 그러나 그의 아버지는 그 와중에 피살되었다.

초혜왕은 신명에게 황금 백근의 상을 하사했으나 신명은 전술한 내용을 말한 뒤 스스로 목숨을 끊었다. 반란을 평정하여 군주를 위해 충성을 다하고 스스로 목숨을 끊어 아버지를 위해 효도를 다했다. 그렇게 함으로써 비로소 자신의 충과 효를 모두 온전히 성립할 수 있게 했다.

역사를 사로잡은 명장면

초평왕(楚平王)은 태자 건(建)에게 아내를 맞아주려고 했는데, 간택한 여인의 미모를 보고 반하여 그녀를 자신의 아내로 맞아들였다. 그런 뒤 사람을 시켜 태자 건을 살해하려 하기까지 했고, 결국 태자 건은 이를 피해 송나라로 도망갔다.

초평왕은 태자 건의 사부였던 오사(伍奢)를 감옥에 가두었다. 오사에게는 훌륭하다고 이름난 두 아들이 있었는데, 그 두 아들도 불러들이게 하고는 아들이 오지 않으면 오사를 죽이겠다고 협박했다.

오사의 아들 오상(伍尙)과 오원(伍員, 오자서)은 한참 동안 머리를 맞대고 상의했다. 이번에 가면 삼부자가 모조리 함께 죽을 것이라는 사실은 분명했다. 이에 오상이 오원에게 말했다.

"나는 가서 효를 다할 것이다. 너는 도망하여 복수할 기회를 찾아라."

결국 오자서는 도망갔고, 오사와 오상 부자는 살해되었다. 훗날, 오자서는 오나라 군대를 빌려 초나라 영도(郢都)로 진격했고, 초평왕의 무덤에서 시체를 파내어 채찍질하는 것으로 복수를 대신했다.

오사에게는 두 아들이 있었으므로 사지로 나아가 효를 다하고 복수하여 원한을 씻는 두 가지 일이 모두 성립할 수 있었다.

고전의 지혜

본 명구 "忠孝不可兩全(충과 효는 함께 성립할 수 없다)"와 「맹자」에 등장하는 유명한 구절 "魚與熊掌不可兼得(물고기와 곰발바닥을 모두 다 가질 수 없다)"에서 '不可'는 모두 '할 수 없다'의 뜻이다. 그러므로 '해서는 안 된다'의 뜻으로 해석하면 절대로 안 된다.

두 마리 토끼를 모두 잡으려고 하는 것은 종종 과도한 욕심이 되기도 한다. '삶을 버리고 의리를 택하는(捨生取義)' 것과 같이 둘 모두를 이룰 수 없을 때 한 가지만을 선택하지 않을 수 없는 것이다. 사실, 오자서 이야기의 완결편은 두 가지를 모두 얻으려고 했다가 결국 실패하는 것으로 끝을 맺는다(관련 내용은 71번째 명구 "10년 동안 사람을 키우고 재물을 모으고, 또 10년 동안 가르치고 훈련하다"를 참고).

충신은 두 군주를 섬기지 않고
정숙한 여인은 두 지아비를 섬기지 않는다

죽음으로 남의 마음을 일깨우는 계책

032

王歜[1]曰: "忠臣不事二君, 貞女不更二夫.
왕촉[1]왈: "충신불사이군, 정녀불경이부.

齊王不聽吾諫, 故退而耕於野[2].
제왕불청오간, 고퇴이경어야[2].

國旣破亡, 吾不能存, 公又劫[3]之以兵.
국기파망, 오불능존, 공우겁[3]지이병.

爲君將, 是助桀爲暴也. 與其生而無義,
위군장, 시조걸위포야. 여기생이무의,

固不如烹." 遂懸其軀於樹枝,
고불여팽." 수현기구어수지,

自奮絶脰[4]而死.
자분절두[4]이사.

—『說苑·立節』

---

1 王歜(왕촉): 인명. 제나라 처사(處士)
2 耕於野(경어야): 관직에서 물러나 재야에서 스스로 농사를 지으며 살아가다.
3 劫(겁): 위협하다. 협박하다. '挾(협)'과 같다.
4 脰(두): 목 / 絶脰(절두): 목을 비틀어 꺾다.

▶ 왕촉이 말했다.

"충신은 두 군주를 섬기지 않고, 정숙한 여인은 두 지아비를 섬기지 않습니다. 제나라 임금께서 저의 간언을 들어주지 않으시어 그저 이렇게 관직에서 물러나 시골에서 농사를 지으며 먹고 사는 것입니다. 지금 나의 조국이 이미 패망하여 저도 구차하게 살아갈 수 없는 마당에 장군께서 무력으로 위협하며 제가 장군의 군관이 되기를 바라시다니. 이 어찌 걸왕을 도와 포악한 행동을 일삼는 것이 아니겠습니까! 명예롭지 못하게 살아 있느니 차라리 죽는 것이 낫습니다."

이에 자신의 몸을 나뭇가지에 매달고 스스로 목을 비틀어 꺾어 자살했다.

연나라 장수 악의(樂毅)가 제나라를 공격하여 연속으로 70개 성을 함락시키고, 마지막으로 거(莒)와 즉묵(卽墨) 두 성읍만 남았다. 악의는 '왕촉'이라는 명망 높은 현자가 그 지역에 살고 있다는 소식을 듣고, 군대에 명을 내려 '왕촉의 거처 반경 30리 이내에는 진입하지 말 것'을 지시했다. 그런 다음 사람을 보내 왕촉에게 말했다.

"그대가 우리 군의 군관을 맡아주시오. 그리 해준다면 그대에게 1만 호의 식읍을 봉하도록 하겠소."

그러나 왕촉은 이를 거절했고, 악의는 다시 사람을 보내 말했다.

"그대가 승낙하지 않으면 군대에 명령을 내려 그대가 있는 마을을 모조리 살육할 것이다."

왕촉은 충성과 의리를 모두 다 지킬 수 없음을 알고 자살을 선택했다. 죽음으로써 제나라에 대한 충성을 다하고, 또한 죽음으로써 마을 사람을 연루시키지 않는 의로움을 실천한 것이다.

당시 제민왕(齊湣王)은 이미 죽은 뒤였고, 왕족 가운데 단지 왕자

전법장(田法章)만이 거성(莒城)에서 유랑하고 있었다. 사방으로 흩어져 달아났던 제나라의 대부들은 왕촉의 일을 듣고 말했다.

"벼슬 없이 은거하던 왕촉도 그리했는데, 하물며 지위에 올라 나라의 봉록을 받고 있는 우리 같은 사람들은 어찌해야 하겠는가!"

이에 모두 잇달아 거성으로 모여들었고, 전법장을 옹립하여 제양왕(齊襄王)으로 세웠다. 그 이후에 전단(田單)이 즉묵에서 이간책과 화우계(火牛計)로 연나라 군대를 물리쳐 제나라의 영토를 회복했다.

역사를 사로잡은 명장면

위에서 살펴본 왕촉의 사적은 "충신은 두 군주를 섬기지 않는다"는 명구에 해당하는 이야기다. "정숙한 여인은 두 지아비를 섬기지 않는다"에 관한 또 다른 일화를 살펴보자.

명말(明末)에 갈눈랑(葛嫩娘)이라는 여인이 있었다. 총병(總兵)이었던 그녀의 아버지는 나라를 위해 목숨을 바쳤고, 아버지가 세상을 떠난 뒤로 가문이 몰락하여 눈랑은 금릉(金陵)의 기생집으로 팔려가게 되었다. 기생집에서 생활하던 갈눈랑은 애국지사 손극함(孫克咸)을 만나 교제했고, 두 사람은 막역한 사이가 되었다. 양주(揚州)가 함락되고 청나라 군사가 금릉으로 접근하자 극함은 갈눈랑을 데리고 복주(福州)로 가서 복주 수장(守將) 양준(楊俊)을 도와 청나라에 대항했다.

이어 복주가 포위당했고, 갈눈랑은 또다시 포위를 뚫고 나가 정지룡(鄭芝龍)에게 지원을 요청했다. 그러나 정지룡은 청나라에 항복했고, 복주는 함락되고 양준은 전사했다. 손극함과 갈눈랑은 무리를 이끌고 선하령(仙霞嶺)으로 들어가 게릴라전을 펼쳤지만, 결국 청나라 군사에 포위당했고, 무기와 식량이 바닥나 생포 당했다.

청나라 군대의 장군 박락(博洛)은 갈눈랑의 우아한 자태에 반해 그녀를 첩으로 들이고자 했다. 첩이 되지 않으면 모든 유격군을 도륙하겠다고 협박하자 갈눈랑은 혀를 깨물어 절단하여 박락에게 뱉어버렸다. 이로 인해 유격군 전원이 모두 정의를 위해 희생되었다.

　기녀는 인정도 의리도 없다고 누가 그랬던가? 갈눈랑은 '忠臣不事二君'과 '貞女不更二夫'를 모두 실천으로 옮긴 여인이었다.

고전의 지혜

현대사회에서 "충신은 두 군주를 섬기지 않는다"는 말은 군주에게 충성하는 것이 아니라 나라에 충성하는 것으로 바뀌었다. "정숙한 여인은 두 지아비를 섬기지 않는다"는 명언은 이제 시대에 부합하지 않는 말이 되었다. 세상은 그만큼 바뀌었지만, 충성은 오늘날까지도 여전히 중요한 덕행이다. 충성스럽지 않고 성실하지 않으면 신임을 얻을 수 없다.

나는 그대를 속이지 않을 것이니
그대도 나를 속이지 말라

정직하게 강화 조약을 맺는 계책

033

使華元[1]夜入楚師, 登子反[2]之床, 起之,
사 화 원 야 입 초 사, 등 자 반 지 상, 기 지,

曰: "寡君使之以病告[3], 曰敝邑易子而食,
왈: "과 군 사 지 이 병 고, 왈 폐 읍 역 자 이 식,

析骸以爨. 雖然, 城下之盟[4]有以國斃[5],
석 해 이 촌. 수 연, 성 하 지 맹 유 이 국 폐,

不能從也. 去我三十里, 唯命是聽"
불 능 종 야. 거 아 삼 십 리, 유 명 시 청."

子反懼, 與之盟, 而告王, 退三十里,
자 반 구, 여 지 맹, 이 고 왕, 퇴 삼 십 리,

宋及楚平. 盟曰: "我無爾詐, 爾無我虞."
송 급 초 평. 맹 왈: "아 무 이 사, 이 무 아 우."

—『左傳·宣公十五年』(華元夜登子反之床)

---

1 華元(화원): 송나라 대부
2 子反(자반): 초나라 군대의 최고사령관. 초나라 공자 '측(側)'
3 以病告(이병고): 형세가 위급함을 스스로 인정하고 저자세를 취하다.
4 城下之盟(성하지맹): 고대의 제후들은 대부분 벌판에서 회맹했다. 적군이 성 밑까지
  쳐들어와서 맹약을 하는 일은 크나큰 치욕으로 간주되었다.
5 斃(폐): 망하다. / 有以國斃(유이국폐): 차라리 나라가 멸망할지언정

▶ 초나라 군대가 송나라 도성을 9개월째 포위하고 있었다. 송문공(宋文公)은 대부 화원(華元)을 시켜 야밤에 은밀히 초나라 진지에 잠입하게 했다(성을 포위한 지 9개월 이나 되어 진지의 경계는 소홀했다). 화원은 곧장 초나라 군대의 최고사령관 자반(子反)의 막사로 들어가 자반이 잠자고 있는 침대 위로 올라가 그를 깨우고는 말했다.

"우리 군주께서 나를 보내어 이 말을 전하라 하셨다. 지금 성내는 자식을 서로 바꾸어 배를 채우고, 죽은 사람의 해골을 쪼개어 땔감으로 쓰는 참담한 지경에 이르렀다. 그러나 '성하지맹(城下之盟)'만은 받아들일 수 없다. 어차피 굴욕을 당해야 하는 상황이라면 차라리 나라를 버릴지언정 투항하지는 않겠다. 만약 초나라 군대가 뒤로 30리만 철수해서 그곳에서 평화조약을 맺게 해준다면 우리는 초나라의 조건을 모두 따르겠다."

그 짧은 순간 자반은 화원에 의해 살해당할지 모른다는 두려움이 생겼다(만일 그의 요구를 들어주지 않으면 화원은 죽음을 면하기 어렵다는 것을 깨닫고 분명 자반을 먼저 죽일 것이었다). 결국 자반은 화원과 비밀 약정을 맺고, 그런 뒤에 초장왕(楚莊王)을 설득하여 군대를 30리 뒤로 철수했다. 송나라는 초나라에게 신하로 자청하며 굴복했고, 두 나라의 강화 조약에는 이렇게 기록했다.

"초나라는 송나라를 속이지 않을 것이며, 조약을 배신하고 송나라를 재공격하지 않을 것이니 송나라는 초나라를 방비하지 말라."

사실, 9개월 동안 성을 포위하고 있던 초나라 병사들은 이미 많이 지쳐 있었고, 초장왕은 군대를 철수하려는 마음이 있었다. 그때 초나라 대부 신숙시(申叔時)가 다음과 같은 계책을 올렸다.

"우리가 거짓으로 집을 짓는 척하고 병사들을 시켜 밭을 경작하게 하여 장기적인 포위를 준비하고 있는 모습을 보여준다면 송나라는 반드시 두려워하며 강화를 요청해올 것입니다."

그렇게 하자 과연 송문공은 매우 놀라며 두려워했고, 이에 화원을 보내 위의 임무를 수행하게 했다.

『사기』에서는 이 장면을 약간 다르게 기술하고 있다. 그에 따르면, 자반의 소개로 화원이 직접 초장왕을 알현했다. 초장왕이 화원에게 성안의 상황을 물었고, 자식을 서로 바꾸어 잡아먹고 해골을 쪼개 땔감으로 쓰는 참상을 사실대로 전했다. 그러자 초장왕이 말했다.

"참으로 정직하게 말해주었구나. 솔직히 말해 우리 군대도 이틀 치 식량밖에 남지 않았다."

그리하여 병사를 30리 밖으로 물리고 강화를 맺었다.

역사를 사로잡은 명장면

『사기』의 기록에 따르면, 이 이야기의 핵심은 '솔직하다'는 한 단어로 요약할 수 있다. 솔직함에 근거하여 평화 조약을 맺고, 조약 내용에도 '서로 속고 속이지 말자'는 것을 명기한 것이다.

'솔직함'과 '군대 철수'에 관련된 또 다른 일화가 있다.

진문공(중이)이 국외에서 망명하던 시기에 초나라를 통과한 일이 있었다. 초성왕 (楚成王)이 그를 예우하면서 물었다.

"그대는 장래에 나에게 어떻게 보답할 것인가?"

중이가 대답했다.

"만일 어쩔 수 없이 대왕과 싸워야 하는 상황이 생기면 저는 90리 밖으로 물러나 은 혜에 보답하겠습니다."

훗날 진나라와 초나라의 군대가 전투를 벌였는데, 진문공이 이전의 약조대로 90리 밖으로 물러났다. 이 행동은 초나라 군대의 사기가 떨어지게 했고, 병졸들은 싸우려

하지 않았다. 총사령관 자옥(子玉)만이 끝까지 남아 싸울 것을 주장했으나, 결국 초나라 군대는 대패하고 말았다. 진문공은 이 한 차례의 전투로 패왕(霸王)이 되었다.

고전의 지혜

오늘날에는 '서로 속고 속이는' 일이 이미 일상적인 일이 되어버렸지만, 과거에는 무엇보다 솔직함을 중시했으므로 속이거나 의심하지 않을 수 있었다. 오늘날에는 문서로 밝혀놓은 명백한 증거가 있는 계약도 무효화되기도 한다. 구두 계약은 더더욱 쳐주지도 않는다. 자반이 일단 위험에서 벗어나면 그 즉시 화원의 목숨은 보존하기 어려운 시대이다.

아버지로서 자식에게 두 마음을
가르친다면 어찌 군주를 섬길 수 있겠는가

재난이 닥쳐도 절개를 저버리지 않는다는 주장

034

晉惠公卒. 懷公命無從亡人¹. 期期²而不至. 無赦.
진 혜 공 졸. 회 공 명 무 종 망 인¹. 기 기² 이 부 지. 무 사.

狐突³之子毛及偃. 從重耳在秦. 弗召. 冬. 懷公執⁴狐突.
호 돌³ 지 자 모 급 언. 종 중 이 재 진. 불 소. 동. 회 공 집⁴ 호 돌.

曰: "子來則免." 對曰: "子之能仕⁵. 父敎之忠. 古之制也.
왈: "자 래 즉 면." 대 왈: "자 지 능 사⁵. 부 교 지 충. 고 지 제 야.

策名委質⁶. 貳⁷乃辟⁸也. 今臣之子. 名在重耳有年數矣.
책 명 위 질⁶. 이⁷ 내 벽⁸ 야. 금 신 지 자. 명 재 중 이 유 년 수 의.

若又召之. 敎之貳也. 父敎子貳. 何以事君? 刑之不濫.
약 우 소 지. 교 지 이 야. 부 교 자 이. 하 이 사 군? 형 지 불 람.

君之明也. 臣之願也. 淫刑以逞⁹. 誰則無罪? 臣聞命¹⁰矣!"
군 지 명 야. 신 지 원 야. 음 형 이 령⁹. 수 즉 무 죄? 신 문 명¹⁰ 의!"

乃殺之.
내 살 지.

— 『左傳·僖公二十三年』(趙盾弑其君夷皐)

---

1 亡人(망인): 국외로 망명한 사람. 공자 중이를 가리킨다.

2 期期(기기): 기한을 설정하다. 첫 번째 '期'는 동사로 '약속하여 정하다'를 뜻한다.

3 狐突(호돌): 진(晉)나라 대부. 그의 아들은 호모(狐毛), 호언(狐偃)이다.

4 執(집): 체포하다.

5 仕(사): 벼슬을 하다.

6 策名(책명): 신하의 이름을 군주의 간책(簡策)에 기록하다. / 委質(위질): '委身(몸을 맡기다)'과 같다. 자신의 몸을 군왕에게 바치다.

7 貳(이): 두 마음을 품다.

8 辟(벽): 죄를 짓다. 가령, '大辟(대벽)'은 사형을 가리킨다.

9 淫(음): 과도하다. / 逞(영): 무절제하다.

10 聞命(문명): 명령을 받들다.

▶ 진혜공이 세상을 떠난 뒤, 왕위를 계승한 회공(懷公)은 국외에서 망명하고 있는 공자 중이를 추종하는 것을 금지하는 명령을 내렸다(중이는 진회공의 둘째 백부였고, 훗날 진문공이 되는 인물이다). 1년을 기한으로 정하고, 그 기간 안에 돌아오지 않으면 용서하지 않겠다는 것이었다.

진나라 대부 호돌(狐突)의 두 아들 모(毛)와 언(偃)은 바로 그때 진나라에서 중이를 추종하고 있었는데, 호돌은 두 아들을 불러들이지 않았다. 그해 겨울, 회공은 호돌을 체포하고는 그에게 말했다.

"그대의 두 아들이 돌아온다면 내 그대를 죽이지 않겠다."

하지만 호돌이 말했다.

"아들이 장성하여 벼슬할 수 있게 되면 아버지는 그에게 충군의 도리를 가리키는 것이 옛날의 관습입니다. 일단 자신의 이름을 신하의 명부에 올린 뒤라면 그 주군을 위해 충성을 다 해야 하고, 두 마음을 품는다면 죄를 물어야 합니다. 저의 아들은 공자 중이의 신하로 이름을 올린 지 이미 여러 해가 되었습니다(전하께서 왕위를 계승하기도 이전의 일이지요). 만약 지금 자식들을 불러들인다면 그들에게 두 마음을 품을 것을 가르치는 것과 진배없습니다. 아버지로서 자식에게 두 마음을 품으라고 가르친다면 아버지 자신은 어찌 임금을 섬길 수 있겠습니까? 형벌을 남용하지 않는 것은 군주의 영명함이요, 신하의 바람입니다. 지나친 형벌을 함부로 시행하여 엄포를 놓는다면 누구인들 그 죄를 피할 수 있겠습니까? 신은 명령을 받들도록 하겠습니다."

이에 진회공은 그 자리에서 호돌을 죽였다.

당시 공자 중이는 대단히 명망이 높았다. 진나라의 현인들 가운데 그를 추종하며 함께 유랑하는 이들이 많았으며, 국내의 백성들도 그가 귀국하여 집권하기만을 바랐다. 게다가 국외의 진목공도 그가 왕권

을 잡을 수 있도록 적극적으로 지지하고 있었다. 다만 진혜공이 먼저 나서서 민첩하게 손을 쓰는 바람에 진혜공이 중이보다 먼저 왕위에 올랐던 것뿐이었다.

이런 상황에서 진회공은 자신의 백부인 공자 중이 때문에 왕의 지위가 바늘방석과도 같았다. 언제고 백부가 돌아오면 왕위를 빼앗길지 모른다는 위기감에 불안한 나날을 보낼 수밖에 없었던 것이다.

호돌은 전혀 '어리석은' 사람이 아니었다. 그는 진회공이 이토록 시기심 많은 성격이므로 아들을 불러들인다 하더라도 평안함을 오랫동안 유지할 수 없을 것이라는 사실을 분명하게 알고 있었다. 지나친 형벌을 함부로 시행하고 있으니 그 누가 죄를 짓지 않겠는가. 게다가 호돌은 중이의 앞날을 긍정적으로 예상했다. 그래서 두 아들을 부르지 않았던 것이다. 죽음의 위협에 직면했을 때 '인간의 큰 도리'에 대한 일장 연설을 했던 것은 일종의 간언이자 풍자였다.

역사를 사로잡은 명장면

만약 진회공이 도량이 넓은 군주였다면 호돌은 두 아들을 불러들였을 것이다. 역사적으로 영명한 군주는 항상 적대적 입장이었던 신하를 임용할 수 있었다. 당태종(唐太宗)이 위징(魏徵)과 서세적(徐世勣)을 중용했던 일을 예로 들 수 있다.

서세적은 본래 이밀(李密)의 수하였다. 이밀이 당(唐)나라에 항복한 이후에도 서세적은 다시 한 차례 병사를 모아 끝까지 투항하지 않음으로써 이밀이 피살되지 않도록 보호했다. 훗날 당나라로 귀순한 서세적은 이연(李淵), 이세민(李世民) 부자를 위해 전쟁터에서 큰 공을 세웠고, 이 씨 성을 하사받았다. 따라서 역사서는 그를 이세적(李世勣)으로 기록한다. 훗날 황제 이세민을 피휘하여 이적(李勣)으로 개칭했다.

이세적이 급성 전염병에 걸린 일이 있었다. 의사가 탕약에 '수염 재'를 써야 한다는 처방을 내리자 당태종은 직접 자신의 수염을 잘라서 그것을 태워 재를 만든 뒤에 약으로 쓰도록 이세적에게 전해 주었다. 이세적은 황제의 행동에 감동하여 머리를 땅에 찧어 피가 흐를 때까지 절하며 감사를 표했다. 그러자 당태종이 말했다.

"내가 이리 하는 것은 나라를 위해 인재를 아끼는 것이다. 그대 개인을 위해서 하는 일이 아니다."

그리고 또 말했다.

"그대는 예전에 이밀을 끝까지 저버리지 않았었지. 이제 어찌 나를 저버릴 수 있겠는가?"

이밀의 수하 가운데 또 다른 맹장 단웅신(單雄信)의 말로는 이와 대비된다. 자신의 주군인 이밀이 왕세충(王世充)에게 패배한 뒤 이연에게 투항하여 몸을 의탁했건만, 단웅신은 오히려 왕세충에게 투항했다. 이세민이 낙양(洛陽)을 함락시켜 결국 왕세충이 멸망하자, 이세민은 단웅신을 죽이라는 명령을 내린다. 이밀의 수하일 때 단웅신과 막역한 사이였던 이세적이 나서 용서를 구하며 사정했다. 이세적은 단웅신이 힘이 좋고 무예가 뛰어난 인재라며 설득했다. 또한, 그는 자신의 모든 재산을 헌납하고 관작을 내놓을 테니 단웅신의 목숨을 살려달라고 애원했다. 그러나 이세민은 허락하지 않았다.

고전의 지혜

'죽일 것인지 살릴 것인지'의 문제에 있어서 이세민이 가지고 있던 기준은 바로 '두 마음이 있느냐 없느냐'는 것이었다. 이밀을 향한 이세적의 충심과 단웅신의 불충은 삶과 죽음을 결정짓는 관건이었다. 이 사례는 본 명구 '아버지가 자식에게 두 마음을 가르치면서 어찌 군주를 섬길 수 있겠는가'를 뒷받침하는 좋은 증거라고 할 수 있다. 두 마음을 품은 사람은 설령 목숨을 살려준다고 하더라도 훗날 충성을 다하지 않을 것이다.

사람이라면 누구인들 잘못이 없겠는가. 잘못을 하더라도 고칠 수 있다면 이보다 훌륭한 것은 없다

잘못을 알고도 고치지 않아서 결국 시해된 사례

035

晉靈公不君¹, 厚斂²以彫牆, 從臺上彈人, 而觀其辟丸³也.

진 영 공 불 군¹, 후 렴²이 조 장, 종 대 상 탄 인, 이 관 기 벽 환³야.

宰夫胹⁴熊蹯不熟, 殺之, 寘⁵諸畚, 使婦人載以過朝,

재 부 이⁴웅 번 불 숙, 살 지, 치⁵저 분, 사 부 인 재 이 과 조,

趙盾, 士季見其手, 問其故, 而患之, 將諫,

조 순, 사 계 견 기 수, 문 기 고, 이 환 지, 장 간,

士季曰: "諫而不入, 則莫之繼也, 會請先, 不入,

사 계 왈: "간 이 불 입, 즉 막 지 계 야, 회 청 선, 불 입,

則子繼之." 三進及溜⁶, 而後視之, 曰: "吾知所過矣,

즉 자 계 지." 삼 진 급 류⁶, 이 후 시 지, 왈: "오 지 소 과 의,

將改之." 稽首而對曰: "人誰無過, 過而能改, 善莫大焉."

장 개 지." 계 수 이 대 왈: "인 수 무 과, 과 이 능 개, 선 막 대 언."

—『左傳·宣公二年』(趙盾弑其君夷皋)

---

1 不君(불군): 군왕의 도리를 잃다.

2 厚斂(후렴): 세금을 과도하게 징수하다. 백성을 착취하다.

3 辟丸(벽환): 탄환을 피하다.

4 胹(이): 삶다. / 熊蹯(웅번) 곰 발바닥

5 寘(치): 두다. 채우다.

6 溜(류): 처마 끝 / 三進及溜(삼진급류): '三進'은 세 번 나아가면서 세 번 엎드리는 예를 일컫는 것으로 최상의 공경을 나타낸다. '三進及溜'는 대문을 들어서서 엎드려 절했는데 진영공이 알아차리지 못하자 일어나 다시 나아가 절하고, 또다시 일어나 처마 밑까지 당도하여 다시 엎드려 절했음을 나타낸다.

▶ 진영공(晉靈公)은 거칠고 음란한 행동을 일삼으며 군왕의 도리를 다하지 않았다. 백성의 재산을 수탈하여 궁전을 장식했고, 높은 누대 위에 올라 사람들에게 활을 쏴 맞추며 그들이 화살을 피하는 모습에 즐거워했다.

한번은 요리사가 충분히 익히지 않은 곰 발바닥 요리를 올린 일이 있었다(곰 발바닥 은 푹 삶는 것이 어려운데, 푹 삶지 않으면 독이 있다). 진영공은 그 요리사를 죽여 시체를 대나무 통에 집어넣고 그의 아내로 하여금 이 통을 짊어지고 조정을 지나가게 했다. 조순(趙盾)과 사회(士會)는 통 밖으로 나온 요리사의 손을 보고는 여인에게 자초지 종을 물어보았고, 군왕의 무도함을 근심했다.

두 사람이 장차 간언을 올리려던 차에 사회가 조순에게 말했다.

"어르신께서는 상경(上卿)이시니 만약 간언을 했는데 받아들여지지 않으면 다른 사 람들이 계속해서 간언을 올릴 수 없습니다. 일단 제가 먼저 가서 말씀을 드리고, 만약 전하께서 듣지 않으시면 그때 어르신께서 다시 가서 간언을 하시는 게 좋겠습니다."

사회는 세 번 나아가 세 번 절을 올리며 입궐했다. 진영공은 사회가 들어온 것을 알 아차리지 못한 척 딴청을 피우다가 그가 처마 밑까지 다가와 엎드리자 그제야 그를 똑바로 쳐다보며 말했다.

"과인의 잘못을 알고 있소. 이후에 고치면 되지 않겠소?"

사회가 머리를 조아리며 말했다.

"사람이라면 어느 누구인들 잘못을 범하지 않겠습니까? 잘못을 한 뒤 그것을 고칠 수 있다면 그것이 바로 가장 큰 선행입니다."

사회가 부드럽게 간언을 올리자 진영공은 잘못을 고치겠다고 말했 다. 그러나 그 뒤에도 그는 여전히 잘못된 행동을 바로잡지 않았다. 그러자 이번에는 조순이 비교적 강경한 태도로 간언을 올렸다. 하지

만 이에 화가 난 진영공은 은밀히 자객을 보내 조순을 살해하려 했다. 자객은 습격하기 가장 좋은 시간인 날이 막 밝으려는 새벽 무렵에 조순의 관저로 향했다. 도착해보니 조순의 집 대문은 이미 활짝 열려 있었고, 조순은 조복을 잘 차려 입고 앉은 채로 쪽잠을 자며 입조할 시간을 기다리고 있었다. 조순이라는 사람이 맡은 바 자신의 직분을 다하는 좋은 관리라는 것을 알게 된 자객은 차마 그를 암살할 수 없었다. 그렇다고 사실대로 왕에게 보고할 수도 없었다. 결국, 자객은 나무에 머리를 박고 스스로 목숨을 끊었다.

암살이 실패하자 진영공은 또다시 연회를 열고 그 자리에 사병을 매복하여 조순을 살해하려 했다. 매복한 사병들 사이에는 몸 길이가 네 척이나 되는 맹견 한 마리도 포함되어 있었다. 술이 석 잔 정도 돌았을 때, 영공의 수레꾼이던 제미명(提彌明)이 갑자기 앞으로 나오더니 조순을 끌고 밖으로 나갔다. 맹견이 그들의 뒤를 쫓아 뛰쳐나왔고, 제미명이 나서서 맹견과 격렬하게 싸웠다. 하지만 결국 제미명은 사병의 손에 죽고 말았다. 그러자 또 다른 이름 모를 사병이 갑자기 무기를 반대로 향하여 다른 사병을 막아내기 시작했다. 그렇게 조순을 엄호하여 포위에서 벗어났다.

조순이 자신을 도와준 의로운 병사의 이름을 묻자, 그가 대답했다. "제가 바로 예전에 뽕나무 아래에서 굶주리고 있던 사람입니다."

예전에 조순은 뽕나무 아래에서 사흘을 굶은 사람을 만난 일이 있었다. 그에게 먹을 것을 주자, 그는 음식을 싸가지고 가서 노모에게 드리겠다고 말했다. 조순은 그에게 음식을 배불리 먹도록 해주고, 그의 보따리에 음식을 가득 싸서 집으로 가지고 돌아가게 했다. 그때의 우연한 선행이 지금 그의 목숨을 구했던 것이다.

조순이 도망치자, 그 가문의 조천(趙穿)이 군사 반란을 일으켜 진 영공을 살해했다. 국경을 벗어나지 않았던 조순은 소식을 듣고 조정으로 돌아와 정권을 잡았다. 진(晉)나라의 사관 동호(董狐)는 이 일을 두고, '조순이 군주를 시해했다'라고 기록했다. 그러나 조순은 주장했다.

"군주를 시해한 것은 조천이다. 내가 아니다."

그러자 동호가 말했다.

"공께서는 진나라의 권력자이셨습니다. 도망쳤으나 국경을 벗어나지는 않았고, 그래서 지금도 여전히 권력자이십니다. 조정으로 돌아온 뒤에는 군주를 시해한 역적을 성토하지 않으셨지요. 공께서 군주를 시해하도록 방임한 것이 아니라고 어찌 말할 수 있겠습니까?"

이것이 바로 남송시대 문천상(文天祥)의 시 「정기가(正氣歌)」 중 "진나라에는 동호의 붓이 있었다(在晉董狐筆)" 구절의 배경이다.

역사를 사로잡은 명장면

공자(孔子)는 안연(顏淵)을 칭찬하며 "不遷怒, 不貳過(남에게 화풀이 하지 않고, 같은 잘못을 되풀이하지 않는다)"라고 했다. 여기에서 '不貳過'는 같은 잘못을 범하지 않음을 가리키는 것으로, 자신의 잘못을 인지하고 스스로 고칠 줄 안다는 것을 의미한다. 공자 제자들 가운데에서도 오직 안연만이 해낼 수 있는 일이었으니, '不貳過'는 매우 어려운 일임이 분명하다. 진영공은 잘못을 알면서도 고치지 못했고, 심지어 잘못을 지적하자 분노하여 조순을 살해하려고 했다. 결과적으로는 스스로 멸망을 초래하는 일이었다.

오늘날 중국에서 자주 사용하는 말 중에 이런 말이 있다. "人非聖賢, 孰能無過. 過而
能改, 善莫大焉(성인이나 현인이 아니라면 누구인들 잘못을 하지 않겠는가. 잘못을 하고
도 능히 고칠 수 있다면 이보다 큰 선행은 없다)." 이 말의 배경이 되는 일화가 바로 『좌전』
의 이 이야기다.

함께하는 무리가 있으면 반드시 원수도 있다

널리 좋은 인연을 맺는 계책

036

晉郤芮¹使夷吾²重賂秦以求入³ ······ 從之.
진극예¹사이오²중뢰진이구입³ ······ 종지.

齊隰朋⁴帥師會秦師. 納晉惠公.
제습봉⁴솔사회진사. 납진혜공.

秦伯⁵謂郤芮曰: "公子誰恃⁶?"
진백⁵위극예왈: "공자수시⁶?"

對曰: "臣聞亡人⁷無黨⁸, 有黨必有讎.
대왈: "신문망인⁷무당⁸, 유당필유수.

夷吾弱⁹不好弄¹⁰, 能鬥不過¹¹,
이오약⁹불호농¹⁰, 능투불과¹¹,

長亦不改. 不識其他."
장역불개. 불식기타."

—『左傳·僖公九年』(秦伯納夷吾)

1 郤芮(극예): 인명. 진(晉)나라 대부
2 夷吾(이오): 진헌공의 셋째 아들. 당시
  국외에서 망명 중이었다.
3 入(입): 진나라에 들어가 군왕의
  자리를 계승하다.
4 隰朋(습봉): 인명. 제나라 대부
5 秦伯(진백): 진목공

6 恃(시): 두텁게 신임하다. 중용하다.
7 亡人(망인): 망명자
8 無黨(무당): 무리를 지을 수 없다.
9 弱(약): 어린 시절
10 弄(농): 놀다. 장난치다.
11 過(과): 과도하다.

▶ 진(晉)나라 대부 극예(郤芮)가 공자 이오로 하여금 진목공에게 뇌물을 바쳐 진(秦)나라의 지지를 얻어내게 했다. 그로써 진나라로 돌아가 왕위를 계승하려는 의도였다. 이오는 그의 말대로 실행했다. 제나라도 습붕(隰朋)을 파견하여 군대를 이끌고 와서 진(秦)나라 군대와 합류했고, 이오를 옹립하여 진혜공으로 만들어주었다.

그런 다음 진목공이 극예에게 물었다.

"공자 이오는 장차 어떤 사람을 중용할 것인가?"

극예가 답했다.

"신이 듣건대, 국외에서 망명하는 사람은 무리를 지을 수 없다고 합니다. 더구나 붕당이 있으면 반드시 원수도 있다고 했습니다. 이오는 어린 시절 장난치며 노는 것을 좋아하지 않았고, 무예를 익힘에도 절제가 있었습니다. 장성한 뒤에도 이러한 성격을 유지하셨지요. 그 밖의 것들에 대해서는 저도 잘 알지 못합니다."

진헌공이 태자 신생을 살해하고 중이와 이오를 내쫓은 이야기는 21번째 명구 '한 나라에 임금이 셋이나 있으니, 나는 누구를 따라야 하는가' 편에서 이미 다루었으니 참고하기 바란다.

헌공이 세상을 떠난 뒤, 진(晉)나라는 내란에 빠졌다. 본국으로 돌아가 왕위를 계승하고자 했던 중이와 이오에게 있어서 이웃의 강대국이었던 진(秦)나라는 외부 원조를 위해 쟁취해야 할 대상이었다. 진목공은 본래 중이를 지지하려고 했다. 중이가 현명하다는 명성이 자자했기 때문이다. 그러나 위와 같은 극예의 행동으로 이오는 발 빠르게 움직여 먼저 목성을 달성할 수 있었다.

사실, 진(晉)나라 내부는 일찌감치 여러 파로 나뉘어 있었고 각각이 지지하는 대상이 있었다. 극예는 바로 이오의 일당이었다. 그러나 진목공의 질문을 대면하자 극예는 마치 중립적인 입장인 척하며 '이오는 어울리는 무리가 없고, 또 원수도 없어서' 왕위 계승의 저항이 작다는 장점만을 말했다.

이러한 장점은 진목공의 이익에도 부합했다. 이오에게 집단을 이끌어 나갈 능력이 부족하다는 것은 장차 약한 군주가 될 것임을 의미했다. 그를 왕으로 세우면 이후 진(晉)나라에 대한 진(秦)나라의 영향력이 비교적 클 것이었다. 그러므로 진목공은 이오가 본국으로 돌아가 왕위를 계승할 수 있도록 지지했던 것이다.

역사를 사로잡은 명장면

지도자란 지위를 얻기 전에는 적극적으로 자기 집단을 만들어 좋은 인재들이 모두 자신의 일당이 되기를 희망한다. 당 고조 이연의 세 아들 이건성(李建成), 이세민, 이원길(李元吉)은 각자 도당을 만들었고, 이후 현무문(玄武門) 군사 정변으로 발전했다. 이 사건은 "무리가 있으면 반드시 원수도 있다"는 말의 가장 좋은 증거이다.

그러나 지위를 얻은 뒤 이전까지 적이었던 도당을 포용하는 것은 사실 매우 드물고도 귀한 인재만이 할 수 있는 일이다. 당태종 이세민이 바로 그러한 사람이라고 할 수 있는데, 가장 두드러지는 사례는 본래 이건성의 일당이었던 위징을 포용한 것이다.

높디높은 윗자리에서 자신을 '과인'이라 칭하는 황제는 지위를 차지한 뒤 온 천하를 통치하게 되면 사사로운 무리가 더는 필요하지 않다. 오히려 가장 꺼리는 것이 신하들의 붕당이다. 붕당을 지어 서로 다투는 것은 군주에게 가장 큰 골칫거리인 것이다.

당대의 '우이당쟁(牛李黨爭)'은 우당(牛黨)과 이당(李黨) 두 당파가 수십 년 동안 서로를 공격하고 힐난했던 사건이다. 피차가 내부적으로 소모전한 결과 번진(藩鎭)의 세력이 확대되었고, 환관이 득세했으며, 외환이 빈번하게 발생했다. 결국, 제국은 무너지고 말았다. 그 지난한 당쟁 기간 동안 양측은 모두 자기편을 '군자'라고 칭하고 상대편을 '소인'이라고 칭했다. 더없이 훌륭한 인재, 더없이 좋은 정책이라도 단지 '다른 당'이라는 이유만으로 온 힘을 다해 배척했고, 정부는 그런 상황에서 한 걸음도 발전하지 못하고 아무런 일도 하지 못한 채 제자리걸음 할 수밖에 없었다.

더욱 두드러지는 사례는 북송(北宋) 왕안석(王安石)의 변법을 둘러싼 사건이다. 당시 정치는 이미 상당히 부패했고, 왕안석은 시대적 폐단을 정면으로 찌를 일련의 개혁 법안을 제기하여 추진하고자 했다. 그러나 '구당(舊黨)'의 배척으로 인해 그의 개혁안은 하나하나 실패를 거두었다. 사실 구당에는 사마광(司馬光), 구양수(歐陽脩), 범순인(范純仁), 부필(富弼), 소식(蘇軾) 등 이름난 신하가 적지 않았다. 그러나 그들은 단지 '붕당의 사사로움'을 위해서 정부의 내적 소모를 조장했고, 북송은 이로 인해 누적된 악습을 고칠 수 없었다. 그렇게 중흥의 좋은 기회를 상실하고 말았다.

근대 역사에도 유사한 사례가 있다. 청대(清代) 광서(光緒) 연간의 '백일유신(百日維新)'에서 제기되었던 변법 정책 또한 '노모당(老母黨)'이 '소자당(小子黨)'을 압도하여 실패로 돌아갔고, 청 왕조는 결국 멸망했다. 그 후 중국은 또다시 백년이 넘는 고난의 세월을 보내게 되었다.

고전의 지혜

현대의 민주주의 사회가 민주적인 풍토를 강조하고 있지만, 여전히 무리 지어 작당하고 사리사욕을 꾀하는 이들이 적지 않다. 이는 인간 본성의 어두운 일면이라 할 수 있다. 실제로 '무리가 있으면 반드시 원수도 있다'는 현상은 피하기 어렵다. 개는 똥을 먹는 버릇을 고치기 어렵고, 또한 '똥'을 두고 싸우는 일을 피할 수 없는 것이다.

가죽이 온전하지 못한데
털이 어디에 붙어 자라겠는가

배은망덕의 궤변

037

秦饑, 使乞糴[1]於晉, 晉人弗與. 慶鄭[2]曰:"背施[3]無親,
진 기, 사 걸 적[1]어 진, 진 인 불 여, 경 정 왈 : "배 시[3]무 친,

幸災[4]不仁, 貪愛不祥, 怒鄰[5]不義. 四德皆失, 何以守國?"
행 재[4]불 인, 탐 애 불 상, 노 린[5]불 의, 사 덕 개 실, 하 이 수 국?"

虢射曰:"皮之不存, 毛將安傅[6]?" 慶鄭曰:"棄信背鄰,
괵 사 왈 : "피 지 부 존, 모 장 안 부[6]?" 경 정 왈 : "기 신 배 린,

患孰恤之? 無信患作[7], 失援必斃, 是則然矣."
환 숙 휼 지? 무 신 환 작[7], 실 원 필 폐, 시 즉 연 의."

虢射曰:"無損於怨, 而厚於寇[8], 不如勿與."
괵 사 왈 : "무 손 어 원, 이 후 어 구[8], 불 여 물 여."

慶鄭曰:"背施幸災, 民所棄也. 近[9]猶讎也, 況怨敵乎?"
경 정 왈 : "배 시 행 재, 민 소 기 야, 근[9]유 수 야, 황 원 적 호?"

弗聽. 退曰:"君其悔是哉."
불 청, 퇴 왈 : "군 기 회 시 재."

—『左傳·僖公十四年』(慶鄭虢射議[10]閉[11]秦糴)

---

1 糴(적): 곡식을 창고에 들이다. 창고에서
　　내어가는 것은 '糶(조)'라고 한다.
2 慶鄭(경정), 虢射(괵사): 진(晉)나라 대부
3 背施(배시): (타인이 베풀어준) 은혜를 배신하다.
4 幸災(행재): 남의 불행을 보고 기뻐하다.
5 怒鄰(노린): 이웃 국가를 분노하게 하다.
6 傅(부): 붙다. 부착하다.

7 作(작): 아마도 '伐(벌)' 자를 잘못 쓴 것 같다.
8 寇(구): 적을 경멸하여 부르는 칭호. 여기에서는
　　진(秦)나라를 가리킨다.
9 近(근): 친근하다. 우호적이다.
10 議(의): 변론하다.
11 閉(폐): 닫다. 주지 않다.

▶ 진(秦)나라에 흉년이 들어 백성이 굶주리자 진(晉)나라로 사신을 보내 식량 지원을 요청했다. 그러나 진나라는 식량을 보내주지 않았다. 이와 관련하여 진(晉)나라의 두 대부가 조정에서 논의를 전개했다.

경정(慶鄭)이 말했다.

"은혜를 저버리면 친한 이를 잃습니다. 남의 불행을 기뻐하는 것은 어질지 못한 것입니다. 물질을 욕심내고 아까워하는 것은 상서롭지 못합니다. 이웃의 분노를 사는 것은 의롭지 못합니다. 이렇게 네 가지 덕 '친함[親]', '어짊[仁]', '상서로움[祥]', '의로움[義]'을 모두 잃는다면 어찌 나라를 지키겠습니까?"

그러자 곽사가(虢射) 말했다.

"주군(진혜공. 晉惠公)께서는 일전에 다섯 개 성을 진(秦)나라에 할양하겠다고 약조했지만, 이후에 그 계약을 깨뜨리셨습니다. 그것과 비교해보면 식량을 주지 않는 것은 그저 사소한 일일 뿐입니다. 가죽이 존재하지 않는 상황에서 털이 어디에 붙어 자라겠습니까? 이미 맺은 원한이 심각하니 작은 은혜를 베푼다고 해서 균열을 메우기는 어렵습니다."

경정이 말했다.

"신의를 저버리고 은혜를 배신한다면 이후 우리에게 재난이 발생하면 누가 와서 도와주겠습니까? 신의를 잃으면 토벌을 당할까 걱정하게 되고 원조를 잃으면 반드시 패망하게 될 것이니 이는 당연한 이치입니다."

곽사가 말했다.

"식량을 원조하는 것은 원한을 푸는 데 도움이 되지 않습니다. 이는 도리어 적군을 살찌우는 일이지요. 그들에게 식량을 주지 않는 것이 옳습니다."

경정이 말했다.

"배은망덕한 것으로 모자라 남의 불행을 보고 즐기기까지 한다면 민심을 잃을 것입니다. 이런 분위기라면 줄곧 우호적이던 국가들에게도 원망이 생겨날 것입니다. 하물며, 이미 원한을 맺은 적은 어떠하겠습니까?"

진혜공은 경정의 의견을 받아들이지 않았다. 경정은 조정에서 물러나 말했다.

"주군께서는 장차 이 일을 후회하실 것이다."

이전에 진혜공은 왕위에 오르기 위해 진목공에게 도움을 요청하면서 다섯 개 성을 할양하겠다고 약조했다. 그러나 즉위 후 애초에 했던 계약을 번복하고 지키지 않았다. 또한, 위의 일이 발생하기 1년 전에 진(晉)나라에 흉년이 들어 진(秦)나라가 식량을 원조해준 일이 있었다. 그런데 올해에 진(秦)나라에 어려움이 닥치자 진(晉)나라는 오히려 은혜를 잊고 배은망덕하게 굴었던 것이다.

그뿐만이 아니었다. 진혜공은 이 좋은 기회를 틈타 진나라를 공격했다. 크게 분노한 진목공이 말했다.

"네가 국왕이 되고자 할 때 내가 너를 도와 왕위에 올려주었고, 네가 식량이 필요할 때 내가 너에게 식량을 보내주었다. 그런데 이제 와서 네가 전쟁을 일으키고자 한다니 내가 거절할 이유가 어디 있겠는가!"

결국, 한바탕 전쟁이 벌어졌다. 전쟁 결과, 진(晉)나라는 대패했고 진혜공은 포로로 붙잡혔다. 그러나 혜공의 누이인 진목공의 아내가 상복을 입은 채로 아들과 딸을 데리고 나와서 장작더미 위에 올라가더니 혜공을 살려달라고 간청했다. 그리고 그를 살려주지 않으면 자신도 분신하겠다며 눈물로 호소했다. 결국, 마음이 누그러진 목공은 진(晉)나라의 강화 요청을 받아들이고 진혜공을 풀어주었다.

진혜공이 국내로 돌아와 가장 먼저 내린 명령은 경정을 죽이라는

것이었다. 진혜공에게는 후회하는 마음이 추호도 없었던 것이 확실
했다. 이렇게 우매한 임금을 만난 경정이야말로 후회해도 이미 늦은
일이었다.

역사를 사로잡은 명장면

중의학 경전으로 유명한 『상한론(傷寒論)』에서는 '가죽'을 사람의 신체에 비유하고
'털'을 물질적 향락에 비유하여 인간이 몸을 보양하는 데 힘쓰지 않고 명예와 이익, 부
귀영화만을 추구한다면 이는 '皮之不存, 毛將焉傅(가죽이 온전하지 못한데, 털이 어디
에 붙어 자라겠는가)'의 이치를 이해하지 못한 것이라고 했다.

경정이 겪었던 상황과 같이, 역사적으로 충언을 다했던 신하들에게 좋은 결말이 있
었던 경우는 그리 많지 않았다. 그런 이야기는 역사에서 거듭 재연되었다.

삼국시대 원소(袁紹)와 조조가 북방에서 패권을 다투던 시절, 원소 휘하의 참모 전
풍(田豐)이 원소에게 간언을 올렸다.

"조용히 시기를 기다리십시오. 함부로 대병을 일으킬 수는 없습니다. 우리에게 불리
할까 우려스럽습니다."

그러나 그의 의견은 받아들여지지 않았고, 전풍은 원소에 의해 하옥되어 판결을 기
다리는 처지가 되었다.

관도대전(官渡大戰)에서 원소가 참패하자 사병들은 가슴을 치며 통곡했다.

"전풍의 말을 들었더라면 우리가 어찌 이런 화를 당했겠는가!"

이 말을 듣고 비위가 거슬린 원소는 군대를 철수하기도 전에 우선 사람을 시켜 옥에
갇혀 있던 전풍을 죽였다.

조조에게도 유사한 일이 있었으나, 그의 태도는 달랐다. 적벽대전(赤壁大戰)에서 참
패한 뒤 조조는 가슴을 치며 통곡했다.

"만약 곽가(郭嘉)가 살아 있었더라면 분명 나를 막았을 텐데. 그랬다면 내가 이렇게
큰 패배를 당하지 않게 했을 텐데."

원소는 그릇이 작은, 진혜공과 같은 부류의 사람이었다. 이러한 지도자들에게는 그들을 따르고자 하는 인재들이 있을 리 없다. 경정과 전풍은 일평생 운수가 사나워 그런 우두머리를 만나 사경에 이르렀던 것이다. 그렇다면 조조는 어떠한가? 그를 간웅이라고 불러도 좋고, 그의 '통곡'이 연기라고 해도 좋다. 하지만 그의 태도가 인재를 자기 집단으로 끌어들이는 좋은 수단이었던 것만은 분명하다.

고전의 지혜

본 구절의 명구는 현대중국어에서 "皮之不存, 毛將焉傅"라는 말로 자주 사용되는 표현이다. 6번째 명구 "땅강아지나 개미도 업신여긴다" 장을 다시 기억해보자. 정곽군에게 있어서 제나라는 '가죽'이었고, 설 땅은 '털'이었다. 만약 제나라를 지켜내지 못해서 가죽이 존재하지 않게 된다면 털이 장차 어디에 붙어 자랄 수 있겠는가? 설의 성벽이 하늘에 닿을 듯이 높다 하더라도 아무런 소용이 없는 것이다.

죄를 주고자 한다면
어찌 구실 삼을 것이 없겠는가

운명이라 단념하고 사형 집행을 받으며 하는 탄식

038

晉侯¹殺里克²以說³. 將殺里克, 公使⁴謂之曰:
진 후 ¹ 살 이 극 ² 이 설 ³ . 장 살 이 극 , 공 사 ⁴ 위 지 왈 :

"微⁵子則不及此⁶. 雖然⁷, 子弑二君與一大夫, 爲子君者,
" 미 ⁵ 자 즉 불 급 차 ⁶ . 수 연 ⁷ , 자 시 이 군 여 일 대 부 , 위 자 군 자 ,

不亦難乎?"對曰:"不有廢⁸也, 君何以興⁹? 欲加之罪,
불 역 난 호 ? " 대 왈 : " 불 유 폐 ⁸ 야 , 군 하 이 흥 ⁹ ? 욕 가 지 죄 ,

其無辭¹⁰乎! 臣聞命¹¹矣."伏劍¹²而死.
기 무 사 ¹⁰ 호 ! 신 문 명 ¹¹ 의 . " 복 검 ¹² 이 사 .

—『左傳·僖公十年』(晉侯殺里克)

1 晉侯(진후): 진혜공

2 里克(이극): 인명. 진(晉)나라 대부

3 說(설): '脫(탈)'과 같다. 이극을 죽여서 자신이 왕위를 찬탈한 것이 아님을 보여주다.

4 公使(공사): 국왕의 사절

5 微(미): '非(비)'와 같다. 없다.

6 不及此(불급차): 오늘은 없다. 오늘날 군주의 지위는 없다.

7 雖然(수연): 비록 그렇지만

8 廢(폐): 이극이 연달아 두 명의 군주를 폐위하다.

9 興(흥): 흥기하다. 여기에서는 귀국하여 군주가 되었음을 가리킨다.

10 辭(사): 구실. 이유

11 聞命(문명): 명령을 듣다.

12 伏劍(복검): 검으로 자결하다.

158

▶ 공자 이오가 진(晉)나라로 귀국하여 진혜공이 되었다. 진혜공은 이극(里克)을 죽이라는 명을 내리고, 그로써 자신이 왕을 시해하고 왕위를 찬탈한 것이 아님을 드러내 보이고자 했다(이극이 연달아 두 명의 국왕을 폐위시켰는데, 혜공은 이극의 사형을 명령함으로써 자신이 이극과 함께 모의하지 않았다는 것을 보이려고 했던 것이다). 형을 집행하기 직전, 진혜공은 사람을 보내 이극에게 말했다.

"그대가 없었다면 과인에게 오늘은 없었을 것이다. 그러나 그대가 두 명의 국왕과 한 명의 대부를 시해했으니 그대의 군주로서 어찌 어렵지 않겠는가?(언제나 두려움 속에서 살아야 한다.)"

이극이 대답했다.

"만일 두 군주를 폐위하지 않았다면 전하께서 어찌 왕위를 얻으실 수 있었겠습니까? 어쨌든, 제게 죄를 씌우려 하시거늘 구실이야 어디서든 찾을 수 있겠지요. 신은 전하의 명을 받듭니다."

그러고는 칼을 뽑아 자결했다.

진헌공이 태자를 죽이고 두 아들을 내쫓았다(관련 내용은 21번째 명구 "한 나라에 임금이 셋이나 있으니, 나는 누구를 따라야 하는가" 참고). 헌공이 세상을 떠나자 왕위를 계승한 것은 여희(麗姬)가 낳은 아들 해제였다. 그러나 공자 중이의 일당이었던 이극이 정변을 일으켜 해제를 살해했다(관련 내용은 36번째 명구 "함께하는 무리가 있으면 반드시 원수도 있다" 참고). 이윽고 해제의 사부였던 순식이 여희 여동생의 소생인 공자 탁(卓)을 옹립하여 군왕으로 세우지만, 이극이 또다시 정변을 일으켜 탁과 순식을 모두 살해했다.

이때 공자 이오가 서둘러 귀국하여 진혜공으로 즉위했다. 왕위를 차지한 진혜공이 이극을 죽이려 한 데는 세 가지 이유가 있었다. 첫째 이극이 중이의 일당이었기 때문이고, 둘째 이극이 당시 진나라 정권을 장악하고 있었기 때문이며, 셋째 이오의 왕위 계승이 올바르지 않았다고 여기는 당시 진나라 여론 때문이었다. 그래서 혜공은 이극을 죽이라는 명령을 내려 한 번에 세 가지 문제를 모두 해결했다.

역사를 사로잡은 명장면

『맹자』에서는 주무왕이 주왕을 토벌한 일을 이렇게 해석하고 있다.

"평범한 사내 주(紂)라는 사람을 죽였다는 이야기는 들어보았어도 군주를 시해했다는 말은 듣지 못했다(聞誅一夫紂矣, 未聞弑君也)."

주왕의 죽음을 '군주가 시해된 사건'이 아니라 '백성을 학대하던 일개 사내가 살해당한 것'으로 평가했던 것이다.

사실, '시해[弑]'라는 죄명은 전적으로 성공과 실패에 따라 달라지는 것이다. 만약 공자 중이가 먼저 귀국하여 진나라 왕위에 올랐다면 이극은 위에서 이야기한 죄를 덮어쓰지 않았을 것이다. '찬탈[篡]'이라는 죄명 또한 마찬가지다. 왕망(王莽)은 실패했으므로 '찬탈'의 죄를 뒤집어썼고, 조광윤(趙匡胤)은 성공했으므로 '천명에 순종하고 인심에 부응했다(順天應人)'는 평가를 받았다.

고전의 지혜

남송 진회(秦檜)가 악비(岳飛)를 모함하여 죽이는 과정에서 한세충(韓世忠)이 진회에게 따져 물었다.

"악비가 모반을 했다는 것에 증거가 있는가?"

그러자 진회는 이렇게 대답했다.

"증거는 필요 없다."

예전에는 사람을 죽이려면 그나마 '명분'이라도 있어야 했으나, 이후에는 점차 구실을 만들어내는 일마저도 생략되었다. 사실, 동서고금을 막론하고 거의 대부분의 정치적 사건에 있어서 증거는 필요하지 않았다.

아침에 저녁일이 어찌 될지 알지 못하는데 어찌 주군을 기다릴 수 있겠는가

상황이 긴박할 때 큰 결심을 내려야 한다는 간언

039

齊人伐鄭, 孔叔[1]言於鄭伯[2]曰: "諺有之曰,
제 인 벌 정, 공 숙[1]언 어 정 백[2]왈: "언 유 지 왈,

心則不競[3], 何憚於病[4]? 旣不能彊, 又不能弱,
심 즉 불 경[3], 하 탄 어 병[4]? 기 불 능 강, 우 불 능 약,

所以斃[5]也. 國危矣, 請下[6]齊以救國."
소 이 폐[5]야. 국 위 의, 청 하[6]제 이 구 국."

公曰: "吾知其所由來[7]矣. 姑少待我."
공 왈: "오 지 기 소 유 래[7]의. 고 소 대 아."

對曰: "朝不及夕, 何以待君?"
대 왈: "조 불 급 석, 하 이 대 군?"

夏, 鄭殺申侯[8]以說[9]於齊.
하, 정 살 신 후[8]이 열[9]어 제.

—『左傳·僖公七年』(楚文王知申侯不免)

1 孔叔(공숙): 인명. 정나라 대부
2 鄭伯(정백): 정문공(鄭文公)
3 競(경): 강하다. / 不競(불경): 위세(강함)를 부리지 못하다.
4 病(병): 약하다. 여기에서는 '약한 모습을 보이다'로 해석된다.
5 斃(폐): 국가에 사용되어 '멸망하다'를 의미한다.
6 下(하): 화친을 요청하다. 항복을 받아줄 것을 간청하다.
7 由來(유래): 오게 된 까닭, 이유
8 申侯(신후): 인명. 신(申)나라 국왕이 딸을 초나라 왕에게 시집보내 낳은 아들. 처음에는 초문왕(楚文王)의 총애를 받았고, 나중에는 정려공(鄭厲公)의 총애를 받았다.
9 說(열): 기쁘다. '悅'과 같다.

▶ 제나라가 병사를 일으켜 정나라를 공격하자 정나라 대부 공숙(孔叔)이 정문공에게 말했다.

"속담에 이런 말이 있습니다. '위세를 부려 강하게 대적하지 못할 것이라면 어찌 약하게 보이는 것을 꺼리는가?' 강하게 대처하지도 못하고 약하게 보이지도 않는다면 나라는 결국 망하게 될 것입니다. 제나라에 강화를 요청하여 나라를 살리시기를 간절히 바라옵니다."

그러자 정문공이 말했다.

"과인은 제나라 대군이 쳐들어오는 까닭을 알고 있네. 그러니 그대는 잠시 기다려보시게."

공숙이 말했다.

"상황이 위급하여 아침에 저녁 일을 보장할 수 없는 판국에 주군께서 결단을 내리실 때까지 기다릴 시간이 어디 있겠습니까?"

그해 여름, 정나라는 신후(申侯)를 죽여 제나라를 기쁘게 하며 화해의 구실로 삼았다.

신후는 원래 초문왕의 총애를 받는 신하였다. 문왕이 임종을 앞두고 신후를 불러 말했다.

"그대는 재물 욕심이 많고 만족할 줄 모르는 성품이라 그동안 나에게서 얻고 나에게서 구했었지. 하지만 오직 나만이 그대를 포용할 수 있네. 과인이 죽거든 그대는 서둘러 초나라를 떠나시게. 작은 나라로 가서도 안 될 것이야. 작은 나라는 그대를 보호해주지 못할 것이네."

초문왕이 세상을 떠나자 신후는 정나라로 떠났고, 그곳에서 또다시 정려공의 총애를 받았다. 정려공이 죽자 신후를 좋아하지 않던 정문공은 그 기회를 빌려 제나라 측에 말했다.

"일전의 오해는 모두 신후의 참언 때문이었습니다."

그러고는 신후를 죽였다.

이 이야기에서 공숙은 '아침에 저녁의 일을 보장할 수 없다는(朝不及夕)' 긴박한 상황을 일깨우려 했다. 하지만 정문공은 강화 요청을 원하면서도 자존심을 굽히고 싶지는 않았다. 일종의 체면 문제였다. 신후에게 있어서 이 일은 '아침의 처지를 저녁까지 지키지 못하는(朝不保夕)' 일이었다.

역사를 사로잡은 명장면

왕망이 정치를 어지럽히자 민심은 한 왕실을 그리워했고 천하의 군웅들이 각지에서 병기했다. 성도(成都)에서 할거한 한왕(漢王) 이수(李壽)는 자신을 왕으로 칭할 것인지 제(帝)라고 칭할 것인지 결정하지 못하고 망설이고 있었다. 결국 점쟁이를 찾아가 점을 쳐보니, "몇 년 동안은 천자의 운명을 가질 수 있다"는 점괘가 나왔다. 그러자 이수의 참모였던 해사명(解思明)이 그에게 권했다.

"고작 몇 년 동안의 천자가 어찌 백 세(百世)의 제후에 미치겠습니까?"

"'아침에 도를 듣는다면 저녁에 죽어도 좋다(朝聞道, 夕死可矣)'고 하지 않던가."

이수는 이렇게 답하고, 결국 스스로를 황제라고 선포했다.

이수는 수도에서는 멀리 떨어진 사천에 있었으므로, 근본적으로 '조불급석(朝不及夕)'의 위기가 없었다. 하지만 '황제'라는 호칭에 얽매이는 바람에 사방의 공격을 받았고, 결국 몇 년이 지나지 않아 멸망했다. 사실, 그는 어차피 사천에서 할거했으므로 스스로를 왕이라고 칭하는 것이나 황제라고 칭하는 것이나 실질적으로 큰 차이가 없었는데 말이다.

고전의 지혜

'조생모사(朝生暮死)', '조삼모사(朝三暮四)'와 같이 '아침[朝]'과 '저녁[夕]'을 대비하여 만들어진 성어는 매우 많다. 위에서 언급한 '朝聞道, 夕死可矣'는 공자의 명언으로, '아침에 인정(仁政)이 시행되는 것을 볼 수 있다면 설령 저녁에 죽는다 하더라도 여한이 없다'는 뜻이다. 그러나 이수, 이 어리석은 군주는 공자의 본래 의미를 곡해했을 뿐만 아니라 자신의 헛된 명성을 국가 이익의 위에 두었으니 일찌감치 귀천하는 것이 나았던 것일지도 모르겠다.

사내는 죄가 없으나
벽옥을 품은 것이 죄이다

탐욕으로 나라를 잃은 사례

040

初. 虞叔[1]有玉. 虞公求旃[2]. 弗獻[3].

초. 우 숙[1] 유 옥. 우 공 구 전[2]. 불 헌[3].

旣而[4]悔之曰: "周諺有之: 匹夫無罪.

기 이[4] 회 지 왈: "주 언 유 지: 필 부 무 죄.

懷璧其罪. 吾焉用此? 其以賈[5]害也."

회 벽 기 죄. 오 언 용 차? 기 이 가[5] 해 야."

乃獻. 又求其寶劍. 叔曰: "是無厭[6]也.

내 헌. 우 구 기 보 검. 숙 왈: "시 무 염[6] 야.

無厭將及我." 遂伐虞公. 故虞公出奔共池[7].

무 염 장 급 아." 수 벌 우 공. 고 우 공 출 분 공 지[7].

—『左傳·桓公十年』(虞公貪求玉劍)

---

1 虞叔(우숙): 우공(虞公)의 아우. 일반적으로 군주는 공이라 부르고, 그의 아우는
   숙(叔)이라고 부른다.
2 旃(전): 주로 목적어로 사용되며 '之(지)'와 유사하다.
3 獻(헌): 바치다. / 弗獻(불헌): 선뜻 바치려 하지 않다.
4 旣而(기이): 얼마 뒤. 뒤이어
5 賈(가): 팔다. / 賈害(가해): 큰 재앙을 초래하다. '多言賈禍(다언가화: 말을 많이
   하여 화를 초래하다'와 같은 용법이다.
6 厭(염): 만족하다. '貪得無厭(탐득무염: 끝없이 욕심을 부리다)'과 같은 용법이다.
7 共池(공지): 지명

▶ 예전에 우숙(虞叔)이 아름다운 옥을 가지고 있었는데, 우공이 그것을 달라고 요구한 일이 있었다. 우숙은 옥을 선뜻 바치고 싶지 않았지만, 얼마 뒤 후회하며 말했다.

"주나라 속담에 '사내는 원래 죄가 없지만, 좋은 옥을 가지고 있는 것이 죄이다'라는 말이 있다. 내가 이 옥으로 무엇을 하겠는가? 이것은 재앙을 불러올 뿐이다."

그러고는 형에게 옥을 바쳤다. 올해에 우공은 또다시 아우에게 보검을 달라고 했다. 그러자 우숙이 말했다.

"형님의 탐욕은 만족할 날이 없을 것이고, 결국 나를 죽이게 될 것이다."

우숙은 병사를 일으켜 우공을 공격했고, 우공은 공지로 도망쳤다.

우나라는 본래 공작(公爵)의 나라였으나 춘추시대에 들어와서는 소국으로 전락했다. 『좌전』에도 우나라에 대한 기록이 매우 적은데, 이 항목과 '순망치한'의 일화가 전부이다. 진(晉)나라가 좋은 옥과 빼어난 말을 우공에게 뇌물로 주고 괵나라를 정벌하러 가기 위한 길을 빌렸다. 괵나라를 멸망시킨 진나라는 군대를 철수하여 돌아오는 길에 우나라까지 멸망시켰다. 이것이 '순망치한'의 교훈이다.

앞에서 살펴본 명구의 우공과 '순망치한' 고사의 우공은 같은 인물이 아니다. 하지만 우나라의 지도자들이 '탐욕'의 혈통을 지니고 있었고, 결국 탐욕으로 인해 나라를 망쳤다는 사실을 짐작할 수 있다.

역사를 사로잡은 명장면

송나라에 다듬지 않은 옥 원석을 구한 사람이 있었다. 그는 재상 자한에게 옥을 바치며 말했다.

"제가 옥장이에게 감정해보았더니 이것이 분명 보옥이라고 하기에 감히 가져와 어르신께 바칩니다."

그러나 자한은 사양하며 말했다.

"나는 '탐하지 않는 것'을 보물로 여기고, 그대는 아름다운 옥을 보물로 여긴다. 만일 그것을 나에게 준다면 우리 둘은 모두 자신이 보물로 여기는 것을 잃는 것이다. 그러니 각자 자신의 보물을 품고 있는 것이 좋겠구나!"

"저는 한낱 평민입니다. 이런 보옥을 품고서는 도적을 만나 빼앗길까 두려워 감히 다른 마을로도 가지 못할 것입니다. 보물을 바치는 것은 화를 피하기 위해서입니다."

자한은 그 말을 듣고 자기 마을에 그가 머물 수 있는 곳을 마련해주었고, 또 옥장이를 시켜 옥 원석을 자르고 다듬게 했다. 그가 다듬은 보옥을 팔아서 돈을 번 뒤 고향으로 돌아갈 수 있게 해주었다.

고전의 지혜

자한과 송나라 사람의 위 이야기에서 보물을 바쳤던 사람은 '사내는 죄가 없지만, 벽옥을 품은 것이 죄이다'라는 이치를 알고 있었다. 우공은 탐욕 때문에 나라를 잃었으니 이것이 바로 진정한 '우공(愚公, 어리석은 임금)'이 아니겠는가!

사람에게는 각기 맞는 짝이 있다.
제나라는 너무 커서 나의 짝이 아니다

재앙을 피하는 계책

041

北戎伐齊. 鄭太子忽帥師救齊. 大敗戎師.
북 융 벌 제. 정 태 자 홀 솔 사 구 제. 대 패 융 사.

公¹之未昏于齊也. 齊侯²欲以文姜³妻鄭太子忽.
공 ¹ 지 미 혼 우 제 야. 제 후 ² 욕 이 문 강 ³ 처 정 태 자 홀.

太子忽辭. 人問其故.
태 자 홀 사. 인 문 기 고.

太子曰: "人各有耦⁴. 齊大. 非吾耦也.
태 자 왈: "인 각 유 우 ⁴. 제 대. 비 오 우 야.

『詩』⁵云: 自求多福. 在我而已. 大國何爲⁶?"
『시 』⁵ 운: 자 구 다 복. 재 아 이 이. 대 국 하 위 ⁶?"

—『左傳·桓公六年』(公子忽辭昏⁷桓公)

1 公(공): 노환공(魯桓公). 「좌전」은 노나라 역사이므로 「좌전」에서 '公'이라고만 한 경우는 모두 본국 노나라의 군주를 가리킨다.

2 齊侯(제후): 제리공(齊釐公)

3 文姜(문강): 제리공의 딸. 후에 노환공에게 시집갔다.

4 耦(우): 배우자. 짝. '偶'와 같다.

5 詩(시): 「시경」

6 何爲(하위): 어찌 반드시 대국에 의지해야 하겠는가.

7 昏(혼): '婚'과 같다.

▶ 북방의 융족이 제나라를 공격하자 정나라 태자 정홀(鄭忽)이 군대를 이끌고 제나라를 지원했고 융족 군대를 크게 격파했다. 노환공(魯桓公)이 제나라와 혼인 관계를 맺기 전. 제리공(齊釐公)은 본래 자신의 딸 문강(文姜)을 정홀의 부인으로 맺어주려고 했다. 그러나 정홀이 이를 정중히 사양했다. 누군가 정홀에게 그 이유를 묻자 정홀이 대답했다.

"결혼은 지위와 형편이 걸맞은 사람끼리 하는 것입니다. 제나라는 너무 커서 정나라와 통혼할 수 있는 상대가 아니지요. 『시경』에 이르기를, '스스로 많은 복을 구한다(自求多福)'라고 했습니다. 복을 구하는 것은 나 자신에게 있을 뿐이니 어찌 반드시 대국에 의지해야 하는 것이겠습니까!"

정홀은 정장공(鄭莊公)의 태자이다. 당시 장공의 세 아들은 왕위를 차지하기 위해 서로 대립하고 있었다. 그래서 정나라 대부 제중(祭仲)(위 구절의 '누군가')이 정홀에게 말했다.

"대국의 도움이 없으면 공께서 왕위를 다투시는 데 불리할 것입니다."

그러나 정홀은 그의 의견을 받아들이지 않았다. 그 후 장공이 세상을 떠나고 정홀이 왕위를 계승하여 정소공(鄭昭公)이 되었다. 하지만 송장공(宋莊公)이 정장공의 둘째 아들이자 자신의 외손자인 정돌(鄭突)을 지지하면서 정홀은 축출되어 국외로 도피했고, 정돌이 즉위하여 정려공이 되었다.

『시경』에 「有女同車(유녀동거: 함께 수레에 탄 여인)」라는 시가 있다. 정홀이 대국과의 정략결혼을 하지 않아서 결국 지위를 잃게 된 일을 정나라 사람들이 탄식하는 내용이다. 그러나 정홀의 결정은 여전히 옳왔다. 그 이유는 아래에서 상세하게 서술하고자 한다.

역사를 사로잡은 명장면

노환공이 문강을 아내로 맞이하고, 얼마 뒤 그녀와 함께 제나라를 방문했다. 당시 제나라 국왕은 제양공(齊襄公)이었는데, 그는 이복누이인 문강과 서로 정을 통하는 관계였다. 이번에 노환공이 문강을 데리고 직접 찾아와주니 둘은 옛정이 다시 타올랐다. 아내가 바람피우는 것에 몹시 화가 난 노환공은 문강에게 크게 역정을 냈고(역사서에는 단지 '怒' 한 글자만 기록되어 있어 손찌검했는지는 알 수 없다), 문강은 제양공에게 이를 하소연했다. 제양공은 연회 자리에서 제나라의 유명한 역사(力士) 팽생(彭生)에게 명령하여 노환공을 붙잡게 한 뒤 환공의 갈비뼈를 끊어 죽음에 이르게 했다.

"제나라가 너무 커서 짝이 맞지 않는다"라는 정홀의 말은 바로 이와 같은 화를 피하는 말이었다. 그렇지 않았다면 노환공의 결말은 그에게 들이닥쳤을 것이다. 하지만 정홀이 외부 도움을 받지 못해 지위를 잃은 것 또한 사실이다. 그렇다면 도대체 어떻게 하는 것이 옳다는 말인가?

고전의 지혜

"제나라가 커서 짝이 맞지 않는다"는 말은 일종의 패기이면서, 자신의 분수를 정확하게 알고 있음을 의미한다. 그러나 반드시 '스스로 많은 복을 구한다(自求多福)'의 원칙을 갖추어야 한다. 스스로 자립자강할 수 없으면서도 오히려 외부 원조에 의지하지 않겠다고 우긴다면 그것은 단지 허세를 부리는 것에 불과하다.

의롭지 못한 일을 많이 하면
반드시 스스로 멸망할 것이다

무절제하게 악행을 키우게 하는 계책

042

(祭仲)對曰: "…… 無使滋蔓¹, 蔓難圖²也.
(제중)대왈: "…… 무사자만¹. 만난도²야.

蔓草猶不可除, 況君之寵弟乎?"
만초유불가제, 황군지총제호?"

公曰: "多行不義必自斃³, 子姑待之."
공왈: "다행불의필자폐³. 자고대지."

—『左傳·隱公元年』(鄭伯克段於鄢⁴)

1 滋蔓(자만): 초목이 무성하게 자라남을 가리킨다.
2 難圖(난도): 제거하기 어렵다.
3 自斃(자폐): 스스로 멸망을 초래하다.
4 鄢(언): 국명. 춘추시대 주 왕실의 속국 중 하나로 훗날 정나라에 의해 멸망한다.

▶ 제중(祭仲)이 정장공(鄭莊公)에게 아우 숙단(叔段)의 세력이 커지게 두어서는 안 된다고 간언했다. 제중이 말했다.

"풀이 무성하게 뻗어 나가도록 두어서는 안 됩니다. 일단 풀이 만연해진 뒤에는 처리하기 어렵습니다. 풀도 무성하게 뻗어 나가면 제거하기 어렵거늘, 하물며 총애를 받고 있고 통제하기도 어려운 국왕의 동생은 어떠하겠습니까?"

정장공이 말했다.

"의롭지 못한 일을 많이 하면 반드시 스스로 망하는 법이네. 자네는 일단 잠시 기다려보시게."

정장공의 어머니는 어린 아들 숙단을 편애했다. 숙단에게 더 많은 봉읍을 달라고 거듭 요구했고, 이에 숙단은 점점 세력을 키워갔다. 정나라 대부 제중과 공자려(公子呂) 등은 숙단을 '처단'할 것을 여러 차례 요청했지만, 장공은 '좀 더 기다려보라'며 그들을 달랬다.

결국, 숙단은 반란을 일으킬 준비를 마치고 어머니와 접촉하여 성 안에서 내응하기로 모의한 뒤 몰래 정나라 도성을 습격하려고 했다. 그러나 이미 일찌감치 숙단의 동향을 파악하고 있던 장공은 '행동해도 좋다'는 명령을 내렸다. 병사를 일으켜 숙단을 토벌했고, 숙단은 국외로 도망쳤다. 장공은 또한 어머니를 외읍으로 추방하면서 "황천이 아니면 다시 만나지 않을 것입니다"라고 맹세했다.

얼마 뒤, 장공은 어머니를 추방한 것이 못내 후회스러웠다. 하지만 자신의 맹세를 스스로 어길 수는 없는 노릇이었다. 그런데 다행히도 영고숙(潁考叔)이 계책을 내놓았다. 지하수(황천)가 흐르는 곳까지 지하 터널을 뚫은 뒤 그곳에서 서로 만나 모자의 정을 회복하라는 것이었다.

역사를 사로잡은 명장면

후대 사람들 가운데 정장공의 행동을 부정적으로 바라보는 이도 있었다. 정장공이 고의로 '무절제하게 못된 버릇을 키워주어' 동생의 악행이 계속 누적되게 만든 뒤 일거에 제거했다는 것이다. 또한, 갖가지 수단으로 명예를 낚아서 사람들로 하여금 '인의를 다한 것'으로 여기게 했으니 사실은 그 의도가 대단히 위험했다는 주장이다.

그러나 또 다른 이야기와 비교해보자. 당대 예종(睿宗) 시기에 태평공주(太平公主)가 정변을 기도한 일이 있었다. 이에 요숭(姚崇), 송경(宋璟)이 간언을 올렸다.

"공주를 동도(東都) 낙양으로 보내십시오."

그러나 예종이 말했다.

"짐은 이제 더는 형제가 없고(측천무후에 의해 모두 제거되었다), 오직 이 여동생 한 명만이 남아 있을 뿐이다. 매일 그 아이를 볼 수 있기를 바라니 그대들은 더는 이 이야기를 꺼내지 말게."

결국 요숭과 송경은 외직으로 파견되었고, 태평공주는 예상했던 대로 정변을 일으켰다가 실패하여 주살 당했다. 당예종은 어질고 너그러웠지만, '일시적인 안정[姑息]'의 결과로 여동생을 지켜낼 수는 없었다. 정장공의 '잠시 기다림[姑待]'과 당예종의 '일시적 안정[姑息]' 중 어떤 것이 더 좋은 방법이었을까?

고전의 지혜

"의롭지 못한 짓을 많이 하면 반드시 스스로 망한다"는 말은 정장공의 입에서 나온 말이다. 준비하고 시기를 기다리자는 뜻으로, 이는 긍정적이고 적극적인 표현이었다. 후대에는 이를 인용하여 '나쁜 짓을 얼마나 많이 하나 두고 보자. 분명히 좋지 않은 결말이 있을 것이다'의 뜻을 표현하기도 했다. 이는 부정적이고 소극적인 의미로 해석하는 것이다.

명대 문가(文嘉)의 시 「명일가(明日歌)」에는 이런 구절이 있다.

내일 그리고 또 내일   明日復明日
내일은 어찌 그리도 많은가   明日何其多

중국인이라면 모두 이 두 구절을 유창하게 읊을 줄 안다. 그에게는 「금일가(今日歌)」라는 또 다른 시도 있는데, 처음 두 구절은 다음과 같다.

오늘 그리고 또 오늘   今日復今日
오늘은 어찌 그리도 적은가   今日何其少

그리고 뒤에는 이런 구절이 있다.

내일 아침이 오기를 잠시 기다린다면   若言姑待明朝至
내일 아침에는 또 내일 아침의 일이 있다네   明朝又有明朝事

의롭지 못한 사람이 스스로 파멸하기를 언제나 '잠시 기다리기'만 한다면 선량한 백성들이 그보다 먼저 살아내지 못할까 걱정스럽다.

제 3 장

성공적인 리더십을 위한 책략

- 솥 안에 손가락을 넣어 국물을 묻히다

하나의 효기(梟棊)는
다섯 개의 산기(散棊)를 이길 수 없다

부하에게 권력을 이양하는 계책

043

臣聞之. 賁, 諸¹懷錐刃而天下爲勇.
신문지. 분. 저¹회추인이천하위용.

西施衣褐²而天下稱美. 今君相萬乘之楚.
서시의갈²이천하칭미. 금군상만승지초.

禦中國³之難⁴. 所欲者不成, 所求者不得.
어중국³지난⁴. 소욕자불성. 소구자부득.

臣等少⁵也. 夫梟棊⁶之所以能爲⁷者.
신등소⁵야. 부효기⁶지소이능위⁷자.

以散棊佐之也. 夫一梟之不如. 不勝五散.
이산기좌지야. 부일효지불여. 불승오산.

亦明矣. 今君何不爲天下梟, 而令臣等爲散乎?
역명의. 금군하불위천하효. 이령신등위산호?

—『戰國策·楚策』

1 賁(분), 諸(저): 맹분(孟賁)과 전저. 두 사람은 모두 고대의 용사이다.

2 衣(의): 동사로 '입다'의 뜻이다. / 褐(갈): 거친 천으로 짠 의복

3 中國(중국): 중원 제후. 초나라는 남방으로 분류되었다.

4 難(난): 전쟁으로 인한 재난. 무력 침범

5 少(소): 힘을 적게 쓰다. 공헌한 바가 없다.

6 棊(기): 바둑, 장기. '棋(기)', '碁(기)'와 같다. / 梟(효): 고대의 바둑 놀이에서 우두머리 바둑돌을 가리키는 것으로, 장기에서의 장수와 같다. '梟雄(효웅)'은 군웅의 우두머리를 가리킨다.

7 能爲(능위): 승리할 수 있다. 역량이 있다.

▶ 신이 듣기로, 맹분이나 전저와 같은 용사는 몸에 작은 비수만 품고 있어도 온 천하가 그들을 용감하다고 여기고, 서시는 허름한 옷을 걸치고 있어도 온 천하가 그녀를 미인이라 여긴다고 합니다. 지금 공께서는 만승(萬乘)의 초나라 재상으로서 중원 여러 나라의 침략을 방어할 책임을 가지고 계십니다. 하지만 이루고자 하는 것을 해내지 못하고, 구하고 싶은 것을 얻지 못하시니, 이는 신과 같은 사람들이 제대로 힘을 쓰지 못했기 때문입니다(스스로 재능이 부족하다는 점을 말하는 것 같지만, 사실은 춘신군이 권력을 아래로 이양하지 않고 있음을 지적하는 것이다). 바둑에 비유하자면, '효기(梟棋)'가 승리할 수 있는 이유는 다른 산기(散棋)의 도움이 있기 때문입니다. 하나의 '효기'가 산기 다섯 개의 전력에 미치지 못하는 것은 당연한 이치입니다. 공께서는 어찌하여 천하의 '효(우두머리)'가 되어 저희를 산기로 삼으려 하지 않으십니까?

이상은 유세객 당저가 초나라 재상 춘신군 황헐에게 진언한 내용이다. 전국시대에는 '사대공자(四大公子)'라고 불리는 사람들이 있었는데, 제나라의 맹상군, 조나라 평원군, 위나라 신릉군, 초나라 춘신군이었다. 그들은 모두 앞다투어 인재를 모으고 빈객을 거느리는 것으로 유명했다. 네 사람에 대한 『사기』의 기록을 살펴보면, 맹상군에게는 풍환이 그를 위해 '의리를 사들인' 이야기나 빈객들의 도움으로 위기를 벗어났던 '계명구도(鷄鳴狗盜)'의 일화가 있고, 평원군에게는 모수의 '세 치 혀가 백만 군대보다 강하다'라는 이야기가 실려 있다. 또한, 신릉군에 대해서는 후영(侯嬴)과 주해(朱亥)가 그를 위해 부절을 훔치고 병사를 빼앗았다는 기록이 있다. 그러나 「춘신군열전(春申君列傳)」에는 그 문하 빈객의 활동에 대한 기록이 보이지 않는다. 그 가능성은 두 가지로 유추할 수 있다. 첫째 춘신군이 재주가 별로 없

고 쓸모없는 사람들을 양성했을 가능성이 있고, 둘째 춘신군이 문하 빈객들에게 권력을 부여하지 않았을 가능성이 있다.

또한, 이로 인해 사대공자 가운데 춘신군의 말로가 가장 좋지 않았다(관련 내용은 91번째 명구 "뜻밖의 홍복, 뜻밖의 재앙" 참고).

역사를 사로잡은 명장면

인류 사회가 발전할수록 업무와 권력을 나누는 일은 더욱 중요해졌다. 고대 바둑이 장기로 변한 것도 이를 반영한 것으로 볼 수 있다. 장기는 장수가 궁을 나올 수 없고, '차(俥)', '마(馬)', '포(砲)'와 같은 여러 말이 적진으로 깊숙이 파고들어 상대편 진영을 함락시킨다.

삼국시대의 조조는 당시 화제의 인물을 평론하기로 유명했던 허소(許邵)에게 다음과 같은 평가를 받았다. "치세의 능신이며 난세의 효웅이다(治世之能臣, 亂世之梟雄)." 만일 태평치세에 살아간다면 유능한 대신이 될 것이고, 난세를 만난다면 군웅들 가운데 '우두머리[梟]'가 될 것이라는 뜻이었다. 이러한 평가를 들은 조조는 내심 크게 기뻐했다. 그가 처한 시대가 바로 난세였기 때문이었다. 조조는 '능력 있는 사람을 등용' 하기로 유명했다. 한 마리의 '효(梟)'만으로도 충분히 강한 데다 거기에 산기의 도움까지 얻을 수 있었으니, 조조가 대업을 이룰 수 있었던 것도 어쩌면 당연한 일이었다.

고전의 지혜

현대에 자주 사용되는 유사한 중국어 표현으로 "제갈량 한 사람은 보잘것없는 갓바치 세 사람만 못하다(一個諸葛亮, 不如三個臭皮匠)" 혹은 "세 명의 보잘것없는 갓바치가 한 명의 제갈량을 이긴다(三個臭皮匠勝過一個諸葛亮)"라는 말이 있다. 이는 모두 여러 사람의 지혜가 한 사람의 영명함을 이긴다는 뜻이다.

작위를 위해 힘쓰지 않고
녹봉을 위해 노력하지 않다

군왕이 어진 사람을 아끼고 신하가 충성을 다하는 계책

044

彼有廉其爵, 貧其身, 以憂社稷者, 有崇其爵,

피 유 렴 기 작, 빈 기 신, 이 우 사 직 자, 유 숭 기 작,

豊其祿, 以憂社稷者, 有斷脰[1]決腹[2],

풍 기 록, 이 우 사 직 자, 유 단 두[1] 결 복[2],

壹暝而萬世不視[3], 不知所益[4],

일 명 이 만 세 불 시[3], 부 지 소 익[4],

以憂社稷者, 有勞其身, 愁其志,

이 우 사 직 자, 유 노 기 신, 수 기 지,

以憂社稷者, 亦有不爲爵勸, 不爲祿勉[5],

이 우 사 직 자, 역 유 불 위 작 권, 불 위 녹 면[5],

以憂社稷者.

이 우 사 직 자.

—『戰國策·楚策』

---

1 脰(두): 목, 목덜미 / 斷脰(단두): 머리를 베다.

2 決(결): 끊다, 자르다. '絶(절)'과 같다. / 決腹(결복): 배를 가르다. 허리를 자르다.

3 壹暝而萬世不視(일명이만세불시): 눈을 감고 영원히 잠들어 깨지 않다. 죽음을 두려워하지 않는다는 뜻이다.

4 益(익): 이익 / 不知所益(부지소익): 자신의 이익을 추구하지 않는다.

5 勸(권), 勉(면): 두 글자 모두 '격려를 받아 노력하다'의 의미를 지닌다.

▶ 청렴결백하게 벼슬하면서 나라와 백성을 생각하는 사람도 있고, 높은 지위에서 후한 녹봉을 향유하며 나라와 백성을 생각하는 사람도 있습니다. 목이 잘리거나 허리가 베이는 것을 두려워하지 않고, 죽음을 개의치 않으며, 자기 일신의 이로움은 전혀 추구하지 않으면서 나라와 백성을 생각하는 사람도 있습니다. 자기 몸을 수고롭게 하고 고생스럽게 마음을 쓰면서 나라와 백성을 생각하는 사람도 있습니다. 또한, 벼슬이나 봉록을 받기 위해 애쓰지 않으면서 나라와 백성을 걱정하는 사람도 있습니다(그들의 동기는 각기 다르지만 나라와 백성을 걱정하는 마음은 같습니다. 지위 고하의 구분이 있는 것이 아닙니다).

초위왕(楚威王)이 막오(莫敖) 자화(子華)에게 물었다.

"최초의 선조이신 초문왕 때부터 지금까지 관직이나 녹봉을 위해 힘쓰지 않고 순수하게 나라와 백성을 걱정하는 신하가 있었는가?"

이 질문은 당시 초나라 조정에 '권력과 이익을 다투는' 부류의 하찮은 신하들만 있었음을 의미했다.

자화는 국왕의 질문에 답하지 못하고 이렇게 말했다.

"명리를 쫓는 것은 사람의 천성입니다. 명예나 이익을 위하지 않고 나라와 백성을 걱정하는 것은 실로 희귀한 동물이지요."

그런 다음 그는 위의 주장을 진술했는데, 구체적인 사례를 들어 설명했다.

영윤 자문(子文)은 허름한 옷을 입고 다니며, 매일 아침 일찍 입궐하여 저녁 늦게까지 일하다 퇴궐했다. 집에는 한 달 치의 식량도 쌓아두지 않았다. 그가 바로 청렴함으로 스스로 절제하면서 나라와 백성을 걱정하는 전형적인 인물이다.

섭공(葉公) 자고(子高)는 내란을 평정하고 자신의 명망으로 제후들을 굴복시켜 외환에 시달리지 않았다. 그러면서도 식읍이 6백 진(畛)에 달했다. 그가 바로 높은 관직과 후한 녹봉을 누리면서도 나라와 백성을 걱정하는 전형적인 인물이다.

막오 대심(大心)은 적진 깊숙이 돌격하여 용감하게 싸웠고, 머리를 내던지고 뜨거운 피를 쏟으며 목숨을 바치면서도 자신의 이익이나 녹봉을 추구하지 않았다. 그가 바로 죽음을 두려워하지 않으며 나라와 백성을 걱정하는 전형적인 인물이다.

분모(棼冒) 발소(勃蘇)는 초왕이 어려움을 겪을 때 7일 밤낮을 쉬지 않고 진(秦)나라로 갔다. 진나라 궁정에서 7일 동안 곡을 하며 물 한 방울 쌀 한 톨 먹지 않았고, 결국 진나라의 구원병을 얻어왔다. 이로써 국가 영토를 회복했으니, 이것이 바로 몸과 마음을 고되게 힘쓰며 나라와 백성을 걱정하는 전형적인 인물이다.

오나라 군대가 영도로 쳐들어오자 초나라 군신들은 사방으로 피난했는데, 초나라 사람 몽곡(蒙穀)이 종묘 안의 왕실 서류를 수습하여 배에 싣고 보관했다. 이후에 초왕이 조정으로 돌아오자 몽곡은 보관하던 전적들을 모두 바쳤다. 그 덕분에 초나라는 신속하게 법질서를 회복할 수 있었다. 초왕이 그를 집규(執圭)에 봉하고 식읍 6백 진을 하사하려고 하자 몽곡이 말했다.

"나는 왕의 신하가 아니라 이 나라의 신하이다."

그는 결국 녹봉을 사양하고 산중으로 들어가 은거했다. 이것이 바로 관직과 녹봉을 위하지 않으면서도 나라와 백성을 걱정한 전형이다.

자화가 최종적으로 내린 결론은 군왕이 만일 어진 신하를 좋아한다면 위의 다섯 가지 어진 신하를 모두 얻어 임용할 수 있다는 것이었다. 신하가 나라와 백성을 걱정하고, 군왕과 사직, 백성을 위해 마음을 쓴다면 그들이 권력이나 관직, 녹봉을 추구하는지 아닌지는 중요하지 않다.

역사를 사로잡은 명장면

송대와 명대에 각각 신종(神宗)이 있었다. 두 명의 신종은 각각 왕안석과 장거정(張居正)을 재상으로 임용하여 대규모 개혁을 진행했다. 그러나 왕안석과 장거정의 태도는 분명히 달랐다.

왕안석이 열아홉 살 되던 해에 그의 아버지가 세상을 떠났다. 온 집안 수십 명의 생활은 갑작스럽게 곤경에 빠지게 되었고, 항상 산나물로 끼니를 때우곤 했다. 그로 인해 왕안석은 사회의 빈부 격차와 '풍년에는 겨우 배를 채울 수 있을 정도이고, 흉년에는 죽음을 면하지 못하는' 농민의 고통에 대한 깊이 있는 공감과 이해가 가능했다. 그런 이유로 그는 외관이나 차림새를 꾸미지 않았다. 심지어 한번은 신종 황제가 그의 수염 가에 붙어 있는 이를 잡아준 일도 있었다.

장거정의 가문은 그리 대단하지는 않았지만, 그는 어렸을 적부터 신동으로 불렸다. 호광(湖廣) 순무(巡撫)였던 고린(顧璘)의 신임을 받았는데, 그는 장거정을 두고 '이 아이는 장차 재상이 될 재목이다!'라고 칭찬하기도 했다. 스물세 살에 진사(進士)에 급제하여 한림원(翰林院)에 들어가 '저상(儲相)'이 되었다. 따라서 젊은 나이에 뜻을 이루어 순조로운 벼슬길을 걸었던 장거정은 관리들에게 청렴한 태도를 요구하기는 했으나 정작 자신의 사생활은 대단히 사치스러웠다. 수많은 서화 예술품과 진귀한 노리개, 골동품을 쌓아두었고, 집안에는 수많은 가기(歌妓)들을 키웠다.

하지만 차림새를 꾸미지 않았던 것이나, 사치스럽고 호화스러웠던 것이나, 두 사람이 개혁을 추진하고 나라와 백성을 걱정하는 마음에는 아무런 영향을 주지 않았다. 오히려 핵심은 두 신종 황제가 대대적인 개혁을 결심했다는 점, 그리고 나라와 백성을 걱정하는 유능한 재상을 임용할 수 있었다는 점이다.

고전의 지혜

'정사(政事)'는 대중의 일이고, '정치(政治)'는 대중을 관리하는 일이다. 따라서 관리학은 반드시 인성(人性)에 부합해야만 실행 가능하다. 다시 말해, 인성에 부합하는 정부 정책만이 국민들에게 받아들여질 수 있다는 것이다. 마찬가지로 공무원들이 국가 행정 업무에 노력을 기울이게 하려면 그들에게 적절한 '동기'를 부여해야 한다. 여기에서 '동기'란 관직과 봉급을 가리킨다. 공무원들에게 배를 굻아가며 공무에 전념할 것을 요구하는 것은 인성을 위반하는 일이다. 그저 주어진 시간 동안 부지런히 일할 것을 요구하는 것이 합리적이다. '관직을 얻기 위해 힘쓰지 않고, 봉급을 올리기 위해 노력하지 않는 사람'은 참으로 희귀한 동물이다. 또한, 멸종하기도 쉬운 부류이다.

가능성이 보이면 나아가고
어려울 것 같으면 물러난다

삼군(三軍)이 한마음으로 함께 책임을 부담하는 계책

045

晉師救鄭, 及河, 聞鄭既¹及楚平², 桓子³欲還,
진 사 구 정, 급 하, 문 정 기¹급 초 평², 환 자³욕 환,

曰: "無及於鄭而勤⁴民, 焉用之? 楚歸而動, 不後."
왈: "무 급 어 정 이 초⁴민, 언 용 지? 초 귀 이 동, 불 후."

隨武子⁵曰: "善 …… 見可而進, 知難而退, 軍之善政也.
수 무 자⁵왈: "선 …… 견 가 이 진, 지 난 이 퇴, 군 지 선 정 야.

兼弱攻昧⁶, 武之善經⁷也."
겸 약 공 매⁶, 무 지 선 경⁷야."

郤子⁸曰: "不可. 晉所以覇, 師武臣力也.
체 자⁸왈: "불 가. 진 소 이 패, 사 무 신 력 야.

…… 由我失覇, 不如死."
…… 유 아 실 패, 불 여 사."

韓獻子⁹曰: "子爲元帥, 師不用命, 誰之罪也.
한 헌 자⁹왈: "자 위 원 수, 사 불 용 명, 수 지 죄 야.

…… 事之不捷, 惡有所分, 與其專罪, 六人同之,
…… 사 지 불 첩, 악 유 소 분, 여 기 전 죄, 육 인 동 지,

不猶愈¹⁰乎?" 師遂濟¹¹.
불 유 유¹⁰호?" 사 수 제¹¹.

— 『左傳 · 宣公十二年』(荀林父知難冒進)

1 旣(기): 이미
2 平(평): 투항하다.
3 桓子(환자): 진(晉)나라 대부, 순림보(荀林父)
4 勤(초): '剿(초)'와 같다. 죽이다.
5 隨武子(수무자): 진나라 대부 사회
6 兼(겸): 겸병하다. / 昧(매): 어두워 밝지 않다. /
   兼弱攻昧(겸약공매): 약국을 겸병하고 난국을

공격하다.
7 經(경): 법칙
8 郤子(체자): 진나라 대부 선곡(先縠)
9 韓獻子(한헌자): 진나라 대부 한궐(韓厥)
10 愈(유): 이기다. 승리하다.
11 濟(제): 강을 건너다.

▶ 초나라의 공격을 받고 있는 정나라를 지원하기 위해 진(晉)나라 군대가 출병했다. 군대가 황하(黃河)에 도착했을 무렵, 정나라가 이미 초나라에 투항했다는 첩보를 받게 된 진나라 군대의 총사령관 순림보는 철수를 준비하며 말했다.

"정나라를 구하는 것이 이미 어렵게 되었는데, 진군해서 헛되이 병사들 목숨을 희생시킬 필요가 있겠는가. 초나라 군대가 다시 돌아와 행동을 취하면 그때 우리가 다시 진군해도 늦지 않을 것이다."

그러자 사회가 말했다.

"맞습니다. (중략) 시기를 봐서 가능성이 보이면 진군하고, 어려움이 있을 것 같으면 퇴군하며, 약국을 겸병하고 난국을 공격하는 것이 바로 병법의 가장 높은 전술입니다."

그러나 선곡은 다른 의견을 내놓았다.

"그럴 수는 없습니다. 진나라가 패자가 된 것은 군대의 위엄과 신하들의 역량 때문입니다. (중략) 우리로 인해 패자의 업적과 명성을 잃게 되느니 차라리 전장에서 죽는 것이 낫습니다."

한궐이 말했다.

"장군께서 총사령관의 몸으로 만약 공을 세우지 못하고 철군한다면 그 책임이 누구에게 돌아가겠습니까? (중략) 설령 진군하여 승리하지 못한다고 하더라도 그 오명은 장차 삼군이 나누어 질 것입니다. 한 사람이 모든 죄를 뒤집어쓰는 것보다는 삼군의 여섯 장수가 함께 책임을 지는 것이 낫지 않겠습니까?"

결국, 진나라 대군은 강을 건넜다.

진(晉)나라 군대는 상군, 중군, 하군 세 개 부대로 구성되었으며, 중군의 대장군 순림보가 원정군의 총사령관을 겸했다. 중군의 부장은 선곡이었고, 상군의 장군은 사회, 부장은 극극(郤克), 하군의 장군은 조

삭(趙朔), 부장은 난서(欒書)였으니, 이것이 바로 위에서 언급한 '삼군의 여섯 장수'이다.

위의 정책 결정 과정을 보면 알 수 있듯이 순림보는 우유부단한 사령관이었다. 부하들이 옆에서 한마디씩 의견을 내놓자, 처음 자신이 내렸던 결정을 쉽게 번복했다.

진나라 군대가 이 원정에서 대적하게 된 적수는 춘추 오패의 하나인 초장왕과 벌인 전쟁에서 막 승리하여 사기가 오를 대로 오른 초나라 군대였다. 결과적으로 필(邲)에서 치러진 진나라와 초나라의 전투는 국제 정세를 뒤바꾸어놓을 정도로 중요한 일전이 되었다. 전투에서 대패하고 퇴각하던 진나라의 병사들은 서로 앞다투어 강을 건너려고 했고, 이미 배에 올라 탄 병사들은 칼을 뽑아들고 배에 오르기 위해 매달리고 잡아당기는 아군의 손가락을 모두 잘라버렸다. 『사기』에는 "배 안에 사람의 손가락이 가득했다"고 기록되어 있다.

패전 부대의 총사령관이었던 순림보는 죽음을 청했고, 진경공(晉景公)은 그의 사형을 윤허하려고 했다. 하지만 대부 사악(士渥)이 이를 만류하는 간언을 올리자, 진경공은 그의 의견을 받아들여 순림보를 죽이지 않고 계속해서 중군의 대장군을 맡게 했다. 어쩌면 순림보가 이처럼 목숨을 부지하고 죄를 면할 수 있었던 것은 애초에 계책을 내었던 한궐의 공로였을지 모른다. 하지만 이 전쟁이 없었더라면 '패주(霸主)'로 불렸던 진나라의 명성이 하루아침에 무너지지 않았을 것이다. 한궐은 자기 상사의 직위를 지켜내느라 오히려 나라를 해치는 꼴이 되고 말았다.

역사를 사로잡은 명장면

"진나라가 패자인 까닭은 군대의 위엄과 신하의 역량 때문이다." 용감하지만 한편으로는 무모했던 선곡의 이 발언은 사실 지극히 이치에 맞는 명언이다. 많은 사람이 지혜와 힘을 모으는 것이야말로 국력의 가장 큰 밑천이다.

8년 뒤, 진나라 군대는 제나라와의 전쟁에서 크게 승리했다. 출정했던 여러 장군들이 모두 궁으로 들어와 국왕을 알현했는데, 상군 대장 범문자(范文子)는 일부러 조금 늦게 당도했다. 진경공이 중군 대장 극극을 치하하며 상을 내리자 극극은 이 모든 성과가 '여러 장군의 노력 때문'이라며 공을 돌렸다. 하군 장군 난서 또한 '병졸들이 목숨을 다했기 때문'이라고 말하며 서로에게 공을 돌렸다.

일전에는 죄를 함께 부담했고, 이번에는 공을 서로 미루었던 것으로 보아 진나라 지배 권력 집단의 응집력이 대단히 강했음을 알 수 있다. 공을 다투지 않고 잘못을 미루지 않는 풍토는 진도공(晉悼公) 시기에 또다시 패업을 이룰 수 있게 했고, 진나라는 춘추 중기의 유일한 패왕이 되었다.

고전의 지혜

'가능성이 보이면 전진하고, 어려움이 있을 것 같으면 물러나며, 약소국을 겸병하고 난국을 공격한다'는 원칙과 "나로 인해 패업을 잃게 되니 죽는 것이 낫다"는 기개 넘치는 말 가운데 무엇이 옳은 것이고, 무엇이 옳지 않은 것일까? 결론을 내리기 어려운 문제이다. 계책 없이 용기만 충만하여 무모한 모험을 일삼는 것은 언제나 화를 초래한다. 그러나 만약 약소국을 괴롭히기만 하고 약자를 도와 강자를 억누르지 못한다면 '패왕'이라는 칭호는 고사하고 그저 '악질 토호'에 불과할 것이다.

조정에서 전쟁을 이기다

싸우지 않고 제후들의 패자가 되는 계책

046

令初下. 群臣進諫. 門庭若市. 數月之後.
령 초 하. 군 신 진 간. 문 정 약 시. 수 월 지 후.

時時而間¹進. 期年²之後. 雖欲言.
시 시 이 간 ¹ 진. 기 년 ² 지 후. 수 욕 언.

無可進者. 燕. 趙. 韓. 魏聞之. 皆朝³於齊.
무 가 진 자. 연. 조. 한. 위 문 지. 개 조 ³ 어 제.

此所謂戰勝於朝廷.
차 소 위 전 승 어 조 정.

—『戰國策·齊策』

1 時時而間(시시이간): 가끔, 이따금
2 期年(기년): 1년
3 朝(조): 조공하다, 신하로 자처하다.

▶ 제위왕의 명령이 하달된 초기에 여러 신하가 앞다투어 간언했고, 간언하기 위해 몰려든 사람으로 문전성시를 이루었습니다. 몇 달이 지나자 간언을 올리는 이가 가끔 있었고, 1년이 지나자 간언하려고 해도 이미 간언을 올릴 만한 문젯거리가 없었습니다. 연, 조, 한, 위 네 나라는 제나라의 정치에 결점이 없고 태평성대를 누린다는 소식을 듣고 모두 제위왕에게 조공했습니다. 이것이 바로 이른바 '조정에서 전쟁에 이긴다'는 것입니다.

제위왕이 하달했다는 명령이란 무엇이었을까? 그의 명령은 이러했다.

"모든 신하와 관리, 백성들 가운데 과인의 잘못을 직접 대면하여 고하는 사람에게 상등 상을 내리겠다. 상서를 올려 간언하는 자에게는 중등 상을 내리겠다. 항간의 풍설로 퍼뜨려 정부에 접수되는 경우에는 하등 상을 내리겠다."

죄는 묻지 않고 상을 내린다고 하니 당연히 사람들은 앞다투어 간언하고자 했다.

그렇다면 제위왕은 어째서 이러한 명령을 내렸을까? 재상 추기가 그에게 이러한 말을 했기 때문이었다.

"제나라는 크고 강합니다. 폐하의 후궁과 근신들은 모두 폐하께 원하는 것이 있고 신하들은 모두 폐하를 두려워합니다. 따라서 폐하께서는 분명 심하게 가리어져 있으실 것입니다."

이에 위왕은 '간언을 올리라는 명령'을 내린 것이다.

추기가 군왕에게 이렇게 진언한 까닭은 무엇일까? 추기의 마을에는 멋쟁이로 소문난 성북(城北)의 서공(徐公)이라는 자가 있었다. 그런데 추기의 처첩과 빈객들은 모두 서공보다 그가 훨씬 더 멋있다며 추켜세웠다. 하지만 추기가 스스로 서울에 비춰보니 아무리 보아도 서공만 못했다. 이에 추기는 깨달았다. '처첩들은 나의 환심을 사려 하기 때문이고, 빈객들은 나에게 바라는 것이 있기 때문이었구나!' 그 때문에 양심을 속이고 주인이 듣기 좋은 말을 했던 것이다. 추기는 이 일을 제위왕에게 전하며 국왕에게 '간언을 받아들여 폐단을 없앨 것'을 깨우쳐주었다.

역사를 사로잡은 명장면

간언을 올린 사람에게 상을 주었으니 각종 비판이 끝도 없이 밀려드는 것은 당연한 일이었다. 그러나 몇 달이 지나자 그 수량이 크게 줄었고, 1년이 지나자 더는 문제 삼을 만한 것이 없었다. 한 번 비판 받은 일은 그 즉시 모두 개선했던 것이다.

제환공이 관중과 함께 유람하는 길에 버려진 성터를 발견하고는 물었다.

"이것이 무엇인가?"

"예전 곽공(郭公)의 성터입니다."

"곽공의 행실은 어떠했는가?"

"곽공은 선을 좋아하고 악을 싫어했습니다."

"선을 좋아하고 악을 싫어했거늘 어찌 나라가 망했는가?"

"선을 좋아하기는 했으나 행동으로 옮기지는 못했고, 악을 싫어하기는 했으나 없애지는 못했기 때문입니다."

간언을 장려하는 일의 핵심은 폐단을 뿌리 뽑는 것에 있다. 그렇지 않다면 백날 말해봤자 소용없는 일이다. 이로움을 증진시키고 해로움을 제거하려는 노력 없이 그저 간언을 듣는 것에만 머무른다면 사람들은 매일같이 똑같은 내용을 지적할 것이고, 그렇게 같은 내용을 여러 번 듣게 되면 귀찮고 성가시다고 여기게 될 것이다.

고대의 명장들은 전쟁을 하지 않고도 적군의 병사를 굴복시켰다. 병사들 간의 믿음과 군대의 사기를 무기로 삼아 적에게 패배의식을 심어주어 감히 쳐들어오지 못하게 했던 것이다. "조정에서 전쟁을 이긴다"는 표현은 군사적 범주에만 국한되는 것이 아니다. 외교는 내정의 연장이고, 군사는 외교의 수단이므로 국내 정치가 투명하고 공정하기만 하다면 '조정에서 전쟁을 이기는' 효과를 거둘 수 있을 것이다.

군신 간의 예의가 없고
상하의 구분이 없다

중신을 예우하여 딴마음을 가지지 않게 하는 계책

047

安平君之與王也, 君臣無禮¹, 而上下無別,
안 평 군 지 여 왕 야 , 군 신 무 례¹ , 이 상 하 무 별 ,

且其志欲爲不善².
차 기 지 욕 위 불 선² .

—『戰國策·齊策』

---

1 無禮(무례): 군주와 신하 사이의 예절을 지키지 않다.

2 不善(불선): 나쁜 일. '모반'을 가리킨다.

▶ 안평군(安平君)은 대왕을 모시고 섬김에 군주와 신하 사이에 마땅히 지켜야 할 예절을 지키지 않고, 군주와 신하의 구분을 무너뜨리고 있습니다. 또한, 속으로 모반과 찬탈을 꾀하고 있습니다.

안평군은 제나라 대부 전단을 말한다. 전단이 연나라 군대를 격파하여 제나라의 잃어버린 땅을 회복하자 제나라 사람들은 모두 그가 스스로 왕위에 오를 것으로 생각했다. 그러나 전단은 왕자 전법장을 모셔와 왕위에 오르게 했으니, 그가 바로 제양왕이었다. 양왕은 전단을 재상으로 임명하고 평원군이라고 불렀다. 이와 같은 상황에서 전단의 명망이 국왕의 위세를 능가하는 것은 당연지사였고, 이를 시기하는 제양왕 곁의 간신들은 수시로 제양왕에게 전단을 비방하고 헐뜯었다. 전술한 내용이 바로 그러한 모함 가운데 하나였다. '모반을 꾀하고 있다고 모함하는 것'은 간신이 충신을 중상 모략할 때 가장 흔하게 쓰이는 방법이었다.

위와 같은 험담을 들은 제양왕은 어느 날 명을 내렸다.

"재상 단(單)을 불러 나를 알현케 하라."

그러자 전단은 머리를 풀어헤치고 신발과 상의를 벗은 채로 왕을 알현하며 죽을죄를 지었으니 벌을 기다린다고 청했다. 그렇게 5일이 지나자 양왕이 전단에게 말했다.

"그대는 아무런 죄가 없네. 단지 그대가 신하의 예를 지켜주길 바랐고, 과인은 군왕의 예를 지키려고 했던 것뿐이네."

얼마 뒤, 제나라의 대부 초발(貂勃)이 초나라에 사신으로 갔다가 돌아왔고, 제양왕은 주연을 베풀어 그를 환대했다. 주흥이 한창 무르

익었을 무렵, 양왕이 분부했다.

"재상 단을 불러오라."

그 말을 들은 초발은 자리에서 일어나 앞으로 나와 양왕을 향해 예를 올리며 말했다.

"대왕께서는 어찌 그런 망국의 말을 하시나이까? 옛날 주문왕(周文王)께서는 여상(呂尙)을 예우하며 그를 태공(太公)이라고 부르셨고, 제환공께서는 관중을 예우하여 그를 중부(仲父)라고 부르셨습니다. 그런데 지금 대왕께서 '단, 단'이라며 안평군의 이름을 직접 부르시다니요. 자고로 어떤 신하의 공로가 안평군보다 더 크더이까? 과거에 안평군이 만일 대왕과 왕후를 모셔오지 않았더라면 대왕께서 어찌 제나라에 군림하실 수 있었겠습니까? 대왕께서 안평군의 이름을 부르시며 하대하시다니요. 설령 어린아이라 할지라도 그런 (어리석은) 행동은 하지 않을 것입니다."

초발의 말을 듣고 문득 깨달음을 얻은 제양왕은 전단을 비방하던 아홉 명의 간신을 주살할 것을 명했다.

역사를 사로잡은 명장면

한나라를 세운 유방과 명나라를 건국한 주원장은 천하를 얻은 이후 자신들과 함께했던 개국 공신들을 모두 주살했다. 두 사람은 가진 것이 없이 봉기하여 천하를 공략했으므로 그들을 도와 새로운 국가를 건설하는 데 앞장섰던 '형제'들은 규칙이 없는 것에 익숙할 수밖에 없었다. '군신 간에 예의가 없고 상하 구분이 없는' 상황에 이르자, 그들을 죽이지 않으면 나라를 다스리기 어려웠던 것이다.

호족 출신의 개국 군주였던 당나라의 이세민과 송나라의 조광윤은 천하를 얻은 후

개국에 힘쓴 신하들을 공신으로 예우하거나 '술로 병권을 내놓게(杯酒釋兵權)'하는 것이 가능했다. 그 두 사람의 공신들은 '형제'가 아니라 기존의 가신(家臣)이나 가장(家將)이었으므로 군주와 신하 간의 규칙이 시종일관 유지되었던 것이다.

제양왕의 사례는 매우 독특하다. 그의 천하는 전단이 고스란히 바쳤던 것이었으므로 근본적으로 전단을 대하는 태도가 돌변할 여지가 없었다. 당대 대종(代宗)과 곽자의(郭子儀)의 관계도 그와 유사했는데, 그 상황 차이를 비교해볼 만하다.

곽자의는 '안사(安史)의 난'을 평정한 명장이었다. 당시 당 황실은 쇠락하고 있었다. 번진은 제멋대로 설쳤고, 외적의 침입이 판을 쳤다. 조정에서 부릴 수 있는 번수(藩帥)는 거의 대부분이 곽자의의 부장(部將)들이었다. 위구르족도 곽자의의 말만 들었고, 거란과 토번도 곽자의만 두려워했다. 곽자의의 봉작은 분양왕(汾陽王)이었고, 그의 아들 곽애(郭曖)는 대종의 딸 승평(昇平) 공주와 혼인했다. 당시의 당 황실 전체를 곽자의 한 사람이 떠받치고 있었다고 해도 과언이 아니었다.

하루는 곽애와 승평공주 내외가 다투었는데, 공주가 말했다.

"우리 아버지는 천자이시다!"

그러자 곽애가 말했다.

"우리 아버지께서는 천자가 되는 것쯤 아무것도 아니라고 여기시는 분이다!"

공주는 그 길로 입궁하여 그 말을 일러바쳤다.

자초지종을 들은 대종이 딸에게 말했다.

"곽애의 말은 틀린 말이 아니다. 그의 아버지가 천자가 되고자 했다면 황위가 어찌 우리 가문에게 넘어왔겠느냐?"

말을 끝낸 대종은 딸에게 집으로 돌아갈 것을 명했다.

곽자의는 이 일을 듣고 급히 곽애를 포박하여 수레에 태워 궁으로 들여보내 죄를 청했다. 당대종은 곽자의를 보고 이렇게 말했다.

"바보가 아니고 귀머거리가 아니면 가장 노릇을 할 수 없네. 아녀자들이 규방에서 하는 말에 일일이 신경 쓸 것 있겠는가?"

그렇게 이 풍파를 조용히 일단락했다.

당대종은 운이 좋았다. 곽자의에게 왕위 찬탈의 마음이 털끝만큼도 없었으므로 자신의 황제 자리를 지킬 수 있었고, 대종 또한 눈치 있게 처신했으므로 곽자의와 평화로운 관계를 유지하며 공존할 수 있었다.

제양왕은 그보다 더 운이 좋았다. 전단은 기본적으로 제왕의 동족이었고, 그 당시는 제민왕이 이미 세상을 떠난 뒤였으므로 전단이 나라를 회복한 뒤 스스로 왕이 된다고 하더라도 전혀 문제될 것이 없었다. 그런데도 양왕을 추대하여 왕으로 옹립하고 다른 마음을 전혀 품지 않았으니 이는 역사적으로 전무후무한 일이었다. 제양왕은 당대종처럼 유약한 군주가 아니었다. 다행히 초발의 간언이 있었기에 이전의 잘못을 깨닫고 더는 전단을 핍박하지 않았다.

고전의 지혜

역사적으로 막강한 권력을 장악한 신하가 왕위를 찬탈했던 수많은 사례는 모두 '군주와 신하 간에 예의가 없고, 윗사람과 아랫사람 사이에 구별이 없는' 것에서 시작되었다. 권신이 녹봉을 올려달라고 거듭 요구하고, 황제가 이를 하나하나 허락하다가 결국 최고 예우를 표시하는 '구석(九錫)'을 하사하고, 황제만 사용할 수 있는 제왕의 도끼 '황월(黃鉞)'을 빌려주는 지경에 이르게 되면 황위와의 거리가 겨우 한 걸음밖에 차이 나지 않게 된다. 형세를 장악하고 있는 이상, 자신이 직접 천자가 되지 못할 이유가 어디 있겠는가? 그래서 황제가 '뉘우쳐야' 하는 것일까? 그것은 상황에 따라 장담할 수 없다.

북이 한 번 울렸을 때 기운이 넘쳤고,
두 번 울렸을 때 기운이 약해졌고,
세 번 울렸을 때 기운이 바닥났다

기세를 정확하게 파악하는 계책

048

齊魯戰於長勺[1]. 公[2]將鼓[3]之. 劌曰:"未可."
제 노 전 어 장 작[1]. 공[2]장 고[3]지. 귀 왈: "미 가."

齊人三鼓. 劌曰:"可矣." 齊師敗績[4]. 公將馳[5]也.
제 인 삼 고. 귀 왈: "가 의." 제 사 패 적[4]. 공 장 치[5]야.

劌曰:"未可." 下視其轍[6]. 登軾[7]而望之.
귀 왈: "미 가." 하 시 기 철[6]. 등 식[7]이 망 지.

曰:"可矣." 遂逐齊師. 旣克[8]. 公問其故.
왈: "가 의." 수 축 제 사. 기 극[8]. 공 문 기 고.

對曰:"夫戰. 勇氣也. 一鼓作氣. 再而衰. 三而竭.
대 왈: "부 전. 용 기 야. 일 고 작 기. 재 이 쇠. 삼 이 갈.

彼竭我盈. 故克之. 夫大國難測也. 懼有伏焉.
피 갈 아 영. 고 극 지. 부 대 국 난 측 야. 구 유 복 언.

吾視其轍亂. 望其旗靡. 故逐之."
오 시 기 철 란. 망 기 기 미. 고 축 지."

—『左傳·莊公十年』(曹劌論戰)

1 長勺(장작): 지명
2 公(공): 노장공(魯莊公)
3 鼓(고): 고대에는 전쟁터에서 북을
   쳐서 진군을 알리고, 징을 쳐서 퇴각을
   알렸다. 전장은 사람과 말의 소리가
   요란하므로 북소리와 징소리로 부대의
   진퇴를 지휘했다.

4 敗績(패적): 진지가 궤멸하다.
5 馳(치): 수레를 이끌고 추격하다.
6 轍(철): 수레바퀴 자국
7 軾(식): 수레 앞부분의 손잡이용
   가로나무
8 克(극): 싸움에서 이기다. / 旣克(기극):
   승리하여 전투가 일단락된 뒤에

▶ 제나라와 노나라가 장작(長勺)에서 교전을 벌였다. 노장공이 진군을 명하는 북을 치려고 하자 조귀(曹劌)가 말했다.

"아직 안 됩니다."

제나라 군대의 북소리가 세 차례 울린 뒤 조귀가 말했다.

"이제 되었습니다."

제나라 군대의 진지를 궤멸한 뒤 노장공이 수레를 몰아 패잔병을 추격하려 하자 조귀가 말했다.

"아직 안 됩니다."

조귀가 수레에서 내려 제나라 군대의 수레바퀴 자국을 살펴보고, 또다시 수레 앞턱 가로나무에 올라가 멀리 내다보고는 그제야 말했다.

"이제 됩니다."

그리하여 마침내 제나라를 국경 밖까지 내쫓았다.

전투를 일단락하고 전장을 정리할 때 노장공이 조귀에게 그 까닭을 묻자 이렇게 답했다.

"무릇 전쟁이란 사기가 핵심입니다. 첫 번째 북소리가 울릴 때 제나라 병사들의 사기가 넘쳐났고, 두 번째 북소리가 울릴 때는 기운이 약해졌지요. 세 번째 북소리가 울릴 때 기운은 이미 거의 바닥났습니다. 적군의 기운이 빠졌을 때 우리 군대가 첫 번째 북을 울렸고, 우리 병사들은 용기가 충만해 있었습니다. 그래서 적을 무찌를 수 있었던 것입니다. 우리가 승리하기는 했으나 제나라는 대국이므로 방심할 수 없었습니다. 복병을 심어놓았을 가능성을 배제할 수 없었습니다. 제가 살펴보니, 그들의 수레바퀴 자국은 혼잡하고 어수선했고, 깃발은 활기 없이 맥이 빠져 있었습니다. 그 모습은 거짓 퇴각이 아니라 참으로 패배한 것이기에 마음 놓고 추격했던 것입니다."

조귀가 노장공을 수행하여 출전을 하기 전에 둘 사이에는 이런 대화가 오고갔다.

조귀가 물었다.

"노나라는 무엇에 근거하여 제나라와 일전을 치르려고 하는 것입니까?"

"의복과 식량을 감히 혼자 차지하지 않고 백성들과 함께 나누었다."

"그것은 단지 '작은 은혜'에 불과한 것이며, 절대로 온 백성에게 두루 미칠 수 없습니다. 그것만으로는 전쟁을 벌이기에 부족합니다."

그러자 장공이 다시 답했다.

"제사에 올리는 희생과 옥과 비단 등 제물을 섣불리 늘리지 않고 반드시 법도에 따랐다."

"그것 또한 단지 '작은 신의'에 불과합니다. 온 백성들로 하여금 전장에 나가게 하기에는 부족합니다."

장공은 또다시 말했다.

"크고 작은 소송과 법 심판을 반드시 공정하게 처리하도록 애썼다."

그러자 이번에는 조귀가 그의 말에 동의했고, 그리하여 조귀는 노장공을 수행하여 출전했다.

『동래박의(東萊博議)』에서는 이에 대해 "감옥도 사지(死地)이고, 전쟁터 또한 사지이다"라고 평론했다. 백성들은 감옥에 들어가는 것을 목숨이 달린 매우 중대한 일로 여긴다. 따라서 위정자가 평상시에 백성의 죽고 사는 문제에 대해 고민한다면 백성들은 전쟁이 일어났을 때 임금을 위해 목숨을 바친다. 바꿔 말하면, 만약 정부가 평상시에 국민의 사활을 돌보지 않는다면 전쟁이 임박했을 때 그들은 절대로 국왕(지도자)을 위해 싸우려 들지 않을 것이다.

역사를 사로잡은 명장면

전국시대, 진(秦)나라 군대가 조나라의 알여(閼與)를 공격하자 조왕이 노장 염파(廉頗)를 불러들여 의견을 물었다. 염파가 말했다.

"알여 지역은 길이 멀고 도로가 좁아 전쟁하기 쉽지 않습니다."

그런 뒤 이번에는 악승(樂乘)을 만나 물었는데, 대답이 비슷했다.

마지막으로 조사(趙奢)를 불러 의견을 물었다. 그러자 조사는 이렇게 말했다.

"땅이 멀고 길이 좁은 것은 사실입니다. 그런데 그러한 지형에서 전쟁을 하는 것은 쥐 두 마리가 지하 땅굴에서 서로 싸우는 것과 같습니다. 피차 퇴로가 없는 싸움이지요. 상대적으로 용감한 쪽이 승리를 거둘 것입니다. 제 생각에는, 반드시 용감한 장수를 보내어 전쟁을 치르게 하는 것이 좋을 것으로 사료됩니다."

이에 조왕은 조사에게 병사를 이끌게 하여 알여를 신속히 구원할 것을 명했다. 그러나 조사는 한단을 떠나 30리 정도 떨어진 곳에 깊은 해자를 파고 높은 보루를 쌓은 뒤 그곳에서 더는 전진하지 않았다. 28일 내내 마치 산처럼 그 자리에서 움직이지 않았다. 또한 부하들에게는 출전을 주장하지 못하도록 금지령을 내리고, 이를 위반하는 자는 참수했다. 얼마 지나지 않아 조사의 군영에 은밀히 침투한 진나라 첩자를 생포하게 되는데, 조사는 그를 잘 대해준 뒤 돌아갈 수 있도록 풀어주었다. 그리고 곧바로 전군에 출전 명령을 내렸다. 밤낮으로 쉬지 않고 재빠르게 돌진하여 이틀 후에 알여에 도착했고, 대규모 전투를 치른 끝에 조사는 진나라 군을 크게 격파했다.

또 다른 이야기로, 진(秦)나라 대장 왕전(王翦)이 병사들을 이끌고 초나라를 공격한 일이 있다. 전선에 도착한 왕전은 깊은 해자와 높은 보루를 구축하고 단단히 방어하면서 출전하지 않았다. 초나라 군대가 도발을 해도 반응을 보이지 않았다. 그러는 동안 여러 장군과 병사들이 잘 먹고, 잘 자고, 충분히 씻을 수 있도록 해주었다. 그러던 어느 날, 왕전이 부장에게 물었다.

"병사들은 무엇을 하고 있는가?"

부장이 답했다.

"모두 돌 던지기 내기를 하고 있습니다. 멀리 던지는 사람이 이기는 내기지요."

"이제 병사들을 쓸 때가 되었구나!"

마치 산처럼 요지부동인 진나라 군대를 상대하던 초나라 군대는 지루한 기다림을 더는 참지 못하고 철군 준비를 하고 있었다. 초나라 군대가 움직이자 왕전은 그 즉시 맹공격을 퍼부었고, 초나라의 총사령관 항연(項燕)을 죽였다. 그 뒤 1년 사이에 초나라를 멸망시키고 초왕을 포로로 사로잡았다.

고전의 지혜

조사와 왕전은 모두 '적군의 사기가 사그라지고 우리의 사기가 왕성할 때 공격하는(彼竭我盈)' 전술을 사용했다. '첫 번째 북소리에 사기가 최고조에 오른' 아군을 이끌고 나가 '두 번, 세 번 북을 두드려 사기가 사그라지고 바닥나버린' 적군을 공격함으로써 결정적인 승리를 거두었던 것이다.

천자를 옆에 끼고
천하를 호령하다

위엄으로 천하를 제압하는 계책

049

(張儀)對曰: "…… 據九鼎¹, 按圖籍²,
(장의)대왈: "…… 거구정¹, 안도적²,

挾天子而令天下, 天下莫敢不聽, 此王業也."
협천자이령천하, 천하막감불청, 차왕업야."

— 『戰國策·秦策』

---

1 九鼎(구정): 하우(夏禹) 시대에 구주(九州)에서 조공으로 바쳤던 무쇠 솥을 가리킨다.
  하, 상, 주 3대에 국가 정권의 정통성을 상징하는 '보기(寶器)'였다.
2 圖籍(도적): 지도와 호적

▶ 장의가 말했다.

"구정에 의거하여 정권의 정통성을 얻고 천하의 지도와 호적을 장악하며 주 천자의 이름을 빌려 천하를 호령하면 천하의 제후들 중에 누가 감히 복종하지 않겠습니까? 이것이 바로 왕업(王業)인 것입니다."

천하를 쟁패하려는 야심을 품고 있던 진혜왕은 전략 구상을 위해 대신들의 의견을 구했다. 이에 사마조(司馬錯)와 장의가 논쟁을 벌이게 되는데, 사마조는 지금의 사천 지역에 해당하는 촉(蜀)을 먼저 공격해야 한다고 주장했고, 장의는 산서 지역에 해당하는 한(韓)을 우선적으로 공격해야 한다고 주장했다. 이는 남진(南進)할 것인지 동진할 것인지에 대한 전략적 논쟁이기도 했다.

장의는 중원을 직접 공격하여 쟁취하는 것이 왕업의 정도(正道)이며, 서촉(西蜀)은 변방이고 오랑캐의 땅이라고 생각했다. '명예를 다투는 사람은 조정에 있고, 이익을 다투는 사람은 시장에 있는 것'임을 주장하며, 주 왕실과 중원의 땅이야말로 '천하의 조정이자 시장'이고 서촉을 공격하는 것은 '먼 길로 돌아가는 것'임을 강조했다.

그러나 사마조의 생각은 달랐다. 그는 진나라가 촉을 공격하는 것은 마치 '이리가 양 떼를 쫓는 것'처럼 쉬운 일이라는 점을 강조했다. 토지와 재물을 획득하면서도 중원의 제후들을 놀라게 하지 않는 일이니, 이는 세력을 확대하면서도 위험부담이 없는 전략이라는 것이었다. 또한, 그는 직접적으로 중원을 향하여 패권에 도전한다면 오히려 제후들을 연합하게 하여 진나라에 대항할 빌미를 주는 위험한 전략이라고 주장했다.

결국, 진혜왕은 사마조의 전략을 받아들였다. 그렇게 촉을 얻은 진 나라는 더욱 강력해졌고, 그런 뒤 '먼 나라와 화친하고 가까운 나라를 공격하는(遠交近攻)' 장의의 계책을 사용하여 여섯 나라를 잠식하고 천하를 통일했다.

역사를 사로잡은 명장면

동한(東漢) 말기는 수많은 영웅이 일시에 봉기하여 세력을 다투던 '군웅할거(群雄割據)'의 시대였다. 그런데 그 많은 영웅 가운데 훗날 조조가 북방의 군웅을 평정할 수 있었던 중요한 요인은 한헌제(漢獻帝)라는 비장의 카드를 손에 쥐었기 때문이었다. 천자를 등에 업고 제후를 호령할 수 있었던 조조와는 달리 그의 가장 큰 적이었던 원소는 가만히 앉아서 기회를 잃어버린 영웅이었다.

원소는 동탁을 토벌하기 위해 각지 제후의 출병을 주도했던 '제후의 우두머리'였다. 동탁을 완전히 토벌한 뒤 곤경에 빠져 있는 한헌제를 맞아들일 것을 원소에게 간언하는 이가 있었다. 하지만 원소는 내심 '이 기회를 틈타 유명무실하고 쓸모없는 황제를 버려야겠다'고 생각했다. 그는 황제가 없어지면 자신이 가장 강대한 권력을 가지게 될 것이라고 여겼고, 결국 아무런 행동도 취하지 않았다.

그러자 조조의 책사 순욱(荀彧)이 곧바로 조조에게 건의했다.

"옛날 진문공이 주양왕(周襄王)을 안정시키자 제후들은 그에게 복종했습니다. 한 고조(漢高祖)가 의제(義帝)를 위하여 장례를 치르고 항우를 토벌하자 천하가 진심으로 그에게 귀의했습니다. 지금 천자가 보위를 잃고 도피해 있으니 우리가 서둘러 천자를 모셔 와야 합니다. 만약 서두르지 않고 어영부영하다가는 다른 사람이 선수를 칠 것입니다."

조조는 이 건의를 받아들였고, 결국 대업을 성취했다.

진혜왕과 조조의 이야기를 비교해보면 누가 옳은 것이고, 누가 틀린 것일까? 쉽게 답을 내리기 어렵다. 진혜왕은 촉을 먼저 공격하고 침착하게 동진을 도모할 수 있는 상황이었지만, 조조는 쉽게 공격을 받을 처지였고 힘이 가장 강한 것도 아니었다. 시간적으로, 공간적으로 여유가 없었으므로 조조는 일을 천천히 진행할 수 없었던 것이다.

고전의 지혜

장의와 사마조의 논쟁은 대단히 흥미진진하다. 양측의 논리가 치밀할 뿐만 아니라 사이사이에 여러 가지 명구가 등장한다. 앞에서 인용한 구절 이외에도 "나라를 부유하게 하고자 한다면 토지를 확대하는 데 힘쓰고, 병사를 강하게 양성하고자 한다면 백성들을 부유하게 하는 데 힘써야 한다(欲富國者, 務廣其地. 欲强兵者, 務富其民)", "일거에 명분과 실리를 모두 거두다(一擧而名實兩附)"와 같은 좋은 구절도 확인할 수 있다. 관심 있는 독자들은 원문 전체를 읽어보는 것도 좋을 것이다.

사악함을 제거함에 망설이지 말고
어진 이를 등용함에 두 마음을 품지 말라

진심으로 사람을 대하는 계책

050

寡人以王子爲子任, 欲子之厚愛之, 無所見醜[1].
과 인 이 왕 자 위 자 임, 욕 자 지 후 애 지, 무 소 견 추[1].

御道[2]之以行義, 勿令溺苦[3]於學. 事君者,
어 도[2] 지 이 행 의, 물 령 닉 고[3] 어 학. 사 군 자,

順其意不逆其志. 事先[4]者, 明其高不倍[5]其孤.
순 기 의 불 역 기 지. 사 선[4] 자, 명 기 고 불 배[5] 기 고.

故有臣可命, 其國之祿也. 子能行是,
고 유 신 가 명, 기 국 지 록 야. 자 능 행 시,

以事寡人者畢[6]矣. 書[7]云: "去邪無疑,
이 사 과 인 자 필[6] 의. 서[7] 운: "거 사 무 의,

任賢勿貳[8]." 寡人與[9]子, 不用人[10]矣.
임 현 물 이[8]." 과 인 여[9] 자, 불 용 인[10] 의.

—『戰國策·趙策』

1 見醜(견추): 싫어하다. 불쾌하게 생각하다.

2 御道(어도): 인도하다. 인솔하다.

3 溺苦(익고): 고통에 빠지다.

4 先(선): 선인(先人). 선대의 임금

5 倍(배): '背(배)'와 같다. 배반하다. 기대를 저버리다.

6 畢(필): 완성하다.

7 書(서): 「주서」

8 貳(이): 두 마음. 딴마음

9 與(여): 부탁하다.

10 人(인): 타인. 남

▶ 조무령왕(趙武靈王)이 주소(周紹)에게 말했다.

"과인이 그대에게 왕자를 부탁하려고 하니 그대는 왕자를 아끼고 미워하지 말라. 왕자가 올바른 길을 걸을 수 있도록 인도하되 실생활에 활용하지 못하는 죽은 공부에 빠지지 못하게 하라. 군주를 받들어 섬기는 사람은 군주의 의지를 이해하고 위배해서는 안 된다. 선왕을 받들어 섬기는 사람은 선왕의 덕정을 충분히 드러내고 그 기대를 저버려서는 안 된다. 그러므로 중임을 맡길 만한 대신이 있다는 것은 나라의 홍복인 것이다. 그대는 이것을 능히 해낼 수 있다. 과인이 위임하는 임무를 완성할 수 있을 것이다. 『주서』에서 말하길 "사악함을 제거하는 데 머뭇거리지 말라. 현인을 등용하는 데 두 마음을 품지 말라"고 했다. 과인은 이 중임을 맡기는 데 그대 말고 다른 사람은 고려하지 않는다."

조무령왕이 주소를 왕자 조하(趙何)의 태부로 임명하려고 했다. 그러나 무령왕의 '호복(胡服)' 개혁(관련 내용은 69번째 명구 "옛것을 본받는 것만으로는 현재를 다스릴 수 없다" 참고)에 찬성하지 않았던 주소는 자신보다 더 나은 사람을 찾아보라고 건의했다. 그러자 무령왕이 흉금을 털어놓고 위와 같이 말했다. 무령왕은 '다른 사람은 고려하지 않는다'며 의도적으로 주소를 치켜세웠다. 그러나 다른 한편으로는 '군주의 뜻을 따르고 의지를 거스르지 말라'는 말로 주소에게 '호복'의 대열에 합류할 것을 요구했다. 또한, 왕자가 '죽은 공부에 빠져서' 고대의 예속과 제도에 얽매이게 하지 말고 올바르게 지도하여 훗날 '선왕(무령왕 자신)'의 정책을 관철할 수 있게 하라는 뜻도 함께 내비쳤다.

주소는 결국 이를 승낙했고, 조무령왕은 그에게 호복의 관대를 하사하여 호복을 입고 왕자를 가르치게 했다.

역사를 사로잡은 명장면

무령왕은 '어진 이를 등용하는 데에는 두 마음을 품지 않았지만' 아들에게 왕위를 물려주는 과정에서는 '두 마음'을 품었다. 무령왕은 애초에 장자 조장(趙章)을 태자로 세웠다. 하지만 이후에 태자를 폐위하고 위 이야기에 등장하는 왕자 조하를 태자로 책봉했다. 얼마 뒤, 무령왕은 조하(조혜문왕, 趙惠文王)에게 왕위를 물려주고, 자신이 직접 삼군을 통치하며 '주부(主父)'라는 호칭을 사용했다.

그러나 큰아들이 동생에게 절하고 신하의 예를 올리는 모습을 보고 내심 안타까워하던 주부는 또다시 국토를 둘로 나누어 두 아들에게 하나씩 다스리게 했다. 이에 불만을 품은 혜문왕은 얼마 지나지 않아 병사를 동원해 난을 일으켰고, 아버지를 사구궁(沙丘宮)에 감금했다가 결국 굶어 죽게 했다.

고전의 지혜

'어진 사람을 등용할 때 두 마음을 품지 않는 것'은 지도자가 갖추어야 할 덕목이고, 등용한 사람에게 충분한 권력을 부여하는 일은 책임을 분담하게 하는 핵심이다. 그러나 충분한 권력 이양의 전제 조건은 '적절한 사람을 쓰는 것'이다. 만일 인품이 좋지 않거나 전문 지식이 부합하지 않거나, 재능이 부족한 사람이라면 충분한 권력을 주는 것이 오히려 재난으로 변할 수 있다. 따라서 본 명구에서 지적하듯이 '어진 사람'을 등용하는 데 두 마음을 품지 않는 것이 비로소 정확하다고 할 수 있다.

혀는 부드러우므로 아직 남아 있고
이는 단단하므로 이미 사라졌다

부드러움이 강함을 이긴다는 이치

051

(常摐[1])張其口而示老子[2]曰: "吾舌存乎?"
(상창[1]) 장 기 구 이 시 노 자[2] 왈: "오 설 존 호?"

老子曰: "然!" "吾齒存乎?"
노 자 왈: "연!" "오 치 존 호?"

老子曰: "亡[3]!"
노 자 왈: "망[3]!"

常摐曰: "子知之乎?"
상 창 왈: "자 지 지 호?"

老子曰: "夫舌之存也, 豈非以其柔耶?
노 자 왈: "부 설 지 존 야, 기 비 이 기 유 야?

齒之亡也, 豈非以其剛耶?"
치 지 망 야, 기 비 이 기 강 야?"

—『說苑·敬愼』

---

1 常摐(상창): 인명. 고증에 따르면 상 주왕 시기의 대부 상용(商容)으로, 직언하다가
파면당했다.
2 老子(노자): 이름은 이이(李珥). 도가의 시조이다.
3 亡(망): '無(무)'와 같다. 이가 모두 빠져서 없다.

▶ 상창(常摐)이 입을 크게 벌려 노자에게 보여주며 말했다.

"혀가 있는가?"

노자가 말했다.

"그렇습니다."

"이는 있는가?"

"없습니다."

"그대는 이 속에 담긴 이치를 알았는가?"

그러자 노자가 말했다.

"혀가 여전히 존재하는 것은 그것이 부드럽기 때문이 아니겠습니까? 이가 이미 없어진 것은 그것이 단단하기 때문이 아니겠습니까?"

『설원』에 실려 있는 위의 단락은 나라를 다스리는 데 있어서 강함과 부드러움의 이치를 이야기하는 내용이다. 상창의 병이 깊어 노자가 그를 찾아가 살펴보며 나눈 대화를 시작으로 주제를 이끌어낸 뒤 진(晉)나라 대부 한평자(韓平子)와 숙향(叔向)의 대화를 덧붙여 좀 더 상세하게 논의했다. 이는 빠져서 없어지지만 혀는 오랫동안 남는 것은 '천하에서 가장 부드러운 것이 천하에서 가장 단단한 것 사이로 이리저리 내달린다(天下之至柔, 馳騁乎天下之至剛)'는 『도덕경』의 이치다. 또한 '사람이 살아 있을 때는 몸이 부드럽지만 죽으면 딱딱하게 굳어지고', '풀과 나무는 살아 있을 때는 부드럽지만 죽으면 말라비틀어진다'는 점을 근거로 보면 '부드러우면 살고 단단하면 죽는다'는 것을 알 수 있다. 마지막으로 제환공의 말로 결론을 내리는데, '쇠붙이는 딱딱하면 부러지고 가죽은 딱딱하면 균열이 생긴다. 임금이 강하면

나라가 멸망하고 신하가 강하면 인간관계가 끊어진다'는 것이다.

역사를 사로잡은 명장면

단단하면 쉽게 부러진다는 이치와 차근차근 일을 진행하면 원만하게 이룰 수 있다는 이치는 우리 모두 알고 있는 사실이다. 하지만 부드러움이 반드시 강함을 이기는 것만은 아니다.

전국시대 제양왕의 왕후는 매우 현명한 여인이었다. 양왕이 세상을 떠난 뒤 그녀는 '군왕후(君王后)'라고 불리며 수렴청정했는데, 그녀의 외교 전략은 강한 진(秦)나라에는 저자세를 취하면서 다른 제후들과는 진심을 다해 우호적 관계를 유지하는 것이었다. 이러한 외교 정치를 근거로 제나라는 40여 년 동안 전쟁이 없이 태평한 시절을 누렸다.

한번은 진소왕이 제나라에 사신을 보내왔다. 소왕의 명으로 옥고리 사슬을 들고 온 진나라 사신은 제나라 조정에 도착해 이렇게 말했다.

"듣자 하니 제나라에 유능한 인재들이 많다고 하던데, 이 옥고리 사슬을 풀어낼 만한 사람이 있으신지요?"

군왕후는 여러 신하에게 옥고리를 돌려보게 했으나, 그것을 풀 수 있다고 나서는 사람이 아무도 없었다. 그러자 군왕후는 사람을 불러 나무망치를 가져오게 한 뒤 단번에 사슬을 내리쳐 산산조각냈다. 그런 뒤 그는 사신에게 말했다.

"이렇게 풀었으니 되었지요?"

군왕후는 '부드러움의 도'로써 진나라에 대처했다. 하지만 저자세를 취한다고 하더라도 상대방에게 연약하게 보일 수는 없었다. 연약함은 더 많은 굴욕을 자초하는 일이기 때문이다.

진소왕이 옥고리 사슬을 보낸 의도는 분명하지 않지만, 아마도 그 사신은 이미 해법을 알고 있었을 것이다. 제나라 조정의 문무 대신들이 모두 풀지 못한다면 진나라 사신이 그 자리에서 풀어냈을 것이다. 그랬다면 제나라의 체면이 땅바닥에 떨어질 뿐만 아니라 진나라 사신을 기고만장하게 하는 상황이었으니, 이는 일촉즉발의 긴박한 외교적 위기 상황이었던 것이다.

군왕후가 망치로 옥고리 사슬을 깨부순 것은 일종의 '강경함'의 표현이었다. 그로써 아마도 외교적 위기를 해소할 수 있었을 것이고, 그렇지 않더라도 최소한 국가의 존엄은 유지할 수 있었다. 그녀는 '강함과 부드러움을 모두 갖춘' 인물이라 할 만하다.

고전의 지혜

모두가 알고 있듯이, '혀는 부드러우므로 존재하고 이는 단단하므로 없어진다'는 논리는 현대 의학에 근거하면 전혀 사실에 부합하지 않는다. 하지만 가장 부드러운 것이 가장 단단한 것을 이길 수 있다는 이치는 여전히 유효하다. 특히 상대방이 너무나도 강해서 힘으로 대항할 수 없는 상황이라면 '부드러움의 도'는 우리가 취할 수 있는 유일한 방법이 될 것이다.

나무의 가지와 잎이 크면 반드시 부러지고 짐승의 꼬리가 크면 민첩하지 못하다

지방이 중앙을 능가하는 사례

052

王¹曰: "國有大城, 何如?" 對曰: "鄭京櫟實殺曼伯²,

왕¹왈: "국유대성, 하여?" 대왈: "정경력실살만백²,

宋蕭亳實殺子游³, 齊渠丘實殺無知⁴,

송소호실살자유³, 제거구실살무지⁴,

衛蒲戚實出獻公⁵. 若由是觀之, 則害於國. 末⁶大必折,

위포척실출헌공⁵. 약유시관지, 즉해어국. 말⁶대필절,

尾大不掉⁷, 君所知也."

미대부도⁷, 군소지야."

—『左傳·昭公十年』(申無宇諫外重)

1 王(왕): 초영왕(楚靈王)

2 鄭京櫟實殺曼伯(정경력실살만백): '정나라의 큰 성 경(京)과 력(櫟)이 결국 만백(曼伯)을 살해했다'는 뜻이다. 정나라에서 지위를 잃은 정려공은 이후 송나라의 지지를 받아 력 땅에 머물렀다가 후에 경 땅을 병탄했고, 또다시 수도로 쳐들어가 복위했다. 만백(曼伯)은 당시의 정나라 임금으로 봉호(封號)가 없다.

3 宋蕭亳實殺子游(송소호실살자유): '송나라의 큰 성 소(蕭)와 호(亳)가 결국 공자 유(游)를 살해했다'는 뜻이다. 송나라에 정변이 일어난 끝에 공자 유가 옹립되었는데, 얼마 지나지 않아 소성과 호성으로 도망갔던 다른 공자들에 의해 전복당했다.

4 齊渠丘實殺無知(제거구실살무지): '제나라의 큰 성 거구(渠丘)가 결국 무지(無知)를 살해했다'는 뜻이다. 제나라의 정변 과정에서 공자 무지가 제양공을 시해했고, 이후 거구를 지키고 있던 대부 옹름(雍廩)이 무지를 살해했다.

5 衛蒲戚實出獻公(위포척실출헌공): '위나라의 큰 성 포와 척(戚)이 결국 헌공을 추방했다'는 뜻이다. 위나라 대부 영식(甯殖)과 손림보(孫林父)가 정변을 일으키고 위헌공을 추방한 일이 있었는데, 여기에서 포는 영식의 봉읍이고 척(戚)은 손림보의 봉읍이다.

6 末(말): 나무의 가지와 잎을 '末(말)'이라고 하고, 기둥과 뿌리를 '本(본)'이라고 한다. 지엽이 너무 무성하면 나무가 크고 풍성하여 바람을 많이 맞게 되고, 그러면 나뭇줄기가 쉽게 부러진다. 또 나뭇가지가 너무 굵어도 나무 기둥이 쉽게 부러진다.

7 掉(도): 동요하다. 흔들다. / 不掉(부도): 꼬리를 민첩하게 흔들지 못하다.

▶ 초영왕이 물었다.

"나라에 큰 성이 있는 것은 어떠한가?"

신무우(申無宇)가 답했다.

"과거에 정나라, 송나라, 제나라, 위나라에 정변이 발생했던 것은 모두 큰 성의 힘이 수도보다 강했기 때문입니다. 이러한 사례를 살펴보면 큰 성은 국가 안전에 해롭습니다. 나무의 가지와 잎이 너무 무성하면 쉽게 부러지고, 짐승의 꼬리가 너무 크면 민첩하지 않은 법입니다. 이는 대왕께서도 잘 알고 계시는 일입니다."

진(陳)나라와 채나라를 멸망시킨 초영왕은 이 두 나라를 초나라의 부속 현으로 귀속시키는 대신 동생 기질(棄疾)을 파견하여 재상 직을 맡기고 두 나라를 다스리게 했다. 이에 기질은 스스로 '채공(蔡公)'이라고 참칭하며 분수에 넘치는 생활을 하기 시작했다. 초영왕이 이 일에 대해 대부 신무우에게 물었다.

"기질은 채나라에서 어찌 하고 있는가?"

하지만 신무우는 감히 황실의 집안일에 지나치게 간섭할 수 없었으므로 다른 나라의 사례를 들어 완곡하게 돌려 말했다. 게다가 초영왕 또한 그의 형이었던 초강왕(楚康王)이 깊이 병든 틈을 타서 형을 교살하고 왕위를 찬탈했으므로 신무우는 '정변으로 인한 혼란상'에 관한 사례만을 예로 들었던 것이다.

결국 기질은 정변을 일으켰고 왕위를 빼앗아 초평왕으로 즉위했다. 초영왕은 도피하여 산중을 떠돌다 백성들의 도움으로 몸을 의탁했으나 얼마 뒤 스스로 목숨을 끊었다.

노나라에 내란이 발생하자 제나라는 대부 중손추(仲孫湫)를 사신으로 보냈다. 위문한 다는 명분을 내세웠으나 실제로는 노나라의 상황을 염탐하기 위한 것이었다. 중손추가 돌아오자 제환공이 그에게 물었다.

"노나라를 공격해도 좋겠는가?"

중손추가 답했다.

"아직 안 됩니다. 옛날 주공이 제정했던 예절과 의식이 여전히 잘 지켜지고 있고 주례를 치국의 근본으로 삼고 있습니다. '나라가 망하기 전에 먼저 스스로 전도되는 것이니, 마치 나무의 근간이 먼저 쓰러진 뒤 가지와 잎이 말라비틀어지는 것과 같다'는 말이 있지요. 주례가 여전히 유지되고 있는 것으로 보아 노나라를 공격하여 빼앗는 일은 쉽지 않을 것입니다."

고전의 지혜

본 절의 명구인 "나무의 가지와 잎이 크면 반드시 부러지고, 짐승의 꼬리가 크면 민첩하지 못하다"라는 말과 중손추가 언급한 "나무의 근간이 먼저 쓰러진 뒤에 가지와 잎이 말라비틀어진다"는 말은 서로 반대되는 진술처럼 보이지만, 사실 전혀 상충되는 말이 아니다. 전자는 외부 침입이나 반란이 발생했을 경우이고, 후자는 내부에서 먼저 자기 스스로 무너지는 상황을 말하는 것이다. 결과적으로는 모두 나라가 망하고 왕위를 잃게 되는 것이다. 위정자에게 있어서 '근본을 공고하게 하는 것'이 가장 중요하다는 것을 알 수 있다.

사람의 마음이 각기 다른 것은
얼굴이 서로 다른 것과 같다

뛰어난 사람을 채용해야 한다는 주장

053

子産[1]曰: "人心之不同, 如其面焉.
자 산 [1] 왈 : " 인 심 지 부 동 , 여 기 면 언 .

吾豈敢謂子面如吾面乎? 抑心所謂危,
오 기 감 위 자 면 여 오 면 호 ? 억 심 소 위 위 ,

亦以告也." 子皮[2]以爲忠, 故委政[3]焉.
역 이 고 야 ." 자 피 [2] 이 위 충 , 고 위 정 [3] 언 .

子産是以能爲[4]鄭國.
자 산 시 이 능 위 [4] 정 국 .

—『左傳·襄公三十一年』(子産止子皮用尹何)

1 子産(자산): 이름은 공손교(公孫僑), 정나라 대부이다. 후에 재상이 되어 정나라를 잘
  다스렸다.
2 子皮(자피): 이름은 한호(罕虎), 당시 정나라 재상이다.
3 委(위): 위탁하다. / 委政(위정): 정권을 완전히 위임하다.
4 能爲(능위): 적극적으로 참여해서 크게 이바지하다.

▶ 자산이 말했다.

"사람의 마음이 각기 다른 것은 마치 얼굴이 제각각 다른 것과 같습니다. 저의 얼굴이 어르신의 얼굴과 같다고 어찌 감히 말할 수 있겠습니까?(저의 사상과 태도는 어르신과는 같지 않습니다) 다만, 위험하다고 생각되는 점이 있다면 반드시 어르신께 말씀드리겠습니다."

자피(子皮)는 자산의 이 말이 충성스러운 발언이라 여기고는 정권을 그에게 완전히 위임했다. 자산은 그로써 나라를 잘 다스려 정나라 발전에 크게 이바지했다.

자피는 능력이 뛰어난 청년 윤하(尹何)를 지방 관리로 발탁하려고 했다. 하지만 자산은 윤하가 너무 젊고 경험이 짧아 임무를 제대로 수행하지 못할 것으로 생각했다. 그러자 자피가 말했다.

"일단 그를 부임하게 한 뒤 정치를 배우게 하는 것이 어떻겠소?"

자산이 말했다.

"만일 아직 힘을 잘 쓰지 못하는 사람에게 제사에 올릴 희생물을 도살하여 손질하라고 한다면 틀림없이 버려지는 고기가 매우 많을 것입니다. 또한, 만일 어르신께 아름다운 비단 한 필이 있다면 장인에게 그것을 가지고 가서 배워보라고 하는 일은 결코 없으실 것입니다. 지방 관리는 백성들에게 있어서 편안한 생활을 영유하게 해줄 희망입니다. 바느질보다 훨씬 중요한 임무가 아니겠습니까?"

자산의 말을 들은 자피는 사람을 알아보고 적재적소에 임용하는 그의 능력이 자신보다 뛰어나다는 것을 단번에 알아차렸다. 그래서 자피는 그가 나랏일을 도맡아 하도록 적극적으로 지지하고 자신은 그저 '집안일'이나 관리하겠다며 자산을 설득했다. 심지어는 자기 가문에 관한 일도 자산의 의견을 듣고자 했다.

자피가 자산에게 지위를 넘겨주려고 했던 것은 이번이 처음은 아니었다. 예전에도 그런 일이 있었지만 자산이 극구 사양했고, 이번에서야 승낙했던 것이다. 위의 일화에서 자산이 언급한 '心所謂危(위험하다고 생각되는 점)'라는 말은 자피의 집안일을 가리키는 것이다. 즉, 자피의 집안일에 대해서도 의견이 없을 수 없다는 의미다. 이는 자피가 호족의 신분으로 자산의 시정에 간섭하지 않기를 바란다는 뜻이기도 했다. 자피도 이를 받아들이고 자산에게 전권을 위임했다.

역사를 사로잡은 명장면

자산은 관직에 오른 뒤 연명(然明)에게 정치하는 도리에 대한 가르침을 청했다. 연명은 그에게 '백성을 자식처럼 대하고, 몰인정한 사람을 보면 죄를 물어 죽이'라고 가르쳤다. 그의 말을 들은 자산이 사람들에게 말했다.

"이전까지 나는 연명의 얼굴만 알았는데, 이제야 연명의 마음을 보았다."

'얼굴과 마음'에 대한 자산의 또 다른 비유적인 표현이었다.

자산이 정권을 잡은 지 1년이 지나자 백성들은 이렇게 노래했다.

"내가 가진 옷과 모자는 자산이 세금으로 빼앗아가고, 내가 가진 논과 밭도 자산이 세금으로 빼앗아갔네. 자산을 죽인다는 사람 있다면 나도 가서 그를 도우리."

그런데 그가 집권한 지 3년이 지나자 백성들은 이렇게 노래했다.

"나의 아우와 자식은 자산이 가르쳐주고, 내가 가진 논과 밭은 자산이 도와주어 생산이 늘어나네. 자산이 죽고 나면 누가 그의 덕정을 이어갈 수 있으리오?"

고전의 지혜

이 명언은 오늘날 중국어로 "人心不同, 各如其面"이라고 표현한다. 하지만 이 말의 뜻을 '사람의 마음은 얼굴에 따라 다르다'라고 잘못 이해하는 사람들도 있다. 그런 오해는 '용모로 사람을 판단하여 자우에게 실수를 저지르는(以貌取人, 失之子羽)' 꼴이라고 할 수 있다. 자우(子羽)는 공자의 제자 중 한 사람으로 용모가 매우 추했다. 그가 처음 공자에게 가르침을 청하러 왔을 때 공자는 그의 생김새를 보고는 재주가 천박할 것으로 생각했다. 하지만 자우는 공자의 가르침을 받은 뒤 훌륭한 품성과 덕행으로 명성이 자자했고, 그 소문을 들은 공자가 '겉모습으로 판단하여 자우에게 실수를 저질렀구나!'라며 탄식했다. 사람 마음의 선악은 얼굴의 미추와 무관하다.

설령 단정한 외모에 착하고 성실하게 행동하는 사람이라고 할지라도 그 사람의 외모나 외면의 행위만으로 속마음 전부를 판단할 수는 없다. 일부 사람들은 자신의 속내를 쉽게 드러내지 않기 때문이다. 연명에 대한 자산의 인식이 바로 그러한 예이다. 연명의 사상은 그의 표현보다 더욱 고상하다.

대중의 분노는 거스르기 어렵고
개인적인 욕망은 달성하기 어렵다

긴박하게 결정해야 할 때 신속하게 결정을 내려야 한다는 계책

054

子産[1]曰: "衆怒難犯, 專欲[2]難成, 合二難以安國,
자 산[1] 왈 : " 중 노 난 범, 전 욕[2] 난 성, 합 이 난 이 안 국,

危之道也, 不如焚書以安衆, 子得所欲,
위 지 도 야, 불 여 분 서 이 안 중, 자 득 소 욕,

衆亦得安, 不亦可乎? 專欲無成,
중 역 득 안, 불 역 가 호 ? 전 욕 무 성,

犯衆興禍, 子必從之."
범 중 흥 화, 자 필 종 지."

乃焚書於倉門[3]之外, 衆而後定,
내 분 서 어 창 문[3] 지 외, 중 이 후 정,

—『左傳·襄公十年』(子産焚載書)

---

1 子産(자산): 정나라 대부. 후에 재상이 된다. 관련 내용은 53번째 명구 "사람의 마음이
   각기 다른 것은 마치 얼굴이 서로 다른 것과 같다" 참고
2 專欲(전욕): 일신의 욕심
3 倉門(창문): 정나라 도성의 성문 가운데 하나

▶ 자산이 말했다.

"여러 사람의 분노는 거스르기 어렵고, 개인적인 욕망은 달성하기 어렵습니다. 이 두 가지 어려움을 모두 가지고 있으면서도 국가를 안정시키고자 하는 것은 위험한 일입니다. 이전에 공표하셨던 공문을 불태워 대중의 마음을 안정시키는 것이 좋습니다. 공께서 집정의 자리에 평온하게 앉아 계실 수 있고, 여러 사람 또한 안심할 수 있다면 가장 좋은 결과 아니겠습니까? 만약 일신의 욕망을 달성하지 못하고, 대중의 뜻을 거슬러 화를 일으킨다면 공께서는 결국 그들의 의견을 따르지 않을 수 없을 것입니다."

결국 자공은 창문(倉門) 밖에서 공문을 불태웠고, 사람들의 분노는 점차 사그라졌다.

정나라에 내란이 발생하여 도적들이 자사, 자국, 자이를 살해하고 (관련 내용은 13번째 명구 "황하 물이 맑아지기를 기다리지만 사람 목숨이 얼마나 된다던가?" 참고), 정간공(鄭簡公)을 위협하여 북궁(北宮)으로 진입했다. 자산은 군대를 이끌고 가서 북궁의 도적을 공격하여 한 명도 남김없이 죽였다. 사실 자사, 자국, 자이 세 사람의 암살은 대부 자공이 사주한 일이었고, 결국 자산이 암살을 실행한 도적을 모두 죽임으로써 그들의 입을 막은 것이었다.

자공은 그때 잠시 군왕의 일을 섭정했는데, 공문을 반포하여 여러 대부의 직위를 새롭게 안배하고 모든 사람에게 그의 정책을 따르도록 요구했다. 하지만 사대부들이 하나같이 자공에게 복종하지 않고 반발하자 자산은 공문을 불태울 것을 건의했다. 그러나 자공은 그의 말에 동의하지 않고 오히려 이렇게 말했다.

"대중이 분노했다고 해서 공문을 불태워버린다면 이는 대중에게 집정을 맡기는 것과 같다. 그리되면 장차 나라를 다스리기 어려워질 것이다."

그러자 자산도 자신의 의견을 굽히지 않고 위와 같이 계속해서 공문을 태울 것을 주장했던 것이다.

역사를 사로잡은 명장면

훗날 정나라의 재상이 된 자산은 '형서(刑書)'를 만들어 청동 솥에 이를 새겨 넣었다. 법률을 '솥'이라는 절대 수정 불가능한 형태로 남김으로써 법 집행의 신념과 결심을 드러낸 것이었고, 대표적인 법률 조문을 당당하게 공개하여 공식적인 검증이 가능하게 하려는 의도였다. 또한, 솥에 주조했다는 것은 누구라도 그 도리에 입각하여 자기 권익을 옹호할 수 있으며, 누구라도 위반해서는 안 된다는 점을 의미하기도 했다.

그렇다면 자산은 어째서 자공에게는 '공문'을 불태워야 한다고 권하면서 자기는 고칠 수 없는 '형서'를 만들었던 것일까? 자산이 두 사건을 대하는 태도가 달랐던 이유는 무엇일까? 자신이 직접 정권을 잡은 뒤에는 "일신의 욕심은 이루기 어렵다"고 했던 과거 자신의 발언을 잊어버린 것일까?

사실은 그렇지 않다. 자공 당시의 상황은 긴박했고, 결정적인 순간에 반드시 결단을 감행해야 했다. 만약 결단을 내리지 못하고 대중의 분노가 폭발하여 통제력을 잃게 되면 그때 가서 공문을 불태운다 하더라도 뒤늦은 일이었다. 하지만 자산이 재상을 맡았을 당시는 정국이 안정되었던 상황이었고, 특별한 수단을 이용할 필요가 없었다.

또 한 가지 다른 점은, 자공이 공표했던 공문의 경우 사대부가 만족하지 않으면 시행할 수 없는 정책이었다. 자산이 내놓은 형서의 경우 법률제도로서 공평하고 합리적으로 제정되었다면 사람들이 반대할 이유가 없었다는 것이다.

"衆怒難犯(대중의 분노를 거스르기 어렵다)"라는 표현은 오늘날 중국에서도 자주 사용된다. 하지만 '대중의 분노는 거스르기 어렵다'는 것만 안다면, '권력을 대중에게 주는 것과 같다'는 자공의 말처럼 무책임하고 방만하게 될 것이다. 반드시 '개인적인 욕망은 달성하기 어렵다(專欲難成)'는 점을 함께 이해해야 한다. 개인적인 욕심으로 대중의 분노를 사게 된다면 고치는 것이 당연하다. 하지만 만약 그것이 아니라 마땅히 해야 할 일을 하는 것이라면 '비록 수천만의 사람이 반대하더라도 나는 나의 길을 간다(雖千萬 人吾往矣)'는 태도를 보여야 할 것이다.

부모를 사랑하듯 사랑하고,
해와 달을 우러러보듯 우러르고,
하늘과 땅의 신령을 경외하듯 공경하고,
천둥번개를 두려워하듯 두려워한다

임금이 백성을 아끼고, 백성이 임금을 섬기는 도리

055

師曠¹侍於晉侯, 晉侯曰: "衛人出²其君, 不亦甚乎?"
사 광¹시 어 진 후, 진 후 왈: "위 인 출²기 군, 불 역 심 호?"

對曰: "或者其君實甚. 良君將賞善而刑淫³, 養民如子,
대 왈: "혹 자 기 군 실 심. 양 군 장 상 선 이 형 음³, 양 민 여 자,

蓋之如天, 容之如地. 民奉其君, 愛之如父母, 仰之如日月,
개 지 여 천, 용 지 여 지. 민 봉 기 군, 애 지 여 부 모, 앙 지 여 일 월,

敬之如神明, 畏之如雷霆, 其可出乎? 夫君, 神之主也,
경 지 여 신 명, 외 지 여 뇌 정, 기 가 출 호? 부 군, 신 지 주 야,

民之望也, 若困民⁴之主, 匱神乏祀, 百姓絕望, 社稷無主⁵,
민 지 망 야, 약 곤 민⁴지 주, 궤 신 핍 사, 백 성 절 망, 사 직 무 주⁵,

將安用之? 弗去何爲!"
장 안 용 지? 불 거 하 위!"

—『左傳·襄公十四年』(師曠論衛出君)

1 師曠(사광): 진(晉)나라의 악사(樂士)로, 진도공의 총애를 받았다. 때때로 그에게 국정에 대한 의견을
   물었고, 사광의 의견은 모두 이치에 들어맞았다. 역사서에 그에 대한 기록이 많이 보인다.

2 出(출): 몰아내다. 쫓아내다.

3 淫(음): 죄를 범하다. / 刑淫(형음): 형벌로서 흉악한 무리를 다스리다.

4 困民(곤민): 백성들로 하여금 어렵고 고통스럽게 하다.

5 無主(무주): 제사를 주관하는 사람이 없다.

▶ 진공(晉公)이 곁에서 시중들던 사광(師曠)에게 말했다.

"위나라의 신하가 임금을 몰아냈다고 하던데, 그건 너무 심한 것이 아닌가?"

사광이 답했다.

"하지만 그들의 임금도 너무 심했습니다. 어질고 훌륭한 임금은 선행을 장려하고 흉악한 무리를 징벌합니다. 마치 자식을 대하듯이 백성을 아끼고, 하늘이 만물을 덮고 대지가 만인을 수용하듯이 모든 백성을 포용합니다. 그리하면 백성들은 군주를 섬김에 있어 부모를 대하듯이 사랑하고 보호하고, 해와 달을 대하듯이 공경하고 우러르며, 천지신명을 대하듯이 숭배하고, 천둥과 번개를 대하듯이 두려워합니다. 그런 상황이라면 또한 어찌 그 임금을 몰아낼 수 있겠습니까? 무릇 임금이란 제사를 주재하는 사람이요, 백성이 희망을 기탁하는 사람입니다. 만약 임금이 백성을 고통스럽게 하고, 사묘(社廟)를 황폐하게 하고, 신료들을 절망시키고, 종묘에 제사를 주관하지 않는다면 장차 그를 어디에 쓰겠습니까? 그를 쫓아내는 것 말고 또 무엇을 할 수 있겠습니까?"

진도공이 사광에게 질문한 데에는 또 다른 의미가 함축되어 있었다. 위나라 신하가 위헌공(衛獻公)을 몰아낸 사건의 도화선이 바로 위나라의 악사 '사조(師曹)'였기 때문이었다.

헌공이 사조를 시켜 후궁과 시첩(侍妾)들에게 금(琴) 연주를 가르치게 했는데, 사조는 매우 엄격하게 교육하며 잘 익히지 못하면 채찍으로 벌을 주고는 했다. 그러던 어느 날, 위헌공과 함께 임행(臨幸)을 나가게 된 애첩 한 명이 베갯머리에서 눈물을 흘리며 사광의 '체벌'을 고자질했고, 다음 날 헌공은 사조에게 채찍질 3백 대의 형벌을 내릴 것을 명했다.

사조는 이 일로 마음에 원한을 품었고, 얼마 뒤 복수의 기회를 얻었다. 위헌공이 손문자(孫文子)의 봉읍에 시찰을 가게 되었는데, 헌공은 손문자와 만나기로 한 약속도 지키지 않고 제멋대로 행동하여 손문자의 기분을 상하게 했다. 이윽고 열린 술자리에서 사조는 『시경·교언(巧言)』이라는 노래를 불러 손문자를 풍자했고, 그런 뒤에도 거듭 음악을 연주하며 손문자의 화를 부추겼다. 결국 이 일로 손문자는 병란을 일으켰고, 위헌공은 제나라로 도망갔다.

역사를 사로잡은 명장면

사조와 사광 두 사람 모두 악사의 신분이라는 점에서는 차이가 없었지만, 사조는 반란을 조장했고 사광은 간언할 수 있었다. 사실, 임금의 기분이 좋을 때를 틈 타 간언하면 십중팔구 좋은 효과를 거두는 법이다. 정색하며 '무례하게 직언하는 것'보다 훨씬 효과적인 방법이다.

당현종(唐玄宗)이 사냥하러 위수(渭水) 부근으로 행차하면서 동주자사(同州刺史) 요숭을 행관(行館)으로 불렀다. 요숭은 황제를 모시고 함께 사냥했는데, 그 솜씨가 대단히 능수능란했다. 역사서에는 "황제와 함께 어깨를 나란히 하며 말을 몰았고, 손으로 속도를 자유자재로 조종했다. 그러면서도 황제의 몸놀림 하나하나에 '아름답다', '대단하다'며 감탄했다"라고 기록되어 있다. 요숭의 말 모는 재주가 뛰어났을 뿐 아니라 아첨하는 솜씨도 최고였던 것이다. 현종은 크게 즐거워했고, 둘은 함께 잡은 고기를 먹으며 정사를 논했다. 요숭은 말을 돌려 간언하는 것에 능숙했고, 충언도 귀에 거슬리지 않았다. 요숭은 이후 재상이 되어 '개원지치(開元之治)'를 이룩했다. 따라서 진정으로 유능한 신하라면 무조건 적으로 아첨을 배척해야 하는 것은 아니다.

대만 경찰대 총장 메이커왕(梅可望)은 사회가 경찰을 대하는 인식에 대해 이렇게 말한 적이 있다. "성현 같기를 기대하고, 도적을 대하듯 방어하고, 소나 말처럼 부리고, 헌신짝처럼 버린다(期之如聖賢, 防之如盜賊, 驅之如牛馬, 棄之如敝屣)." 이 표현은 본 장의 명구와 같은 형식을 이용한 것으로, 문장 중첩을 이용한 '힘과 아름다움'을 느낄 수 있다. 좀 더 깊이 음미해볼 만하다.

집게손가락이 크게 움직이다.
솥 안에 손가락을 넣어 국물을 묻히다

군주와 신하 사이에 법도가 없어서 나라를 잃은 사례

056

楚人獻黿[1]於鄭靈公. 公子宋[2]與子家將見,
초 인 헌 원 [1] 어 정 영 공. 공 자 송 [2] 여 자 가 장 견.

子公之食指動, 以示子家.
자 공 지 식 지 동, 이 시 자 가.

曰: "他日[3]我如此, 必嘗異味[4]." 及入,
왈: " 타 일 [3] 아 여 차, 필 상 이 미 [4]." 급 입,

宰夫將解[5]黿, 相視而笑. 公問之, 子家以告.
재 부 장 해 [5] 원, 상 시 이 소. 공 문 지, 자 가 이 고.

及食大夫黿, 召子公而弗與也. 子公怒, 染指於鼎,
급 식 대 부 원, 소 자 공 이 불 여 야. 자 공 노, 염 지 어 정,

嘗之而出. 公怒欲殺子公. 子公與子家謀先[6].
상 지 이 출. 공 노 욕 살 자 공. 자 공 여 자 가 모 선 [6].

— 『左傳·宣公四年』(公子宋子家弑靈公)

---

1 黿(원): 자라와 비슷하면서 몸집이 더 크다.

2 公子宋(공자송): 정나라 대부. '자공(子公)'과 같은 인물이다. 자가(子家) 또한 정나라
  공자로, 두 사람 모두 대부이다.

3 他日(타일): 이전에

4 異味(이미): 특별한 음식

5 解(해): 나누다. 가르다. 쪼개다.

6 謀先(모선): 선수를 칠 것을 모의하다.

▶ 초나라 사람이 정영공(鄭靈公)에게 자라 한 마리를 바쳤다. 자공과 자가 두 공자가 입궁하여 영공을 알현하려고 하는데, 갑자기 자공의 두 번째 손가락이 저절로 움직였다. 자공이 자가에게 자신의 손가락을 보여주며 말했다.

"전에도 이런 적이 있었는데, 그때마다 항상 특별한 음식을 맛볼 수 있는 기회가 있었다네."

입궁하고 보니 과연 주방장이 마침 자라를 쪼개고 있었고, 두 사람은 서로를 바라보며 웃었다. 정영공이 그 이유를 묻자 자가가 임금에게 자초지종을 고했다. 자라 요리가 완성되었고, 정영공은 여러 대부에게 먹게 해주었지만, 자공을 불러놓고는 그에게 나누어주지 않았다. 자공은 화가 나서 집게손가락을 펼쳐 솥 안으로 넣고는 살짝 찍어 맛을 보았고, 그런 뒤 궁에서 나왔다. 영공은 크게 노하여 자공을 죽이려 했다. 하지만 자공과 가자가 한 발 먼저 모의하여 임금을 시해했다.

흔히 두 번째 손가락(집게손가락)을 '식지(食指)'라고 부르기도 하는데, '식지'는 바로 이 일화에서 나왔다. 고대에는 조리방법이 그리 다양하지 못하여 삶아서 국으로 만드는 것이 대부분이었다. 이렇게 만든 국을 맛볼 때는 두 번째 손가락을 이용해 국물을 찍어 먹어보았는데, 그로 인해 두 번째 손가락을 '식지'라고 했다.

이 이야기는 사실 '신권(神權)과 군권(君權)의 대립'을 함축하고 있다. 자공은 '식지가 크게 움직일 때마다' 언제나 특별한 음식을 맛볼 수 있었다. 따라서 그는 이것이 '하늘'이 부여한 천부적 자질이며 설령 군왕이라 할지라도 빼앗아갈 수 없다고 굳게 믿었다. 하지만 정영공에게 있어서 음식을 함께 누리는 것은 군주의 권력이다. 군주가 신하에게 나누어주지 않는다면 신하가 '솥에 손가락을 대는 것'이 어찌 가능하겠는가.

사람을 불러놓고 나누어주지 않는 것이나, 그렇다고 손가락을 뻗어 음식을 찍어 먹는 것이나 제대로 된 군주와 신하의 모습으로 보기는 어렵다. 마치 어린아이들끼리 티격태격 다투고 토라지는 모습에 가깝다고 해야 할 것이다. 이처럼 군주와 신하 사이에 지켜야 할 법도를 잃게 되면 반드시 전쟁이 뒤따르고, 결국 군주가 시해되는 장면까지 연출되는 것이다.

역사를 사로잡은 명장면

송나라와 정나라 사이에 전쟁이 일어났다. 교전 전날 밤, 송나라 총사령관 화원이 양을 잡아 전군 병사들에게 포상을 내렸는데, 자신의 수레를 모는 양짐(羊斟)에게는 나누어주지 않았다. 다음 날 접전이 시작되자 양짐이 화원에게 말했다.

"어제 양국을 나누어주었던 일은 장군이 주인이셨지만, 오늘 수레를 모는 일은 내가 주인입니다."

그러고는 그 길로 전차를 몰아 정나라 진영으로 돌진했고, 결국 화원은 정나라에 포로로 잡혔다. 음식을 분배하는 것은 진실로 중요한 일이다. 불공평하면 상상하지도 못했던 재앙이 발생하는 것이다.

고전의 지혜

현대중국어에서 '食指大動(집게손가락이 크게 움직이다)'이라는 표현은 현재 '특이한 요리를 맛보다'라는 뜻 외에 '식욕이 왕성하다'라는 의미도 지니고 있다. 또한 '染指(손가락에 묻히다)'라는 표현은 '자기 몫이 아닌 재물을 탐내다'의 의미로 확대되어 사용된다.

군대의 승리는 일사불란하게
움직이는 것에 있는 것이지
병사의 숫자에 있는 것이 아니다

과감하고 자신 있게 결단을 내리는 계책

057

敖[1]曰: "盍[2]請濟[3]師於王."

오[1]왈: "합[2]청제[3]사어왕."

對曰: "師克在和[4]不在衆. 商周之不敵[5],

대왈: "사극재화[4]부재중. 상주지부적[5],

君之所聞也. 成軍以出, 又何濟焉?"

군지소문야. 성군이출, 우하제언?"

莫敖曰: "卜之."

막오왈: "복지."

對曰: "卜以決疑, 不疑何卜?" 遂敗鄖[6]師於蒲騷[7].

대왈: "복이결의, 불의하복?" 수패운[6]사어포소[7].

—『左傳·桓公十一年』(鬪廉[8]敗鄖師)

---

1 敖(오): 막오. 초나라 관직명. 2급 재상

2 盍(합): 어찌 아니. '何不(하불)'과 같다.

3 濟(제): 증가하다.

4 和(화): 진퇴가 일치하다. 조화롭다.

5 不敵(부적): 수적 차이가 현저하다.

6 鄖(운): 국명

7 蒲騷(포소): 지명

8 鬪廉(투렴): 인명. 초나라 대부

▶ 초나라 군대의 총사령관 막오 굴하(屈瑕)가 말했다.

"주군께 증병을 요청해야 하는 것이 아닌가?"

투렴(鬬廉)이 대답했다.

"군대가 싸워 이기는 것은 일사불란함에 있는 것이지, 병사의 수에 의해 결정되는 것이 아닙니다. 옛날 상나라 주왕의 군대는 주나라 무왕의 군대보다 훨씬 수가 많았지만, 무왕이 승리를 거두었다는 사실은 장군께서도 잘 알고 있는 사실입니다. 이미 출병했으니 어찌 더 증병을 요청할 필요가 있겠습니까?"

"그렇다면 점을 쳐서 길흉을 결정하세."

"점술이란 마음에 풀기 어려운 의혹이 있을 때 점괘를 통해 해답을 구하는 것입니다. 지금은 의혹 되는 일이 없는데, 어찌 점을 칠 필요가 있겠습니까?"

결국, 초나라 군대는 포소(蒲騷)에서 운(鄖)나라 군대를 격파했다.

사실, 막오 굴하가 병사를 이끌고 출정한 것은 단지 이(貳)나라와 진(軫)나라 두 소국과 동맹을 맺으려는 의도에서였다. 그런데 같은 시기에 운나라가 다른 4개의 소국과 연합하여 포소에 집결한 채 굴하를 공격해 동맹을 깨뜨리려고 준비하고 있었다. 굴하가 이를 두려워하자 투렴이 적극적으로 종군을 건의하며 자신이 직접 병사를 이끌고 나가 운나라 군대를 야습하겠다고 자청했다. 운나라 군대만 격파하면 나머지 4개의 소국들은 자연히 후퇴할 것이라는 주장이었다. 굴하는 운나라와의 전투에서 투염의 전술을 받아들였고, 승리를 거두었다.

역사를 사로잡은 명장면

악비의 용병술에 "전술 운용의 핵심은 마음에 달려 있다(運用之妙, 存乎一心)"라는 유명한 명언이 있다. 이 말은 일반적으로 두 군대가 대치 중일 때는 훈련 요령에만 얽매여서는 안 되고, 상황에 따라 유연하게 전술을 운용해야 한다는 뜻으로 해석된다. 하지만 일부 학자들은 다음과 같이 주장하기도 한다. 악비는 금(金)나라와의 전투에서 적군의 '괴자마(拐子馬)'라 불리는 전법에 맞닥뜨렸다. '괴자마'란 정예 기병을 좌우 양익에 배치하여 상호 지원함으로써 진격과 방어에 사용하는 진형으로, 기병이 적진으로 깊숙이 돌격하는 데 매우 효과적인 전술이었다. 이에 맞서 악비는 중국 군사상 최초로 '산병전술'을 고안해냈다. 괴자마가 들이닥치면 보병들이 사방으로 흩어져 상대방이 전혀 힘쓸 수 없게 했다가 병사들을 다시 수습하여 선회가 불편한 괴자마를 격파하고 섬멸하는 전술이었다. 악비의 말에서 '一心'은 동사로서, 보병 각각이 산병전술을 마음으로 깊이 이해한다는 의미다. 즉, 병사들이 하나 되어 일사불란하게 움직여야만 정확하게 전술이 운용될 수 있다는 뜻이다. 그렇지 않으면 진형이 풀어진 뒤 다시 수습하기 어렵고, 결국 패전하여 뿔뿔이 흩어지게 되기 때문이다.

1884년 청불전쟁에서 프랑스군 총사령관 쿠르베(Courbet)는 안평항(安平港)을 봉쇄하고 중국 측의 타이난성(臺南城) 수장 유오(劉璈)에게 '군함 위에서 논의할 것(上艦議事)'을 요구했다. 유오는 안평 포대(砲臺)를 지키는 장군에게 "상황이 발생하면 망설이지 말고 발포하라. 나를 염려하지 말라"라고 분부한 뒤 프랑스 함대에 올랐다. 그는 비굴하지도 거만하지도 않았다. 쿠르베가 유오에게 말했다.

"타이난의 성지도 작고 병력도 약하면서 어찌 우리 군대에 저항하는가?"

유오가 대답했다.

"성벽은 단지 흙이지만, 민심은 강철이다."

쿠르베는 한동안 묵묵히 말이 없다가 유오를 순순히 돌려보내 주었다. 이후 프랑스 함대는 북쪽으로 방향을 돌려 북향했는데, 지룽(基隆)에서 유명전(劉銘傳)에게 세 차례나 패배했다.

유오의 대답은 '군대의 승리는 일사불란하게 움직이는 것에 있는 것이지, 병사의 수가 많고 적음에 달린 것이 아니다'라는 말을 국가 층위로 확대한 것으로 볼 수 있다. 결국, 승리는 민심에 달린 것으로 민심이 단결하면 견고한 함선과 날카로운 포환도 막아 낼 수 있다는 것이다.

고전의 지혜

이 이야기에서 "점은 의혹을 풀기 위해 치는 것인데, 의혹이 없건만 어찌 점을 치려는가(卜以決疑, 不疑何卜)"라는 말은 또 하나의 명구이다. 풍수지리와 같은 미신을 믿고 사사건건 '점쟁이'에게 가르침을 구하는 정치계에 교훈이 될 만한 명구라 할 수 있다.

선한 생각은 버리면 안 되고
악한 생각은 키우면 안 된다

이웃 나라와 돈독하게 지내는 방법

058

鄭伯侵陳¹, 大獲². 往歲³, 鄭伯請成⁴於陳, 陳侯不許.
정 백 침 진¹. 대 획². 왕 세³. 정 백 청 성⁴어 진. 진 후 불 허.

五父⁵諫曰: "親仁⁶善鄰, 國之寶也. 君其許鄭."
오 보⁵간 왈: "친 인⁶선 린. 국 지 보 야. 군 기 허 정."

陳侯曰: "宋衛實難⁷, 鄭何能爲." 遂不許.
진 후 왈: "송 위 실 난⁷. 정 하 능 위." 수 불 허.

君子⁸曰: 善不可失, 惡不可長, 其陳桓公之謂乎.
군 자⁸왈: 선 불 가 실. 악 불 가 장. 기 진 환 공 지 위 호.

長惡不悛⁹, 從自及也, 雖欲救之, 其將能乎.
장 악 부 전⁹. 종 자 급 야. 수 욕 구 지. 기 장 능 호.

—『左傳·隱公六年』(陳桓公不許鄭伯請成)

---

1 鄭伯侵陳(정백침진): 진(陳)은 후작(侯爵)의 나라이므로 '진후(陳侯)'라고 칭하고, 정은 백작(伯爵)의 나라이므로 '정백(鄭伯)'이라고 칭한다. 춘추시대 제후들을 모두 '공'이라고 칭하는 것은 사후의 시호(諡號)이다.

2 大獲(대획): 전쟁의 성과가 크다. 많은 수의 적군을 죽이거나 사로잡다.

3 往歲(왕세): 지난 해. 작년.

4 請成(청성): 평화조약 체결을 요청하다.

5 五父(오보): 진(陳)나라 공자. 이름은 타(佗)이고, 오보(五父)는 자이다.

6 親仁(친인): 어진 사람을 친하게 여기다.

7 難(난): 두려워하다. 걱정하다.

8 君子(군자): 「좌전」의 저자 좌구명의 자칭이다.

9 悛(전): 잘못을 고치다.

237

▶ 정장공(鄭莊公)이 진(陳)나라를 침략하여 크게 승리했다. 그 이전 해에 정장공이 진환공(陳桓公)에게 평화조약을 체결하자고 요청한 일이 있었다. 그러나 진환공은 그 요청을 거부했다. 진나라의 공자 오보(五父)가 환공에게 간언했다.

"어진 사람을 친근하게 여기고 이웃 나라와 돈독하게 지내는 것은 국가의 보물입니다. 주군께서는 어찌 정나라의 요청을 승낙하지 않으십니까?"

그러자 진환공이 말했다.

"송나라나 위나라야말로 과인이 신경 써야 할 부분이다. 작디작은 정나라야 뭘 어찌 할 수 있겠는가?"

진환공은 끝내 평화조약 체결에 동의하지 않았다.

이에 대해 좌구명은 이렇게 논평한다. "선한 생각은 버리면 안 되고, 악한 생각은 키우면 안 된다는 것은 진환공을 일컫는 말이로구나! 악함을 키우며 잘못을 고치치 않으면 끝내 자신을 해치게 될 것이니, 재앙이 들이닥친 뒤에 뒤늦게 구하려 해도 어찌 구할 수 있겠는가?"

후작의 지위가 백작보다 높으므로 진환공은 공작이었던 송나라와 후작이었던 위나라만 경계했고, 백작인 정나라는 얕잡아보았다. 주나라 건립 초기, 주공은 제후의 계급을 다섯 단계로 구분하고 각 등급에 따라 소유할 수 있는 병사와 병거의 숫자를 정해놓았다. 그러나 춘추시대에 이미 각국의 제후들은 주공이 정해놓은 제후의 위계와 규칙을 더는 따르지 않았다. 정나라가 바로 주평왕(周平王)이 동쪽으로 천도한 이후 가장 먼저 궐기한 소국이었다.

『좌전』 전체를 살펴보면 제, 초(楚), 진(晉), 진(秦) 등의 대국들은 번갈아가며 패권을 잡는 반면 진(陳), 채(蔡), 위(衛)와 같은 소국은 중간에 끼어 전전하며 신음하고 무참하게 유린당한다. 그럴 수밖에 없었던 까닭은 그들이 여전히 과거의 영광에 사로잡혀 국제 형세의 커다란 변화를 직시하지 못했기 때문이다.

역사를 사로잡은 명장면

적군을 과소평가하고 경시하는 태도는 멸망을 자초하는 길이다. 한 번 적을 얕보는 마음이 생겨나면 '악함을 키우며 잘못을 고치지 않을(長惡不悛)' 확률이 높아지고, 그렇게 되면 결국 실패하게 되기 때문이다.

남북조시대, 남제의 황제 소란은 매우 잔악무도하기로 악명이 높았다. 그의 폭정을 견디다 못한 회계(會稽) 태수 왕경(王敬)이 봉기를 일으키자 사람들은 '배질하는 상앗대를 들쳐 메고, 밭 가는 가래를 등에 지자(扛起撑船的竹篙, 背著耕田的鐵鍬)'고 소리치며 그에 호응했고, 혁명군은 일시에 명성과 위세가 드높아졌다.

그 시각, 남제 도읍의 건강궁(建康宮)에서는 병세가 위중한 소란과 태자 소보권이 밤낮으로 전전긍긍하고 있었다. 하루는 현무호(玄武湖)의 정자에 불이 났는데, 황제 부자는 적군이 쳐들어온 줄 알고 소스라치게 놀라 도망갈 준비를 했다. 그 소식이 왕경의 귀에까지 들어갔고, 왕경은 득의양양해 하며 말했다.

"너희 부자도 이제 도망가는 길밖에 남지 않았구나!"

하지만 왕경은 승리를 코앞에 둔 마지막 전투에서 부주의로 낙마했고, 그 자리에서 죽음을 맞았다. 총대장이 어떻게 말에서 떨어질 수 있다는 말인가? 적을 얕잡아보는 마음이 그의 주의력을 느슨하게 했기 때문일 것이다.

고전의 지혜

"선한 생각은 버리면 안 되고, 악한 생각은 키우면 안 된다"라는 명구는 현대사회의 가치관으로도 여전히 인간관계에 대한 최고의 원칙이라고 할 수 있다. 이미 잘 맺어놓은 좋은 관계를 깨뜨리는 어리석은 사람은 없을 것이다.

제 4 장

효과적인 경영관리를 위한 책략

- 명예를 위하는 자라면 그의 마음을 공격하고
  실리를 위하는 자라면 그가 소유한 실체를 공격한다

전쟁을 자주 하면 백성이 고달프고
군대를 오랫동안 부리면
병사가 피폐해진다

적군이 피로하여 붕괴하기를 기다리는 계책   **059**

凡天下之戰國七. 而燕處弱焉. 獨戰則不能.
범 천 하 지 전 국 칠. 이 연 처 약 언. 독 전 즉 불 능.

有所附[1]則不重[2]…… 齊王南攻楚五年,
유 소 부[1] 즉 불 중[2] …… 제 왕 남 공 초 오 년.

畜積散. 西困秦三年, 民憔瘁[3],
축 적 산. 서 곤 진 삼 년, 민 초 췌[3],

士罷弊[4]. 北與燕戰, 覆三軍, 獲二將.
사 파 폐[4]. 북 여 연 전. 복 삼 군. 획 이 장.

…… 此其君之欲得[5]也, 其民力竭也.
…… 차 기 군 지 욕 득[5] 야. 기 민 력 갈 야.

安猶取哉? 且臣聞之, 數戰則民勞,
안 유 취 재? 차 신 문 지. 삭 전 즉 민 노.

久師則兵弊.
구 사 즉 병 폐.

—『戰國策·燕策』

1 附(부): 의지하다. 의탁하다.
2 重(중): 남에게 중시를 받다.
3 瘁(췌): 병색. '悴(췌): 파리하다'와 같다.
4 弊(폐): 병
5 欲得(욕득): 탐욕스러운 마음

▶ 지금 천하에 서로 패권을 다투는 일곱 개 국가 가운데 연나라가 가장 약소합니다. 단독으로 다른 나라를 공격하기에는 힘이 부족하고, 그렇다고 대국에 의지하기만 한다면 중시를 받지 못할 것입니다. (중략) 제민왕이 남쪽으로 초나라를 공격한 것이 5년, 그간 국고는 텅 비었습니다. 서쪽으로 진(秦)나라에 난동을 부린 것이 3년으로, 백성들은 초췌해지고 병사들은 지치고 병들었습니다. 또 북쪽으로 연나라와 전쟁을 벌여 삼군이 무너지고 장수 두 명이 사로잡혔습니다. (중략) 자기 임금의 탐욕을 충족시켜주기 위해서 백성의 힘을 모조리 소모하고 있으니, 이러한 국가를 굳이 공격할 필요가 있겠습니까? 신이 듣건대, 전쟁을 자주 하면 백성이 고달프고, 군대를 오랫동안 부리면 병사들이 피폐해진다고 합니다.

소진이 죽자 그의 동생 소대는 합종을 추진하여 여섯 나라의 재상 인장을 모두 찼던 형의 대업을 계승하고자 했다. 그러나 당시의 제후들은 서로를 믿지 않고 공격하는 상황이었다. 소대가 맨 먼저 행동에 옮긴 일은 제나라를 정벌하려는 연왕(燕王)의 생각을 단념하게 하는 것이었다.

연왕 쾌와 제민왕 사이에는 원한이 있었다. 하지만 제나라가 워낙 강했으므로 연왕은 감히 섣불리 공격하지 못했고, 다만 힘을 기르고 기세를 축적하며 시기를 기다릴 수밖에 없었다. 이와 같은 연왕의 의도는 공공연하게 겉으로 드러났다. 그런 터라 제민왕은 항상 연나라의 공격에 대비하고 있었고, 양측은 언제든지 전쟁을 치를 만반의 준비를 갖추고 있었다.

이러한 상황에서 소대가 연왕에게 펼친 주장은 다음과 같다. 연왕은 제나라에 인질을 보내고, 금은보화를 챙겨 제왕의 근신에게 뇌물을 주어 제왕의 경계심을 풀어야 한다. 그렇게 한다면 제민왕은 마음 놓고 송나라를 공격할 것이다. 그런 식으로 제나라가 계속해서 다른 나라와 전쟁을 하게 유도하고 끊임없이 국력을 소모하게 해야 한다. 이것이 연나라의 이익에 부합한다.

역사를 사로잡은 명장면

적국이 힘을 소모하게 하는 것은 효과가 좋은 방법이긴 하지만, 때로는 재주를 부리려다 오히려 일을 망칠 수도 있다.

전국시대 말엽, 한(韓)나라 사람이 '진(秦)나라를 지치게 하는 계략'을 꾸민 일이 있었다. 정국(鄭國)이라는 수리(水利) 시설 사업전문가를 진왕 정에게 보내 관중 평원에 물을 댈 수 있도록 관개 수로를 설치하자고 건의하게 한 것이다. 진왕은 이를 받아들였고, 그 유명한 '정국거(鄭國渠)'를 완성했다.

얼마 뒤, 정국이 첩자이고 수로 건설이 음모였다는 사실을 알게 된 진왕은 정국을 사형에 처했다. 또한, 그는 전국에 '외국에서 온 빈객들을 추방한다'는 '축객령(逐客令)'을 내렸다. 축객령은 이사(李斯)가 올린 「간축객서(諫逐客書)」로 인해 비로소 철회되었다.

그러나 사실상 수로 건설은 국력을 신장시키는 일이었고, 인재를 쫓아냈던 축객령이야말로 국가에 불리하게 작용했다. 다시 말해, 한나라는 계략을 꾸미며 농간을 부리려다 오히려 일을 망친 꼴이었다. 안타깝게도, 한나라는 진나라가 동진하는 경로의 최전선에 위치하여 진나라가 군사를 많이 소모하도록 장려할 수 없는 상황이었다. 그렇게 했다가는 자신이 '가장 먼저 불운한 일을 당하게 될 것'이기 때문이었다.

고전의 지혜

병법에 이런 말이 있다.

"아무리 크고 강성한 나라라 할지라도 전쟁을 좋아하면 반드시 망한다. 천하가 평안할지라도 전쟁의 위험성을 잊으면 반드시 위태롭다."

위의 말은 본 명구에 대한 좋은 해석이라고 할 수 있다. 아무리 강대한 나라라도 거듭해서 전쟁을 일으키다 보면 결국 "數戰則民勞, 久師則兵弊(잦은 전쟁으로 백성이 고달프고, 오랜 군생활로 병사가 피폐해지다)" 하는 상황에 처하게 될 수밖에 없다. 그러므로 강대국이라 할지라도 함부로 군사력을 동원해 전쟁을 일으키는 일을 극도로 조심하고 삼가야 한다.

새의 깃털이라도 많이 쌓으면
배를 가라앉게 하고
많은 사람의 말이 모이면 쇠도 녹인다

연횡이 합종을 깨뜨리는 첫 번째 계책

060

是故天下之遊士,
시 고 천 하 지 유 사.

莫不日夜搤腕¹瞋目²切齒³以言從⁴之便,
막 불 일 야 액 완 ¹ 진 목 ² 절 치 ³ 이 언 종 ⁴ 지 편.

以說人主. 人主覽其辭⁵, 牽其說⁶,
이 세 인 주. 인 주 람 기 사 ⁵, 견 기 설 ⁶,

惡得⁷無眩哉? 臣聞積羽沈舟, 群輕折軸,
악 득 ⁷ 무 현 재? 신 문 적 우 침 주, 군 경 절 축,

衆口鑠⁸金, 故願大王熟計⁹之也.
중 구 삭 ⁸ 금, 고 원 대 왕 숙 계 ⁹ 지 야.

—『戰國策·魏策』

1 搤腕(액완): 손짓을 하며 어기를 강화하다.
2 瞋目(진목): 눈을 크게 부릅뜨다.
3 切齒(절치): 발음을 정확하게 하여 효과를 거두도록 애쓰다.
4 從(종): '縱(종)'과 같다. 합종
5 覽其辭(남기사): 그들의 의견을 귀담아듣다.
6 牽其說(견기설): 그들의 의견에 끌려가거나 영향을 받다.
7 惡得(오득): 어찌 ~할 수 있겠는가.
8 鑠(삭): 쇠를 녹이다.
9 熟計(숙계): 심사숙고하다.

▶ 그러므로 천하의 유세객들 중에는 밤낮을 가리지 않고 손짓 발짓해가며, 눈을 부릅뜨고 이를 갈며 합종의 이론을 펼치면서 각국 군왕을 설득하려는 사람이 너무도 많습니다. 각국의 군왕들은 그 많은 이론을 듣고, 그 많은 의견에 끌려가게 되니 어찌 현혹되지 않을 수 있겠습니까? 신이 듣건대, 배에 싣는 것이 비록 깃털이라도 너무 많이 쌓으면 배가 침몰하고, 수레에 싣는 것이 대단히 가벼운 물건이라도 너무 많으면 수레바퀴가 절단난다고 합니다. 또 사람이 많고 의견이 분분하면 쇠도 녹일 수 있다고 했지요. 대왕께서 심사숙고하시길 바라는 바입니다.

이는 장의가 추진했던 '연횡'에 관한 첫 번째 유세 장면으로(소진이 추진한 '합종책'의 첫 번째 유세 장면은 62번째 명구 "요임금은 삼백 묘의 땅도 없었고, 순임금은 지척의 땅도 없었다" 참고), 장의가 대면하여 설득하고 있는 사람은 위양왕(魏襄王)이다. 소진은 가장 먼저 조나라를 선택했고, 장의는 가장 먼저 위나라를 선택했는데, 여기에는 모두 그럴 만한 이유가 있었다.

조나라와 위나라는 진나라와 국경을 맞대고 있는 최전선의 국가들이었다. 소진 당시에 조나라는 여전히 진나라를 두려워하지 않을 만한 힘을 가지고 있었다. 즉, 최전선의 조나라가 선뜻 나서주면 나머지 '제2방어선'의 제후들은 자연스럽게 따라나설 것이었다. 장의가 연횡을 주장하고 나선 당시에는 위나라의 국력이 점차 약해지는 시점이었다. 따라서 위나라가 남의 말에 쉽게 흔들리는 상황이었다.

장의가 집중적으로 공격했던 대상은 합종을 주장하는 유세객들이었다. 그들은 제후 군왕들과 같은 의제(儀制)를 누리면서 맹약을 하나 완수하면 땅을 떼어 받고 벼슬을 얻었다. 또한, 제후들에게 모든 위험부담을 떠넘기고 자신들은 그 대가를 누렸으며, 사태 변화를 살펴가며 유불리에 따라 수시로 태도를 바꾸는 등 '충정(忠貞)'이라고 할 만한 것을 찾아볼 수 없었다. 장의의 말은 위양왕의 마음을 동요시켰고, 진나라로 기울어지게 했다. 결국, 합종의 맹약은 도미노와 같이 와해되고 말았다.

역사를 사로잡은 명장면

당태종은 드넓은 제국의 황제로서 "임금은 오직 하나의 마음이지만, 그것을 공격하는 자는 많다(人主惟一心, 功之者衆)"라고 말하며 언제나 자신을 경계하고 또 경계했다. 황제는 오직 한 사람으로서 단 하나의 마음이지만, 그의 마음에 들기 위해 수많은 사람이 서로 옥신각신 다투고 경쟁한다는 뜻이다. 화려하게 혀를 놀리는 사람도 있고, 달콤한 말로 아첨하는 사람도 있으며, 겉으로는 복종하는 척하면서 속으로는 딴마음을 품는 사람도 있고, 윗사람을 기만하고 아랫사람을 속이는 사람도 있고, 의도적으로 황제가 사치스러운 길을 걷도록 유도하는 사람도 있다.

한마디로, 많은 사람이 '용심(龍心)'을 포위하고 공격한다는 것이다. 거기에는 '황제[眞龍]'의 총애를 받아 '출셋길[龍門]'에 오르고자 하는 단 하나의 마음이 있을 뿐이다. 그 위력은 "깃털처럼 가벼워도 많이 쌓으면 배가 가라앉고, 여러 사람의 말은 쇠도 녹인다"는 말과 같은 맥락을 갖고 있다. 군주의 마음이 조금이라도 해이해지면 곧바로 그 빈틈을 파고들어 미혹시키고 타락과 파멸을 불러일으킨다. 61번째 명구 "높은 관직이 반드시 많은 재물을 기약하는 것은 아니지만, 재물이 저절로 찾아온다"에서 다룰 '부귀―교만과 사치―멸망'의 타락과 파멸의 과정을 함께 참고할 만하다.

주의할 점은 "積羽沈舟 (깃털이 쌓여 배를 침몰시킨다)"는 표현과 "聚沙成塔(모래가 모여 탑을 이룬다)"는 표현의 용법이 완전히 상반된다는 것이다. 두 가지가 모두 '작은 것을 쌓아 큰 것을 이룬다'는 것을 의미하지만, '聚沙成塔'은 긍정적이고 이상적인 일의 완성을 지시하는 **반면** '積羽沈舟'는 경계해야 할 것을 의미한다.

높은 관직이 반드시 많은 재물을
기약하는 것은 아니지만
재물이 저절로 찾아온다

패망(敗亡)의 발단을 경계하는 계책

061

夫貴不與富期¹, 而富至. 富不與梁肉²期,
부 귀 불 여 부 기¹, 이 부 지. 부 불 여 양 육² 기,

而梁肉至. 梁肉不與驕奢期, 而驕奢至.
이 양 육 지. 양 육 불 여 교 사 기, 이 교 사 지.

驕奢不與死亡期, 而死亡至. 累世³以前,
교 사 불 여 사 망 기, 이 사 망 지. 누 세³ 이 전,

坐⁴此者多矣.
좌⁴ 차 자 다 의.

—『戰國策·趙策』

1 期(기): 기한을 약속하다. '期約(기약)'과 용법이 같다.

2 梁肉(양육): 맛있는 음식을 가리킨다.

3 累(누): 중복되다. 거듭하다. / 累世(누세): 대를 잇다.

4 坐(좌): 죄를 짓다. 화를 입다.

▶ 직위가 오른다고 해서 반드시 돈을 많이 버는 것을 보장하는 것은 아니지만, 부유함이 저절로 찾아오는 법입니다. 돈을 번다고 해서 반드시 좋은 음식을 먹으려 하는 것은 아니지만, 좋은 음식이 저절로 이르는 법입니다. 좋은 음식을 먹고 마시는 것이 반드시 교만하고 사치스러운 생활과 연관되는 것은 아니지만, 교만과 사치가 저절로 몸에 배는 것입니다. 교만과 사치가 결코 죽음을 기약하는 것은 아니지만, 죽음이 저절로 찾아들지요. 대대로 부귀와 교만, 사치로 인해 죽음에 이른 사람은 실제로 수없이 많았습니다.

이 이야기는 공자 모(牟)가 진(秦)나라 재상 범저(范雎)에게 한 말이다. 공자 모의 신분에 대해서는 『전국책』과 『장자(莊子)』의 기록이 다르지만, 그것은 그다지 중요하지 않다. 범저는 진소왕의 신임을 얻었고, 상으로 받은 하사품도 매우 많았다. 지위가 높고, 권력이 막강했으며, 물질적인 측면에서 더할 나위 없이 많은 것을 누렸지만, 범저는 총명한 사람이었다. 위와 같은 말을 듣고도 공자 모에게 화를 내기는커녕 오히려 그에게 감사를 표했으니 말이다.

　「조책(趙策)」에 수록된 이 계책은 평원군 조승(趙勝)이 동생 평양군(平陽君) 조표(趙豹)를 타이르면서 인용한 이야기다. 조표 또한 이를 듣고 삼가 명심하고 마음에 새기겠다고 답했다.

역사를 사로잡은 명장면

당태종이 위징에게 『수사(隋史)』 편찬을 주재하라고 명령했고, 이를 완성하자 위징을 광록대부(光祿大夫), 정국공(鄭國公)에 봉했다. 그러나 위징이 곰곰이 생각해보니 자신이 한 일에 비하면 상이 너무나 과분했다. 그래서 그는 건강을 핑계로 직위에서 물러날 것을 거듭 요청했다. 그러자 당태종이 말했다.

"그대는 금광석을 보지 못했는가? 좋은 대장장이가 제련하지 않는다면 아무런 가치도 없는 돌덩이에 불과하네. 짐을 금광석에 비유하자면, 그대가 좋은 대장장이가 되어주길 바라네. 그대의 건강이 그리 좋지 않은 것은 알지만, 아직 나이가 많지 않은데 어찌 물러나려 하는가?"

그러나 위징은 거듭 사직을 청했고, 당태종은 끝내 '조건부 허락'을 해주었다. 그의 조건은 '나라의 근본적 방침에 대해서 의견을 진술하는' 소(疏)를 올리라는 것이었다. 위징은 잇따라 네 개의 소를 올리는데, 그중 세 번째 소에서 다음과 같이 지적했다.

"'귀함은 교만함을 기약하지 않지만 교만함이 스스로 찾아오는 법이고, 부유함은 사치를 기약하지 않지만 사치가 저절로 몸에 배는 것이다'라고 했습니다. 당 왕조는 수(隋) 왕조를 답습해왔습니다. 수 왕조는 비록 부유하고 강했으나 패망을 면하지 못했지요. 이는 대형 토목공사를 진행하고 전쟁을 크게 일으켰기 때문입니다. 전거복철(前車覆轍)의 교훈으로 삼을 만합니다."

수문제(隋文帝)는 남북조시대의 분열 상황에 종지부를 찍었다. 역사는 그의 정치를 '개황지치(開皇之治)'라고 일컬었으며, 당시 수나라는 막강한 국력을 자랑했다. 수문제는 너그럽고 인자했으며 검소했다. 하지만 수양제(隋煬帝)가 2대 황제로 등극하자 상황이 바뀌는데, 그가 지은 두 구절의 시에서 그의 심리를 확인할 수 있다.

나는 본디 부귀를 추구하는 마음이 없었으나	我本無心求富貴
누가 알았으리요. 부귀가 절로 나에게 찾아오네.	誰知富貴逼人來

수양제는 자신의 아버지 수문제가 거둔 성과를 소중히 여기고 지켜나가는 일은 애초부터 안중에 없었다. 이와 같은 심리 상태에서 부귀함이 쉽게 오자, 교만과 사치가 자연스레 몸에 배게 되었다. 수양제는 엄청난 공사비가 드는 대운하 건설을 밀어붙였고, 사치스러운 행렬을 꾸려 남방을 순행했다. 그의 교만함과 후안무치함은 고구려

정벌 전쟁에서 참패한 직후 한 말에서 명징하게 드러났다. 그는 여러 신하에게 이렇게 말했다. "내가 몸소 정벌하러 갔음에도 성공하지 못했거늘, 하물며 너희들이 갔다면 어찌 되었겠는가?"

교만과 방종, 사치가 수양제의 마음에 가득 차 있었으므로 결국 패망은 그것을 따라 찾아오게 되었다.

고전의 지혜

위징이 "귀함은 부유함을 기약하는 것은 아니나 부유함이 스스로 찾아온다"라는 구절을 사용하여 간언한 데에는 그 속에 담긴 이치에 대한 깊이 있는 이해가 있었다. 그가 거듭해서 사직을 청한 것은 범저를 본받고자 한 데서 나온 행동이었다. 범저가 스스로 자리에서 물러난 이야기는 81번째 명구 "군자는 자기 몸을 희생하여 명예를 이룬다"에서 좀 더 자세히 다루고 있으므로 함께 살펴볼 것을 권한다.

요임금은 삼 백 묘의 땅도 없었고
순임금은 지척의 땅도 없었다

합종하여 진에게 항쟁하는 첫 번째 계책

062

臣聞, 堯無三夫之分[1], 舜無咫尺之地[2], 以有天下.
신문, 요무삼부지분[1], 순무지척지지[2], 이유천하.

禹無百人之聚[3], 以王諸侯, 湯武之卒不過三千人,
우무백인지취[3], 이왕제후, 탕무지졸불과삼천인,

車不過三百乘, 立爲天子, 誠得其道也.
거불과삼백승, 입위천자, 성득기도야.

是故明主外料其敵國之强弱, 內度其士卒之衆寡,
시고명주외료기적국지강약, 내도기사졸지중과,

賢與不肖, 不待兩軍相當, 而勝敗存亡之機節[4],
현여불초, 부대양군상당, 이승패존망지기절[4],

固已見於胸中矣. 豈掩於[5]衆人之言, 而以冥冥[6]決事哉!
고이견어흉중의, 기엄어[5]중인지언, 이이명명[6]결사재!

—『戰國策·趙策』

---

1 三夫之分(삼부지분): '一夫(일부)'는 백 묘(畝)의 땅을 가리킨다. 따라서 '三夫之分'은
　삼백 묘의 토지를 말한다.

2 咫尺之地(지척지지): 8촌이 1지(咫)이고 10촌이 1척(尺)이다. 따라서 '咫尺之地'는 땅이
　매우 작음을 말한다.

3 聚(취): 군중, 무리

4 機節(기절): 관건

5 掩(엄): 가리다. / 掩於(엄어): ~에 홀리다. 미혹되다.

6 冥冥(명명): 암흑 속

253

▶ 신이 듣건대, 요임금은 처음에 고작 3백 묘의 땅도 없었고, 순임금은 지척(咫尺)의 땅도 없었지만, 결국 천하를 차지했습니다. 우임금에게는 1백 명의 무리도 없었지만, 결국 제후들 사이에서 왕이 되었고, 상의 탕왕(湯王)과 주의 무왕은 군대가 3천여 명에 불과했고 수레가 3백 대에 불과했지만 마침내 천자의 자리에 올랐습니다. 이는 그들의 행실이 모두 정도(正道)에 부합했기 때문입니다. 따라서 영명한 군주는 밖으로 적의 강함과 약함을 정확하게 예측하고, 안으로는 병사의 수치와 관리의 자질을 장악하는 법입니다. 그리 한다면 두 군대가 서로 교전하기를 기다릴 필요도 없이 승패와 존망의 관건이 이미 마음속에 일목요연하게 드러날 것입니다. 어찌 여러 사람의 분분한 의견들에 미혹되어 암흑 속에서 일을 결정하겠습니까.

소진이 혼자서 여섯 나라의 재상 인장을 모두 꿰어차고 '합종' 진영을 주관하는 시작점이 바로 위의 장면이다. 소진은 조숙후(趙肅侯)를 찾아가서 알현하고, 다음과 같이 진술했다.

"동쪽으로 제나라에 의지하여 진(秦)나라를 공격하든, 서쪽으로 진(秦)나라에 의지하여 제나라를 공격하든 조나라는 어느 쪽이라도 안정적일 수 없습니다. 여섯 나라가 합종하여 진나라에 대항해야만, 그리고 조나라가 그에 근거하여 정확한 시점에 함곡관(函谷關)을 제압해야만 패업을 이룰 수 있습니다."

조숙후는 소진의 유세를 받아들이고 그를 무안군(武安君)에 봉했다. 또한, 그에게 화려한 수레 1백 승, 황금 1천 일(鎰), 백벽 1백 쌍, 비단 1천 폭을 하사하고 각국에 가서 유세하게 했다. 이 일을 계기로 소진은 성공 가도를 달리게 된다(이전까지 소진이 겪었던 좌절에 관한 이야기는 18번째 명구 "전에는 거만하다가 지금에서야 공손하게 예를 갖추다"

참고).

소진이 유세하는 전체 내용 가운데 가장 중요한 내용이 바로 위의 단락이다. 큰 공을 이루고 대업을 세우는 것은 국가의 크기에 있는 것이 아니며, 역사의 관건이 되는 시점에 서 있는 지금 당신이 즉시 그 기회를 잡아야 한다는 것이다.

역사를 사로잡은 명장면

소진은 조숙후에게 '정도를 행할 것'을 가르치지만, 사실 그것은 표면적으로 허울 좋은 말에 지나지 않는다. 요임금, 순임금, 우임금, 탕왕은 진실로 '어진 사람에게는 적이 없기(仁者無敵)' 때문에 천하를 얻을 수 있었던 것일까? 반드시 그렇다고 단정할 수 없다. 하지만 탕왕과 무왕은 모두 결정적인 순간을 포착하여 단호하게 행동을 취했고, 그로 인해 걸왕과 주왕을 전복시켰다는 점은 분명하다.

『삼국연의(三國演義)』에는 사마의(司馬懿)가 완성(宛城)에서 때를 기다리며 '인술(忍術)'을 연마했다고 기록되어 있다. 그러던 어느 날, 위명제(魏明帝) 조예(曹叡)에게서 맹달(孟達)의 난을 평정하라는 성지가 내려왔고, 사마의는 그 즉시 완성의 군대를 동원했다. 그때 그의 아들 사마사(司馬師)가 건의했다.

"아버지께서는 우선 서둘러 표문을 써서 천자께 상주하십시오."

그러자 사마의가 말했다.

"조정에 보고를 올리고 성지를 기다리며 왔다 갔다 하는 시간을 낭비한다면 늦을 것이다."

그러고는 즉시 명령을 전달하여 부대를 이끌고 출발했다. 그는 "하루에 사흘 길을 서둘러 갈 것이다. 늦는 자는 참수할 것이다"라는 명을 전군에 내렸다.

사마의는 왜 그렇게 서둘렀을까? 만약 맹달의 반란이 성공하여 위나라가 치명적인 타격을 입게 되면 자신에게도 미래가 없어지기 때문이었고, 만약 맹달이 성공하지 못해서 조 씨의 천하가 안정된다면 마찬가지로 자신의 역할이 필요 없어질 것이기 때문

이었다. 기회는 오직 그 한순간이었다. 그런 상황에서 어찌 공문이 오고 갈 여유가 있

었겠는가?

한 명이 열 명을 상대하고
열 명이 백 명을 상대하다

지형적 험준함을 지혜롭게 사용하는 계책

063

將軍無解兵而入齊, 使彼罷¹弊於先, 弱守於主.
장 군 무 해 병 이 입 제. 사 피 파 ¹ 폐 어 선. 약 수 어 주.

主者, 循軼²之途也, 錯³擊靡車而相過.
주 자. 순 질 ² 지 도 야. 할 ³ 격 미 거 이 상 과.

使彼罷弊先, 弱守於主, 必一而當十,
사 피 파 폐 선. 약 수 어 주. 필 일 이 당 십.

十而當百, 百而當千.
십 이 당 백. 백 이 당 천.

—『戰國策·齊策』

---

1 罷(파): 지치다. 피로하다. '疲(피)'와 같다.

2 循軼(순질): 수레가 반드시 차례대로 가야 하고 비켜 갈 수 없다.

3 錯(할): '轄(할)'과 통한다. 고대에 수레의 굴레머리에서 내리질러 바퀴가 벗어져 나가지 않게 하는 쇠

▶ 손빈(孫臏)이 전기(田忌)에게 건의했다.

"장군께서는 병사를 이끌고 직접 제나라로 돌아가지 마십시오. 위나라의 추격병을 지치게 하는 것이 우선입니다. 그런 뒤에 노약한 군대를 파견하여 '주(主)' 땅을 지키게 하십시오. 주 땅의 지형은 수레가 단방향으로만 전진할 수 있는 좁은 길로 이루어져 있어서 수레를 비켜가고자 한다면 서로 충돌하고 부딪힐 것입니다. 그렇게 하여 저들을 우선 지치게 한 뒤에는 늙고 약한 부대만으로도 충분히 한 사람이 열 사람을 상대하고, 열 사람이 백 사람을 상대하고, 백 사람이 천 사람을 상대할 수 있을 것입니다(소수의 병력으로도 충분히 열 배의 적군을 저지할 수 있다)."

일찍이 제위왕과 공자들, 그리고 전기가 말 겨루기를 한 적이 있었다. 각각 수레 세 대의 말을 달려 승부를 겨루는 시합이었다. 이 시합에서 손빈은 전기에게 "하등의 말로 상등의 말을 상대하게 하라(以下駟對上駟)"는 계책을 올렸고, 전기는 2승 1패로 승리하여 상금을 획득했다. 그 일로 손빈은 단번에 전기의 수석 참모가 되었다. 나중에 전기가 제나라 군사를 이끌고 위나라를 공격했다. 전세가 밀리는 상황에서 손빈은 '감조(減灶)' 계책을 건의했는데, 군대를 철수하면서 야전의 아궁이 개수를 점차 줄여 추격하는 적을 속이다가 자만한 적을 급습하는 방법이었다. 이 계책의 성공으로 손빈은 위나라 군대를 물리치고 적장 방연(龐涓)을 죽여 개인적인 원한을 갚았으며, 동시에 전기가 큰 공을 세울 수 있게 했다.

그러나 전기가 큰 공을 세우자 조정 내에 그를 시기하는 사람이 늘어나기 시작했다. 국내의 정적(政敵)이었던 추기는 전기를 끌어내리기 위해 음모를 꾸몄다. 추기는 사람을 시켜 큰 금덩이를 들고 임치(臨

淄)의 큰길에서 자랑하며 백성들을 불러 모은 뒤 점쟁이에게 점괘를 봐달라고 요청하게 했다. 그가 이렇게 물었다.

"우리 댁 주인님이신 전기 장군께서 대군을 이끌고 출정하여 세 번 싸워 세 번 모두 승리하셨습니다. 이제 대사를 치르고자 하시는데(모반하여 왕위를 찬탈하려고 한다는 뜻이다), 그대가 길흉을 점쳐주십시오."

제위왕은 그 소문을 듣고 크게 노하여 대대적인 옥사(獄事)를 준비했다.

전방에서 이 소식을 알게 된 전기는 서둘러 제나라로 돌아가 임금 주변의 간신을 제거하려고 했다. 그러자 손빈은 그에게 우선 늙고 쇠약한 병사들로 후방의 요해를 지키게 하여 전후방에서 동시에 공격당하는 상황을 피한 뒤 정예부대를 파견하여 임치 성을 공격하라고 권했다. 그래야만 군주의 어리석은 결정을 바로잡을 수 있고, 정적인 추기를 몰아낼 수 있다는 것이었다. 그렇게 하지 않으면 전기는 장차 제나라로 돌아가기 어려웠다. 하지만 이번에는 전기가 손빈의 건의를 받아들이지 않았다. 결국 전기는 실패하여 초나라로 망명했다(『사기』에는 이 사건의 발생 시기를 다르게 기록하고 있다. 하지만 계책을 이해하는 데는 별다른 영향을 주지 않는다).

역사를 사로잡은 명장면

천하를 손에 넣은 한고조 유방이 새로운 제국의 수도를 어디에 건립하는 것이 좋을지 결정하려고 했다. 그 당시 대부분의 신하들은 산동(山東) 사람이었으므로 낙양을 도읍지로 결정하기를 희망했다. 오직 누경(婁敬) 한 사람만이 여러 사람의 의견을 반박하며 말했다.

"관중은 바깥이 산과 강으로 둘러싸여 있습니다. 또한 동쪽의 함곡관(函谷關), 남쪽의 무관(武關), 서쪽의 대산관(大散關), 북쪽의 소관(蕭關), 이 네 개의 변경 요새가 있어 지세가 험준한 요충지입니다. 만일 급한 일이 생기면 백만 정예군이 모든 상황에 대처할 수 있습니다. 마치 사람이 싸울 때 상대방의 멱살을 잡지 못하고 등만 두들기면 최후의 승리를 거두기 어려운 것과 같은 이치입니다."

그의 의견에 더해 장량이 관중의 비옥한 토지 천 리를 분석하여 양식이 부족하지 않을 것임을 확인하자, 유방은 '관중에 도읍을 건설하겠노라'고 결정했다.

사방이 산과 강으로 견고하게 둘러싸여 있고, 거기에 더해 변경의 요새가 험준하니 소수의 병력으로도 국도를 지켜낼 수 있다는 것은 손빈의 계책과 같은 이치다.

고전의 지혜

오늘날 중국인들은 "以一當十, 以十當百(한 사람이 열 사람을 상대하고, 열 사람이 백 사람을 상대한다)"라는 말로 용감하고 싸움을 잘하는 것을 형용한다. 이는 소진이 한소후(韓昭侯)에게 유세하면서 말했던 "韓卒之勇, 一人當百(한나라 병사의 용감함이라면 한 사람이 백 명을 감당할 수 있다)"의 뜻과 일치한다. 현대중국어에서 자주 사용하는 '以一當十'는 '一而當十'에서 비롯되었다.

전쟁에서 승리하더라도
더는 보태줄 것이 없고
승리하지 못한다면 죽을 것이다

최소한의 위험으로 최대의 효과를 거두는 계책

064

君謂景翠曰: "公爵爲執圭¹, 官爲柱國²,
군 위 경 취 왈 : "공 작 위 집 규 ¹, 관 위 주 국 ²,

戰而勝, 則無加焉矣. 不勝, 則死.
전 이 승 , 즉 무 가 언 의 . 불 승 , 즉 사 .

不如背秦援宜陽. 公進兵,
불 여 배 진 원 의 양 . 공 진 병 ,

秦恐公之乘其弊也, 必以寶事公.
진 공 공 지 승 기 폐 야 , 필 이 보 사 공 .

公仲慕公之爲己乘秦也, 亦必盡其寶."
공 중 모 공 지 위 기 승 진 야 , 역 필 진 기 보 ."

—『戰國策·東周策』

---

1 圭(규): 고대 제후들이 중대한 의식을 할 때 소지하는 일종의 옥기(玉器). / 執圭(집규):
   초나라의 최고 작위

2 柱國(주국): 관직명. 전국시대 초나라가 설치한 것으로 원래는 수도를 보위하는 관직을
   가리켰으며, 매우 높은 지위였다. 이후에는 최고급의 무관이나 공신을 가리키게 되었다.

▶ 동주의 대부 조루(趙累)가 주군에게 건의했다.

"주군께서는 경취(景翠)에게 이렇게 말씀하십시오. '그대는 초나라에서 이미 최고 작위인 집규(執圭)이고, 최고 관직인 주국(柱國)이네. 전쟁에서 승리한다고 하더라도 더는 높여줄 관작이 없고, 또 반대로 전쟁에서 패배하면 죽을 수도 있지 않은가. 진(秦)나라 군대가 의양을 함락시키길 기다렸다가 진군하는 것이 좋을 것일세. 만약 그리한다면 진나라는 자신의 병사가 지치고 사기가 저하된 틈을 타 그대가 쳐들어올까 걱정되어 분명 그대에게 금은보화를 뇌물로 줄 것이네. 또한, 한나라 재상 공중(公仲)은 그대가 자신을 위해 출병해준 것을 감사하며 그대에게 큰돈으로 사례할 것이네.'"

진(秦)나라가 동쪽으로 영토를 확장해가기 위해 벌인 첫 번째 전쟁은 한나라 의양을 공격하는 것이었다. 진나라가 쳐들어오자 한나라는 초나라에 구원을 요청했고, 초왕(楚王)은 경취에게 군대를 이끌고 가서 지원할 것을 명했다. 그런데 그와 같은 시각, 진나라는 초나라가 출병하지 않는다면 한중을 초나라에 할양해주겠다며 거래를 요청했다. 그래서 경취는 잠시 군대를 멈추고 움직이지 않았다.

동주군(東周君)과 조루(趙累)가 당시의 돌아가는 상황을 판단해보니, 진나라 군대는 분명 의양을 점령할 수 있을 것이었다. 그러나 한나라와 초나라는 동주의 가장 긴밀한 동맹국이었으므로 두 나라가 서로 증오하거나 원한을 쌓는 것은 원하지 않았다. 따라서 동주군은 위와 같은 조루의 건의를 받아들여 경취에게 '최소한의 위험으로 최대의 성과를 거두는' 계책을 제시했다.

이 계책을 받아들인 경취는 후에 과연 진나라의 성 하나와 한나라의 재물을 얻었고 동주에 감사했다. 동주는 한나라, 초나라와의 연맹을 유지하며 진나라의 동진을 막았다.

역사를 사로잡은 명장면

진나라와 초나라의 전투에서 경취가 '전쟁에서 이겨도 더 얻을 것이 없고, 반대로 전쟁에서 지면 꼼짝없이 죽는' 상황이었다면 진나라 군대의 총사령관이었던 감무의 처지는 그보다 더 심각했다.

의양은 전략적 요충지로서 방어는 쉽지만 공략하기는 어려운 지역이었다. 실제로 감무가 공성전을 펼치며 세 차례나 진격했으나, 병사들은 용기 내어 힘껏 성을 공격하려 하지 않았다. 그러자 감무가 참모에게 말했다.

"나는 진나라의 객경(客卿)이다. 비록 재상의 자리에 앉아 있기는 하지만 의양을 함락시키지 못한다면 공손연과 저리질(樗里疾)이 조정에서 나를 음해할 것이다. 그런 뒤 공중(公仲)이 한나라 군대를 일으켜 역습한다면 나는 죽어서 몸을 누일 곳조차 없을 것이다. 내일 다시 의양을 공격하여 만일 함락시키지 못한다면 의양의 성곽은 나의 무덤이 될 것이다."

그런 다음, 감무는 자신의 모든 재물을 꺼내어 상금으로 걸었다. 다음 날 그의 군대는 총공격을 펼쳤는데, 진격 신호를 보내자 진나라 병사가 서로 앞다투어 전진했고, 결국 의양을 함락시켰다.

당시 감무의 처지 또한 '전쟁에서 이겨도 더할 것이 없고, 전쟁에서 지면 죽는' 상황이었다. 더군다나 그에게는 경취만큼의 여유도 없었다.

고전의 지혜

오늘날 중국에서는 "有功無賞, 打破要賠(잘해도 상이 없고, 잘못하면 벌을 받는다)"라는 표현을 자주 사용하는데, 이는 상벌이 불공평한 상황을 형용하는 말이다. 이처럼 상벌이 불공평한 상황은 매사에 소극적이고 아무것도 하지 않으려는 분위기를 낳았다. 일을 적게 해서 잘못을 적게 저지르거나, 아니면 아예 일을 하지 않아서 원천적으로 잘못을 저지르지 않겠다는 것이다.

이 문장과 본 계책의 명구는 어느 정도 유사하다. 하지만 용법상의 차이가 있으니 좀 더 충분히, 그리고 곰곰이 따져볼 만하다.

명예를 위하는 자라면 그의 마음을 공격하고 실리를 위하는 자라면 그가 소유한 실체를 공격한다

전략을 명확히 하는 계책

065

昔先王之攻¹, 有爲名者, 有爲實者.
석 선 왕 지 공 ¹, 유 위 명 자, 유 위 실 자.

爲名者攻其心, 爲實者攻其形².
위 명 자 공 기 심, 위 실 자 공 기 형².

…… 今將攻其心乎, 宜使如吳.
…… 금 장 공 기 심 호, 의 사 여 오.

攻其形乎, 宜使如越. 夫攻形不如越.
공 기 형 호, 의 사 여 월. 부 공 형 불 여 월.

攻心不如吳, 而君臣, 上下, 少長, 貴賤,
공 심 불 여 오, 이 군 신, 상 하, 소 장, 귀 천,

畢呼³覇王, 臣竊以爲猶之⁴井中而謂曰:
필 호 ³ 패 왕, 신 절 이 위 유 지 ⁴ 정 중 이 위 왈:

"我將爲爾求火也."
" 아 장 위 이 구 화 야."

—『戰國策·韓策』

---

1 攻(공): 공격하다. 직접적인 군사 행동 뿐만 아니라 '마음을 공략하는' 것을 포함한다.
어느 분야를 '專攻(전공하다)'에서의 '攻'과 용법이 같다.
2 形(형): 실체. 여기에서는 성지나 토지를 공격해 빼앗는 것을 가리킨다.
3 畢(필): 전부 / 畢呼(필호): 여러 사람이 한 목소리로 크게 소리치다.
4 之(지): 가다.

▶ 과거 선왕께서는 전략을 세우실 때 적국의 국왕이 명성을 원하는지, 실리를 원하는지를 살펴서 결정하셨습니다. 상대가 명성을 좋아하면 그의 마음을 공격하고, 상대가 실리를 좋아하면 그의 성을 공격하는 것이었지요. (중략) 상대(진나라)의 마음을 공격하려면 상대방을 오왕 부차와 같이 만들고, 상대의 성을 공격하려면 상대방을 월왕 구천(勾踐)과 같이 만들어야 합니다. 그러나 지금의 한나라는 성을 공격하는 것이 월나라만 못하고 마음을 공격하는 것도 오나라만 못하면서 오히려 전국 모든 사람이 하나 되어 '패왕의 대업을 이미 성공했다'라고 소리칩니다. 제가 삼가 생각건대, 이는 우물로 들어가면서 '내가 장차 너를 위해 불을 구해 오겠다'라고 말하는 것과 같습니다.

누군가 한리왕(韓釐王)에게 진(秦)나라에 대한 한나라의 전략이 불분명하다는 점을 지적하면서 춘추시대 오나라와 월나라의 이야기를 인용하여 비유했다.

오왕 부차가 월왕 구천을 공격하여 격파하자 구천은 문종을 파견하여 항복을 청했다. 월나라 백성은 '노비와 첩이 되고' 구천 자신은 스스로 부차의 시중을 들겠다는 제안이었다. 부차는 그들의 요구를 받아주고 월나라를 완전히 멸망시키지 않았다. 이는 오왕 부차가 명예를 좋아했기 때문이었고, 구천이 '그의 마음을 공격'하는 데 성공했기 때문이었다.

구천은 와신상담(臥薪嘗膽)하여 10년 동안 힘을 모았고, 또 10년 동안 백성을 교화한 뒤 오나라를 무찌르는 데 성공했다. 구천의 반격으로 패배한 부차는 사람을 보내 항복을 청했다. 백성들 중 '남자는 노비가 되고 여자는 첩이 되겠다'며 이전에 구천이 했던 것과 같은 제안을 했으나 구천은 이를 받아들이지 않고 결국 오나라를 멸망시켰다. 월왕 구천이 원한 것은 실리였으므로 '마음을 공격'하려 했던 부차의 전략은 당연히 성공할 수 없었던 것이다.

전국 칠웅의 하나였던 한나라의 패배 원인은 전략이 불명확한 데 있었다. 강한 이웃 나라인 진나라를 마주 대하면서 때로는 대항하고, 때로는 복종했으며, 때로는 땅을 떼어주기도 했다. 그러나 결국 한나라는 가장 먼저 진나라에 멸망당하는 국가가 되었다.

역사를 사로잡은 명장면

'마음을 공격하느냐' 혹은 '성을 공격하느냐' 하는 것은 완전히 상반된 개념이 아니다. 또한, 상황을 살펴가며 두 가지 방법을 번갈아 사용해야 할 때도 있다.

일찍이 손빈은 제나라 왕에게 이렇게 제안했다.

"진왕이 오만한 기세로 다른 나라를 핍박하는 이유는 합종에 대한 연왕(燕王)과 조왕의 태도가 뜨뜻미지근하기 때문입니다. 지금 제나라는 실리(성과 땅)를 사용해서 연나라와 조나라의 마음을 돌려야 합니다. 이것이 바로 이른바 '상대의 마음을 공격하는 것'입니다."

연나라와 조나라의 두 임금이 원하는 것은 '성을 공격하는' 것이었다. 따라서 손빈의 계책은 사실 두 임금의 실리를 추구하는 마음을 '공략'해야 한다는 것이었다.

남방 정벌 전쟁을 일으킨 제갈량(諸葛亮)은 만왕(蠻王) 맹획(孟獲)을 일곱 번 잡았다가 일곱 번 풀어주며[七縱七擒] 척촌(尺寸)의 작은 땅도 빼앗지 않았다. 그리하여 남방 민족의 마음을 굴복시켜 중원 쪽으로 북벌을 진행하는 데 뒷일을 걱정해야 하는 우려를 제거했다. 맹획은 자신의 영토를 보전할 수 있었고, 제갈량은 '명분과 실리를 모두 거두었던' 것이다.

고전의 지혜

『손자병법(孫子兵法)』에는 이런 말이 있다. "마음을 공격하는 것이 상책이고, 성을 공격하는 것은 그다음이다(攻心爲上, 攻城次之)." 전쟁을 하지 않고 적병을 굴복시키는 것이 가장 좋은 계책이지만, 만일 부득이하게 전쟁을 할 수 밖에 없는 상황이라면 이것을 원칙으로 삼아야 한다. '명예를 위하는 자라면 그의 마음을 공격하고, 실리를 위하는 자라면 그가 소유한 실체를 공격한다'는 계책은 전략을 결정할 때 적군의 성향에 따라 적절한 조치를 취하는 것이라 할 수 있다.

상책을 실행할 수 없으면 중책을 행하고
중책을 실행할 수 없으면 하책을 행한다

주도면밀하게 전략을 짜는 계책

066

免國於患者, 必窮¹三節², 而行其上. 上不可,
면 국 어 환 자, 필 궁¹ 삼 절², 이 행 기 상. 상 불 가,

則行其中. 中不可. 則行其下. 下不可.
즉 행 기 중. 중 불 가. 즉 행 기 하. 하 불 가.

則明³不與⁴秦.
즉 명³ 불 여⁴ 진.

—『戰國策·魏策』

---

1 窮(궁): 철저하게 끝까지 추론하여 주도면밀한 경지에 이르다.
2 三節(삼절): 상, 중, 하 세 가지 계책. 세 가지 계책이 무엇인지는 뒤의 〈역사를 사로잡은 명장면〉에서 자세히 설명한다.
3 明(명): 자세히 밝히다. 명시하다.
4 不與(불여): 협력하지 않다. / 不與秦(불여진): 진秦나라와 동맹을 맺지 않다.

▶ 나라의 화를 피하고자 한다면 반드시 상, 중, 하 세 가지 계책을 철저하게 추론하고 숙고하여 머릿속에 일목요연하게 밝힌 뒤 상책을 선택하여 실행해야 합니다. 상책이 안 되면 그다음에 중책을 실행하고, 중책이 안 되면 하책을 실행합니다(형세의 변화에 따라 전략을 조정해야 하는 것이다). 만약 하책마저도 안 된다면 진(秦)나라와는 함께하지 않겠다는 입장을 분명하게 밝혀야 합니다.

다섯 개의 '합종국(合縱國)'인 한나라, 조나라, 위나라, 제나라, 초나라는 병사를 연합하여 진(秦)나라를 공격했으나 이렇다 할 성과를 거두지 못하고 퇴각해야 했다. 진나라의 재상 위염(魏冉)은 동쪽으로 가장 멀리 있는 제나라를 자기편으로 끌어들여 '원교근공(遠交近攻)'하려는 계획을 세웠다. 이를 위해 진왕은 자신을 '서제(西帝)'라 칭하고, 동시에 제왕을 '동제(東帝)'라고 존칭하면서 제나라에 잘 보이려했다. 그러나 제왕은 끝내 진나라의 '호의'를 받아들이지 않고 소진의 건의를 채택했다.

이 명구의 이야기는 다섯 나라의 연합군이 진나라 공격에 실패한 이후 발생한 것으로, 위소왕(魏昭王)이 진나라와 강화를 시도하자 합종을 주장하던 인사가 그에게 상, 중, 하, 세 가지 계책을 제시한 상황이었다. 그가 주장하는 상책은 출병하여 진나라를 공격하는 것, 중책은 단호하게 진나라에 저항하는 것, 하책은 합종의 맹약을 굳게 지키면서 겉으로는 진나라에 우호적인 태도를 보이는 것이었다. 하지만 최악의 경우라도 진나라와 평화 조약을 체결할 수는 없으며, 합종 연맹국을 분열시켜서는 안 된다는 주장이었다.

역사를 사로잡은 명장면

한고조 시절, 회남왕(淮南王) 영포(英布)가 반란을 일으키자 유방이 설공에게 형세에 대한 판단을 구했다. 설공은 다음과 같이 분석하여 말했다.

"만약 영포가 동쪽으로 오를 공격하고, 서쪽으로 초(楚)를 취한 뒤 북방의 연과 조에 연락을 취하고, 자신은 회남(淮南)을 굳게 지킨다면 이것은 상책입니다. 만약 오와 초를 공격해서 성을 빼앗은 뒤 중원으로 진격하여 싸움을 걸어온다면 이것은 중책입니다. 만약 남쪽으로 진격하여 오를 점령한 뒤 다시 월로 진격한다면 이것은 하책입니다. 만약 영포가 상책을 취한다면 그는 동쪽 지역을 점령하여 관중을 기반으로 하는 한 왕실과 대등한 지위로 대립하게 될 것입니다. 만약 중책을 취하여 싸움을 걸어온다면 승패를 알 수 없습니다. 만약 하책을 선택한다면 폐하께서는 아무런 걱정을 하지 않으셔도 될 것입니다."

유방이 정찰병을 파견하여 영포의 행군 동향을 살펴보니 결과는 '하책'이었다. 이에 유방이 설공에게 물었다.

"영포는 어찌하여 상책을 버리고 하책을 취한 것인가?"

설공이 말했다.

"영포는 도망자일 뿐입니다. 무슨 큰 뜻이 있겠습니까?"

과연 얼마 뒤 영포는 패망했다.

설공이 분석했던 영포의 선택 가능한 '상, 중, 하'의 세 가지 계책은 기본적으로 전략상 우열의 구분이 있다. 본문의 이야기에서 지적하는 '상, 중, 하' 세 가지 계책은 정세를 보아 대응을 취하고, 정세를 거슬러 행해서는 안 된다는 뜻을 나타낸다. 전자는 '한 번의 실수로 전체가 실패'하는 것이지만, 후자는 유연하고 탄력적이라 절대로 실패하지 않는 방법이다.

고전의 지혜

세상사는 종종 '계획이 변화를 따라가지 못하는 경우'가 있다. 치밀하고 주도면밀한 계획이 있어야만 발생 가능한 각종 변화에 대처할 수 있다. 따라서 '상책이 안 되면 중책을 실행하고, 중책이 안 되면 하책을 실행'해야 하는 것이다. 이는 노자가 말한 "取法乎上得乎其中, 取法乎中得乎其下(상을 본받으면 중을 얻고, 중을 본받으면 하를 얻는다)"는 것과는 다른 뜻이다.

장차 그것을 취하고자 한다면 우선 그에게 주어야 한다

적을 교만하게 하는 계책

067

周書曰: "將欲敗¹之, 必姑²輔³之. 將欲取之,
주 서 왈 : "장 욕 패 ¹ 지 , 필 고 ² 보 ³ 지 . 장 욕 취 지 ,

必姑與之." 君不如與之,
필 고 여 지 ." 군 불 여 여 지 ,

以驕知伯⁴. 君何釋⁵以天下圖知氏,
이 교 지 백 ⁴ . 군 하 석 ⁵ 이 천 하 도 지 씨 ,

而獨以吾國爲知氏質⁶乎?
이 독 이 오 국 위 지 씨 질 ⁶ 호 ?

—『戰國策·魏策』

1 敗(패): 망치다. 괴멸하다.

2 姑(고): 우선, 잠시

3 輔(보): 돕다.

4 知伯(지백): 지백(智伯)

5 釋(석): 풀어주다. '釋放(석방)'의 '釋'과 용법이 같다.

6 質(질): 저당품 / 爲知氏質(위지씨질): 지 씨에게 갇히다. 사로잡히다.

▶ 『주서』에 이르길, '상대를 괴멸하고 싶다면 우선 그를 돕고, 상대에게서 무언가를 빼앗고 싶다면 우선 그에게 준다'라고 했습니다. 주군께서는 지백(知伯)에게 토지를 할양할 것을 허락하여 그에게 교만한 마음이 생겨나도록 하는 것이 좋습니다. 연합국이 공동으로 지 씨를 도모하게 할 수 있는 기회를 내던지고 어찌 도리어 지백의 눈엣가시가 되어 행동의 제약을 받으려 하십니까?"

진(晉)나라 6대 가문이 내란을 일으켰다. 그 가운데 세력이 가장 강력했던 지 씨가 범 씨와 중항 씨를 멸족시켰고, 한(韓), 조, 위(魏) 세 가문에게 토지를 요구했다. 위환자가 요구를 무시하고 땅을 떼어주려 하지 않자 그의 가신 임장(任章)이 위와 같이 말했던 것이다.

임장의 논리는 분명하다. 지백(智伯)이 각 가문에게서 토지를 강탈해가고 있으니, 이로 인해 모든 가문은 점차 공황에 빠질 것이고, 결국에는 틀림없이 연합하여 지백에게 대항할 것이다. 그러나 현재는 지 씨가 가장 강하므로 정면으로 대항하면 반드시 눈뜨고 당하게 될 것이다. 먼저 그의 요구를 들어주어 그가 더욱 거만해지도록 조장하고, 그의 경계심을 느슨하게 해야 한다. 그런 이후에 복수를 다시 기도해야 한다는 논리다.

과연 상황은 그의 말대로 돌아갔다. 한과 위는 지백의 요구를 받아들여 토지를 할양했으나 조양자는 이를 거부했다. 그러자 지백은 한, 위와 연합하여 조 씨의 근거지인 진양을 포위 공격했고, 조 씨는 3년 동안 포위당한 채로 극심한 어려움을 이겨내야 했다. 그러나 결국 한, 위, 조, 세 가문이 연합하여 지 씨를 멸망시켰고, 진나라를 분할하여 통치하기 시작했다(관련 내용은 27번째 명구 "그대의 입에서 나와 내 귀로 들어

274

가다" 참고).

역사를 사로잡은 명장면

"必取姑與(반드시 먼저 주어야 한다)"의 '姑'는 '우선, 일단'이라는 뜻이다. '일단' 그렇게 한다는 것은 반드시 반격의 준비와 계획이 있어야 함을 의미한다. 만약 이것이 '姑息 (고식)'으로 변해 근본적 대책 없이 임시변통으로 대처하게 된다면 한 번 떼어준 땅은 결코 돌려받을 수 없다.

오대(五代) 후진(後晉)의 석경당(石敬瑭)은 거란인의 도움을 받아 황제의 칭호를 얻기는 했으나 결국 한낱 '꼭두각시 황제'가 되었고, 심지어 연운(燕雲) 16개 주를 거란에 할양했다. 이는 한(漢) 민족에 있어서 커다란 치욕이었다. 송대(宋代)에 이르러 오대십국(五代十國)의 분열 국면이 종식되자, 송태종(宋太宗)은 요(遼)나라에 대한 군사 행동을 진행하기 시작했다. 모두가 잘 알고 있는 '양 씨 가문의 장수들[楊家將]'이 4개 주를 되찾아왔고, 이후 송태종이 또다시 연운 16개 주 전부를 사들였다.

그러나 북송의 전략적 사상의 주류는 고식주의(姑息主義)였다. 요, 하(夏), 금(金), 원 등 북방 민족을 대하는 태도에 있어서 초반에는 재물로 회유했고, 이후에는 점차 재물도 주고 토지도 할양해주었다. 중요한 점은 북송 정부가 북방 이민족을 대처하는 정책에 '일단 주는' 것만 있었고, '반드시 취하려는' 생각은 없었다는 것이다. 돈을 들여 재앙을 없애자는, 대충대충 해치우자는 안일한 사고였다. 이로 인해 결국에는 멸망으로 치달았다.

고전의 지혜

무턱대고 적에 잘 보이려고만 한다면 상대의 욕심을 한도 끝도 없게 만든다. 따라서 '임시방편적인 대처는 자칫 상대의 간악함을 키울 위험성도 있는 것'이다. 그러나 만일 적 스스로가 목매달아 죽으려 한다면, 서둘러 목줄을 내어주는 것이 상책 아니겠는가. 지백이 토지를 빼앗아가려는 것은 스스로 파멸을 구하는 것이었으니 그를 돕는 것이 당연지사이다. 뭘 기다리겠는가? 이것이 바로 '장차 취하고자 한다면 반드시 우선 준다'는 계책이다.

좋은 장사꾼은 남들과 값을 다투지 않는다

인내하며 시기를 기다리는 계책

068

夫良商不與人爭買賣之賈¹. 而謹司時². 時賤而買.
부 양 상 불 여 인 쟁 매 매 지 가¹. 이 근 사 시². 시 천 이 매.

雖貴已賤矣. 時貴而賣. 雖賤已貴矣. 昔者.
수 귀 이 천 의. 시 귀 이 매. 수 천 이 귀 의. 석 자.

文王之拘於羑里. 而武王羈於玉門.
문 왕 지 구 어 유 리. 이 무 왕 기 어 옥 문.

卒斷³紂之頭而縣⁴於太白⁵者. 是武王之功也.
졸 단³ 주 지 두 이 현⁴ 어 태 백⁵ 자. 시 무 왕 지 공 야.

今君不能與文信侯⁶相伉⁷以權.
금 군 불 능 여 문 신 후⁶ 상 항⁷ 이 권.

而責文信侯少禮⁸. 臣竊爲君不取也.
이 책 문 신 후 소 례⁸. 신 절 위 군 불 취 야.

—『戰國策 · 趙策』

1 賈(가): 가격
2 司時(사시): 시기를 장악하다.
3 斷(단): 절단하다. 자르다.
4 縣(현): 매달다 '懸(현)'과 같다.
5 太白(태백): 주무왕(周武王)의 전기(戰旗)
6 文信侯(문신후): 여불위
7 伉(항): '亢(항)'과 같다. 맞서다. 필적하다. '不卑不亢(비굴하지도, 거만하지도 않다)'의 용법과 같다.
8 少禮(소례): 예의를 제대로 갖추지 않다.

▶ 진정으로 장삿속이 밝은 상인은 사람들과 일시적인 이익을 다투지 않습니다. 면밀하게 관찰하여 시기를 파악하고 물가가 오를 때 사들이지요. 설령 시세보다 조금 비싸다 하더라도 여전히 저렴한 값입니다. 또 물가가 떨어질 때 내다 파는데, 조금 싸게 파는 것일지라도 여전히 좋은 값에 판매하게 됩니다. 옛날, 주문왕은 유리(羑里)에 구금되고 주무왕(周武王)은 옥문(玉門)에 수감된 적이 있었습니다. 그러나 결국 주무왕이 상주왕(商紂王)의 목을 잘라 그의 머리를 태백기(太白旗)에 매달았습니다. 지금 공께서는 여불위의 권세에 맞설만한 조건을 갖추지 못하셨습니다. 그런데도 오히려 그가 예의를 제대로 갖추지 않았다며 책망하시니, 저의 개인적인 생각으로는 공의 행동이 옳지 않은 것으로 사료됩니다.

조나라의 건신군(建信君)이 문객 희사(希寫)에게 여불위에 대한 불평을 늘어놓았다. 여불위가 사람을 추천하여 조나라에서 벼슬할 수 있게 해달라고 하기에 건신군이 그 사람에게 재상직을 맡기고 오대부(五大夫)의 작위를 주었으나 여불위는 그에 걸맞은 답례를 하지 않았기 때문이었다.

이에 희사는 '좋은 상인은 일시적인 작은 이익을 다투지 않는다'는 이야기로 비유를 들고, 주무왕 부자(父子)가 일시적인 수모를 인내한 것을 예로 들며 건신군에게 작은 일로 불평하지 말고 꾹 참으며 시기를 기다리라고 조언한 것이다. 사실 건신군이 문신후(文信侯)에게 대적할 수 없었던 것이 아니다. 실제로는 조나라가 진나라에 대적할 수 없었던 것이다. 희사가 차마 대놓고 말하기 곤란했던 속뜻은 '공께서 조나라의 권력을 장악하고 있으니 능력이 있다면 조나라를 강성하게 하라!'는 것이었다.

역사를 사로잡은 명장면

월왕 구천은 와신상담하며 힘을 모아 부흥을 도모했다. 그런데 그가 나라를 다시 일으켜 세울 수 있었던 원인은 단지 근검절약 때문만은 아니었다. 자금과 힘을 모으는 데 있어서 범려의 스승이었던 계연(計然)의 '나라를 부유하게 하는' 계책을 받아들였기에 가능했다.

"물건이 최고로 비싸지면 다시 값이 떨어지고, 값이 바닥까지 떨어져 싸지면 다시 올라간다. 값이 비쌀 때는 오물을 버리듯이 내다 팔고, 값이 쌀 때는 옥구슬을 손에 넣듯 사들여야 한다. 재물은 물이 흐르듯이 움직이는 법이다"라는 말은 계연의 가장 유명한 이론이다.

물가가 더 오를 수 없는 지점까지 오르면 반드시 떨어지고, 밑바닥까지 떨어지면 또한 반드시 상승하는 법이다. 따라서 물가가 높을 때는 파는 것을 아까워해서는 안 될 뿐만 아니라 마치 쓰레기, 오물을 보듯 미련 없이 내던져야 한다. 다 팔지 못하면 어쩌나 걱정해야 하는 것이다. 반대로, 물가가 낮을 때는 구슬, 옥을 보듯이 서둘러 사들여야 한다.

희사의 주장은 '비쌀 때 팔고 쌀 때 사라'는 계연의 이론이 확장된 것으로 볼 수 있다. 따라서 장사를 잘하는 사람은 매일같이 자질구레한 일을 시시콜콜 따지는 사람이 아니라 정확한 시기, 즉 타이밍을 잘 잡는 능력을 갖춘 사람이다.

고전의 지혜

장사(사업)는 돈을 벌기 위해 하는 것이다. 매일 주판알을 튀기며 시시콜콜 따지는 것도 돈을 벌기 위한 것이고, 시기를 정확하게 파악하여 크게 한몫 잡는 것도 돈을 벌기 위한 것이다. 그러나 물가가 오르내려야만 비로소 싸게 사고 비싸게 팔 수 있다. 만약 물가가 평온한 시기에 매매 가격을 다투지 않는다면 손해를 볼 수밖에 없다. 시기를 똑바로 파악하지 못한 채 오히려 뻔뻔하게 "좋은 상인은 남들과 값을 다투지 않는 법이야"라며 큰소리친다면 이는 주제넘게 야무진 꿈을 꾸는 꼴이다. 마찬가지로, "좋은 상인은 남들과 값을 다투지 않는다"는 말은 손해 보는 장사꾼의 나약한 변명이 될 수 없다.

王曰: "古今不同俗, 何古之法[1]? 帝王不相襲[2].

왕 왈: "고 금 부 동 속, 하 고 지 법[1]? 제 왕 불 상 습[2].

何禮之循? …… 故禮[3]世不必一其道.

하 례 지 순? …… 고 례[3]세 불 필 일 기 도.

便國[4]不必法古. …… 是以聖人利身之謂服.

편 국[4]불 필 법 고. …… 시 이 성 인 리 신 지 위 복.

便事之謂敎, 進退之謂節, 衣服之制.

편 사 지 위 교, 진 퇴 지 위 절, 의 복 지 제.

所以齊常民[5], 非所以論賢[6]者也.

소 이 제 상 민[5], 비 소 이 론 현[6]자 야.

…… 故循法之功不足以高世[7].

…… 고 순 법 지 공 부 족 이 고 세[7].

法古之學不足以制今. 子其勿反也."

법 고 지 학 부 족 이 제 금. 자 기 물 반 야."

—『戰國策 · 趙策』

1 法(법): 동사, 본받다.
2 襲(습): 지속하다. 답습하다.
3 禮(예): '理(리)'와 같다. 다스리다.
4 便國(편국): 국가 발전을 편리하게 하다.
5 常民(상민): 일반 백성
6 論(논): 비교 평가하다. / 論賢(논현): 어짊과 어리석음을 비교 평가하다.
7 高世(고세): 숭고(고상)한 명성을 얻다.

▶ 조무령왕이 말했다.

"고금의 풍속이 같지 않거늘 어찌 옛 제도를 전적으로 본받을 수 있겠는가. 역대 왕조의 제왕들이 대대로 계승해온 것이 아니거늘 어찌 무턱대고 전통을 좇을 수 있겠는가. (중략) 그러므로 백성을 다스리는 일은 고정불변해서는 안 되는 법이요, 국가 발전의 편의를 위해서라면 옛 제도에 얽매여서는 안 되는 것일세. (중략) 그래서 성인은 몸을 이롭게 하는 것을 일컬어 '복(服)'이라고 했고, 일을 편히 하는 것을 일컬어 '교(教)'라고 했으며, 나아가고 물러남이 적절한 것을 일컬어 '절(節)'이라고 한 것이네. 의복을 제정하는 것은 일반 백성의 편의를 위한 것이니, 그것으로 군주의 어짊이나 어리석음을 평가할 수는 없지 않겠는가. (중략) 전통을 따르는 나라는 국제적인 성망을 얻을 수 없고, 옛 제도에 얽매인 군왕은 지금 세상을 다스릴 수 없는 것이네. 그대는 더 반대하지 말게."

조무령왕은 강한 진(秦)나라에 대항하기 위해서 '호복기사(胡服騎射)'를 시행하기로 결정했다. 이는 획기적인 전술 개혁이었다.

그때까지의 전쟁은 '전차전'을 위주로 하여, 전차 한 대에 보병이 3백 명씩 배치되는 형태였다. 전차는 상대에게 강한 충격을 줄 수 있다는 장점이 있었지만 민첩한 회전이 어렵다는 것이 단점이었다. 이를 고심하던 무령왕은 호인(胡人)에게서 힌트를 얻었다. 북방에 위치한 조나라는 오랜 기간 호인들과 전쟁을 치른 경험이 있었다. 호인의 기병 전술은 대단히 민첩했는데, 문제는 한족의 의복이 기마전에 적합하지 않다는 것이었다. 따라서 무령왕은 의복 변경을 추진했고, 이를 통해 보다 편리하게 전술을 개혁하고자 했다.

하지만 개혁에는 어느 정도 저항이 있을 수밖에 없었다. 무령왕은 대신과 황족 원로들을 하나하나 설득했고, 마지막으로 귀족 조조(趙照)를 대면하여 위와 같은 의견을 펼쳤다. 결국 모든 사람과의 소통을 완수한 무령왕은 개혁을 실시했고, 조나라는 이로써 한동안 제후의 우두머리로 군림했다. 이때부터 중국 군대는 바지를 입고 싸우기 시작했다.

역사를 사로잡은 명장면

개혁은 시대 발전에 적응하기 위한 것이다. 설령 그 개혁이 과거로 회귀하는 '복고(復古)'라고 할지라도 반드시 지금 시대의 생명이 주입되어야 한다. 가령 패션이나 음악 분야에서 복고풍이 유행할 때 사용되는 재료나 도구는 모두 현대의 옷감과 악기이므로 이는 결코 맹목적인 복고가 아니다.

한 왕조의 정권을 찬탈하고 신(新) 왕조를 건국했던 왕망은 이상적인 나라를 세우기 위해 대규모 개혁을 단행했다. 당시 한 왕조의 상황을 집에 비유하자면 내부적인 개축이 필요한 상황이었지, 철거하고 재건축을 할 필요는 없었다. 하지만 왕망은 전면적인 복고를 추진했다. 특히, 화폐 제도에 있어서 당시 백성들 사이에 이미 편리하게 유통되고 있던 오수전(五銖錢)을 폐지하고 고대에 사용하던 포폐(布幣), 패폐(貝幣), 구폐(龜幣) 등으로 교체하여 금융 대란을 발생시켰고, 결국 혼란으로 인해 그의 정권은 무너지고 말았다. 그야말로 "옛것을 본받는 것만으로는 현재를 다스릴 수 없다"는 명언이 그대로 적중한 것이라 할 수 있다.

고전의 지혜

전통은 마땅히 중시하고 보존해야 한다. 그러나 그보다 더 중요한 일은 옛것을 배우되 완전히 소화하여 현재에 통용되는 내 것으로 만드는 것이다. 무턱대고 전통을 고수하기만 한다면 '옛것을 본받는 것만으로 현재를 다스리지 못하는' 오류를 범할 수 있다. 반드시 전통에 시대적 생명을 부여해야만 한층 더 발전할 수 있다.

큰일을 다스리는 사람은
작은 일에 연연하지 않는다

큰일을 행할 때 사소한 부분을 지나치게 신경 쓰지 않아도 된다는 계책

070

夫吞舟之魚不游淵, 鴻鵠[1]高飛, 不就[2]汚地.
부 탄 주 지 어 불 유 연, 홍 곡[1]고 비, 불 취[2]오 지.

何則? 其志極遠也.
하 즉? 기 지 극 원 야.

黃鐘大呂[3]不可從繁奏[4]之舞, 何則?
황 종 대 려[3]불 가 종 번 주[4]지 무, 하 즉?

其音疏也. 將治大者不治小,
기 음 소 야. 장 치 대 자 불 치 소,

成大功者不小苟[5], 此之謂也.
성 대 공 자 불 소 가[5], 차 지 위 야.

—『說苑·政理』

1 鴻(홍), 鵠(곡): 모두 대형 조류이다.
2 就(취): 접근하다.
3 黃鐘(황종), 大呂(대려): 고대의 악기다. 그 음색은 크고 낭랑하며 느리다.
4 從(종): 반주하다. / 繁奏(번주): 박자가 짧고 빠르다.
5 小苟(소가): 사소한 부분에 대해서 까다롭게 요구하지 않다.

▶ 배를 삼킬 수 있을 정도의 큰 물고기는 연못에서 헤엄치지 않고, 큰 기러기나 고니는 하늘 높이 날며 더러운 연못에는 가까이 가지 않습니다. 왜 그런 것일까요? 가진 뜻이 원대하기 때문입니다. 황종(黃鐘)과 대려(大呂)는 짧은 박자가 빠르게 진행되는 춤에는 반주로 사용하지 않습니다. 왜 그럴까요? 음색이 크고 낭랑하며 느리기 때문입니다. 장차 큰일을 할 사람은 작은 일을 하지 않고, 큰 공을 이룰 사람은 사소한 부분까지 엄격하게 따지지 않는다는 말은 바로 이것을 일컫는 것입니다.

이 이야기의 주인공은 맹자가 "털 한 가닥을 뽑아서 천하를 이롭게 할 수 있을지라도 하지 않는다(拔一毛以利天下, 不爲也)"라고 평가했던 천하제일의 개인주의 인물 양주(楊朱)이다. 양주는 춘추시대 제자백가 가운데 도가의 대표 인물의 하나로, 그가 주장하는 바의 핵심은 '자신을 귀하게 여기는 것[貴己]'과 '나를 위하는 것[爲我]'이었다. 즉, 모든 개인이 털끝 하나도 손해를 입지 않고, 모든 사람들이 천하의 이익을 추구하지 않는다면 천하가 태평해진다는 것이다. 또한, 모든 사람들에게서 물욕이 희미해지므로 남의 일에 간섭하려는 사람이 없어지게 된다는 것이 그의 주장이다.

한번은 양주가 위왕(魏王)을 알현하여 천하를 다스리는 이치에 관하여 의견을 나누었는데, 그가 펼치는 논리가 마치 손 안에 장난감을 가지고 놀듯 쉽고 편안했다. 위왕이 말했다.

"선생은 부인 한 명과 첩 한 명도 잘 관리가 안 되고, 집 안에 있는 밭 세 마지기도 잘 경작하지 못하면서 어찌 천하를 다스리는 큰 도리에 대해서는 이리도 구구절절 옳은 말씀만 하신단 말입니까?"

양주가 말했다.

"대왕께서는 양을 보신 적이 있습니까? 양 수백 마리를 어린아이 한 명에게 맡기면 그 아이가 나무 지팡이를 들고 지휘하는데, 동쪽으로 가라고 하면 동쪽으로 가고 서쪽으로 가라고 하면 서쪽으로 갑니다. 만약 요임금에게 양 한 마리를 끌게 하고, 순임금에게 나무 지팡이를 들고 그 뒤에서 양을 몰게 한다면 곧바로 이리 뛰고 저리 뛰는 혼란스러운 장면이 벌어질 것입니다."

이렇게 말한 양주는 이어서 위에서 언급했던 주장을 진술했다. "사람의 재능은 같지 않다. 큰일을 할 수 있고 큰 공을 세울 수 있는 사람은 작은 일을 잘할 필요가 없다. 사소한 부분을 엄격하게 요구하는 사람은 큰일을 이룰 수 없다." 이것이 바로 그가 말하고자 하는 뜻이다.

역사를 사로잡은 명장면

한문제(漢文帝) 시기 진평이 승상을 맡고 있었다. 하루는 황제가 그에게 물었다.

"1년 동안 사법부에서 형을 선고한 사례가 얼마나 되는가? 전국의 1년 세수가 얼마나 되는가?"

그러자 진평이 대답했다.

"그 일들은 각각 담당자가 정해져 있습니다."

"주관하고 있는 자들이 누구인가?"

"사법과 관련된 일은 정위(廷尉)에게 물으시고, 세수에 관한 일은 치속내사(治粟內史)에게 물으십시오."

"백관이 각각 맡고 있는 바가 있다면 승상 그대는 무엇을 하는가?"

이에 진평이 말했다.

"재상이란 위로는 천자를 보좌하고, 음양을 관리하며, 사시사철을 순조롭게 하고,

아래로는 백성이 편안히 생활하며 즐겁게 일할 수 있게 합니다. 밖으로는 사방의 오랑캐와 제후들에게 우리 정부의 의사를 전달하고 어루만지며 안정시키는 역할을 하고, 안으로는 경대부(卿大夫) 관리들이 충성을 다하고 맡은 직분을 제대로 수행하는지 관리하는 역할을 합니다.

이 대화는 '계층적으로 책임을 분담하는' 것에 관한 전형(典型)이자, "큰일을 다스리는 사람은 작은 일을 다스리지 않는다"는 명구가 실천으로 옮겨진 모범적인 예라고 할 수 있다.

고전의 지혜

항우가 유방을 암살하기 위해 덫을 놓고 연회를 베풀어 유방을 초대했다. 이것이 바로 유명한 '홍문연(鴻門宴)'의 일화이다. 유방은 다행스럽게도 볼일을 본다는 핑계를 대고 '항장(項莊)의 칼춤을 빙자한 암살'의 위기를 피해 파상(灞上)으로 돌아갈 수 있었다. 유방이 막 연회장을 빠져나왔을 무렵, 당황해하며 말했다.

"작별 인사도 드리지 않고 간다니 염치가 없는 것이 아닌가."

그러자 번쾌(樊噲)가 그에게 말했다.

"큰일을 행할 때는 사사로운 것은 신경 쓰지 않아도 되고, 큰 예식에서는 작은 허물을 사양하지 않는 법입니다(大行不顧細謹, 大禮不辭小讓)."

번쾌의 중점은 뒤 구절에 있었다. 목숨이 위태로운 절체절명의 순간에 어찌 자잘한 예절을 신경 쓸 수 있겠는가. 앞 구절은 "큰일을 다스리는 사람은 작은 일을 다스리지 않는다"는 말과 같은 이치다.

10년 동안 사람을 키우고, 재물을 모으고, 또 10년 동안 가르치고 훈련하다

병을 치료할 때는 끝까지 힘써야 한다는 간언

071

(伍員)退而告人¹曰: "越十年生聚², 而十年教訓.
(오 원)퇴 이 고 인¹왈 : "월 십 년 생 취², 이 십 년 교 훈.

二十年之外³, 吳其爲沼⁴乎?"
이 십 년 지 외³, 오 기 위 소⁴호 ?"

―『左傳·哀公元年』(伍員諫平越)

---

1 退而告人(퇴이고인): 개인적으로 남에게 말하다.

2 生聚(생취): 백성들 기르고 재물을 모으다.

3 之外(지외): 그 뒤에

4 沼(소): 더러운 연못

▶ 오원이 물러나 사람들에게 말했다.

"월나라는 10년 동안 생산을 강화하고 재산을 축적할 것이고, 그 후 또 10년 동안 교육하고 훈련할 것이다. 20년 후에는 아마도 고소성(姑蘇城)이 더러운 연못으로 변해 있겠구나!"

오왕 부차가 월왕 구천을 무찔러 자신의 아버지 합려(闔閭)의 복수를 했다. 구천은 "백성의 남자는 노비가 되고, 여자는 첩이 되겠다"고 제안하며 매우 굴욕적인 태도로 항복을 요청해왔다. 그의 항복을 받아들일지 여부를 결정하지 못하고 고민하고 있을 때 오원, 즉 오자서가 부차에게 간언했다.

오자서는 우선 "덕을 세울 때는 확실히 번식하게 하는 것이 좋고, 질병을 제거할 때는 뿌리까지 모조리 뽑아버리는 것이 좋다(樹德莫如滋, 除疾莫如盡)"라고 얘기하면서 '은덕을 베푸는 데 있어서는 효과가 극대화되도록 애써야 하고, 화를 제거하는 데 있어서는 철저하게 뿌리 뽑도록 애써야 한다'는 이치를 설명했다. 그런 뒤, 소강(少康)이 '10리의 영토와 한 부대 5백 명의 사람'만으로 성공하여 중흥했던 예를 들며 비교했다. 현재의 오나라는 당시 하나라를 멸망시키려 했던 과요(過澆)보다 강하지 않고, 구천의 남은 힘은 당시 소강의 힘보다 크므로 구천의 요구를 들어주면 후환이 끝이 없을 것이라며 부차를 일깨우려 했다.

하지만 오왕 부차는 오자서의 간언을 끝내 받아들이지 않았다. 훗날 오자서의 예언은 과연 현실이 되었으니, 그로부터 22년 뒤 월나라 군대가 고소성으로 쳐들어왔던 것이다.

역사를 사로잡은 명장면

"나라 안에 법도로 임금을 바로잡고 보필하는 신하가 없고, 나라 밖에 적국이나 외침이 없는 나라는 언제라도 망한다." 오왕 부차는 큰일을 행하고 공을 세우는 일을 좋아하여 적국이 넘쳐났다. 월나라를 물리친 이후에는 막강한 전력의 군대를 기반으로 천하를 쟁탈하려는 야심을 드러냈으며, 제나라, 진(晉)나라 등 강대국과 제후 패왕의 자리를 다투었다. 그러다 결국 황지에서 제후들과 크게 회합하여 진짜 패왕이 되었다.

하지만 부차의 전성기는 단지 그 한순간에 불과했다. 황지에서 제후들과 회합을 갖고 있던 그 시각, 월나라 군대는 이미 고소성을 공격하고 있었다.

부차의 흥성이 절정에 달했다가 쇠약해지는 전환점을 살펴보면 그 시점은 그가 오자서에게 자살을 명령했던 때였다. 그 일로 인해 오나라에는 감히 군왕에게 더 간언하는 사람이 없었다. 다시 말해, '나라 안에 법도로 임금을 바로잡고 보필하는 신하가 없었던 것'으로, 국가 내부에 군왕에게 맞서거나 거역하는 충언이 사라진 것이다. 또한, 군왕의 마음속에는 '나라 밖에 적국이나 외부 침략이 없었다.' 그가 모든 적국을 얕보고 스스로 천하무적이라고 생각했기 때문이다. 이 두 가지 상황이 동시에 발생하는 순간, 그 나라에는 이미 망국의 운명이 드리워진다는 사실을 우리는 역사를 통해 확인할 수 있다.

오자서는 오나라에 큰 공이 있었다. 따라서 설령 부차에게 죄를 짓는다 할지라도 함부로 죽음을 명할 수는 없는 노릇이었다. 하지만 이미 나라의 패망을 예견한 오자서는 아들을 제나라로 보내 친구에게 맡기고 성(姓)도 바꾸게 했다. 그 일로 인해 부차에게 살인 동기를 심어주었던 것이다.

오자서는 오나라에서 중용되지 못하더라도 끝까지 변함없이 충성을 다하는 사람이 되든지, 아니면 완전히 벗어나 처자식을 데리고 다른 나라로 멀리 떠났어야 했다. 두 가지 서로 상충되는 행동을 했으니 어찌 죽음을 면할 수 있었겠는가.

고전의 지혜

'10년 동안 사람을 키우고, 재물을 모으고, 또 10년 동안 가르치고 훈련하는 것'은 패배한 입장에서 부활하는 유일무이한 방법이다. 그런데 중요한 점은 반드시 '사람을 기르고 재물을 모으는 것[生聚]'이 '가르치고 훈련하는 것[敎訓]'보다 앞서야 한다는 것이다. 우선 경제를 진작시켜 부국(富國)의 토대를 만들어야만 강병(强兵)을 거론할 수 있는 조건이 마련된다. 만약 사람들이 배를 굶고 있는 상황에 국방을 강화해야 한다고 말한다면 그것은 '병력을 남용하여 함부로 전쟁을 일삼는 것(窮兵黷武)'일 뿐이다.

화와 복에는 들고 나는 문이 없다. 오직 사람이 부르는 것이다

이로움으로 유혹하여 명령에 순종하게 했던 사례

072

季武子¹無適²子. 公彌³長, 而愛悼子⁴, 欲立之.

계무자¹무적²자. 공미³장, 이애도자⁴, 욕입지.

…… 訪於臧紇⁵. 臧紇曰: "飲我酒, 吾爲子立之."

…… 방어장흘⁵. 장흘왈: "음아주, 오위자입지."

…… 季氏以公鉏爲馬正⁶, 慍而不出, 閔子馬⁷見之.

…… 계씨이공서위마정⁶, 온이불출, 민자마⁷견지.

曰: "子無然. 禍福無門, 唯人所召. 爲人子者患不孝,

왈: "자무연. 화복무문, 유인소소. 위인자자환불효,

不患無所, 敬共⁸父命, 何常之有? 若能孝敬,

불환무소, 경공⁸부명, 하상지유? 약능효경,

富倍季氏可也. 姦回不軌, 禍倍下民可也." 公鉏然之.

부배계씨가야. 간회불궤, 화배하민가야." 공서연지.

敬共朝夕, 恪⁹居官次.

경공조석, 각⁹거관차.

— 『左傳·襄公二十三年』(閔子馬使公鉏孝敬)

---

1 季武子 (계무자): 노나라 삼대 가문 가운데
하나인 계손 씨(季孫氏)의 족장이다.
2 適 (적): 적자. 정실이 낳은 아들
3 公彌 (공미): 계무자의 장자. '公鉏(공서)'
4 悼子 (도자): 계무자의 둘째 아들
5 臧紇 (장흘): 장손 씨(臧孫氏)의 족장

6 馬正 (마정): 가문의 사마로, 세자(후계자) 아래의
지위이다.
7 閔子馬 (민자마): 노나라 대부
8 共 (공): 공손하다.
9 恪 (각): 삼가다.

▶ 계무자에게는 적자가 없었다. 서자들 가운데 공서(公鉏)가 가장 나이가 많았지만, 계무자는 도자(悼子)를 좋아하여 그를 후계자로 세우고 싶었다. (중략) 계무자는 이 일을 해결하기 위해 장흘(臧紇)을 찾아가서 도움을 청했다. 그러자 장흘이 말했다.

"나에게 술 한 잔 사시게. 내가 그대를 위해 둘째 아이를 세워주겠네."

(중략) 결국 장흘의 도움으로 도자를 후계자로 세웠고, 공서에게는 가문의 사마를 맡겼다. 공서는 이 일로 크게 화를 내며 자신이 머물던 장자의 거처를 내어주려 하지 않았다. 민자마(閔子馬)가 그 모습을 보고 그에게 말했다.

"자네는 그리하지 마시게. 사람에게 화복이 들고 나는 것에는 결코 일정한 규칙이 있는 것이 아니라네. 그대가 어떻게 하는지에 따라 결과는 달라질 것이야. 지위가 없는 것을 걱정하지 말고 아들로서 불효하지는 않았는지 그 점만 걱정하게. 아버지의 명령을 공손하게 받든다면 상황은 반드시 변할 것이네. 만약 아버지를 잘 섬기고 공경한다면 그대의 재산은 정통 후계자의 곱절은 될 수 있을 것이네. 하지만 만약 그대가 말을 잘 듣지 않고 법도를 따르지 않는다면 그대에게 닥칠 화는 천민의 곱절이 될 수도 있을 것이야."

공서는 그의 조언을 받아들여 아버지의 명령을 공경하고 준수했으며, 순순히 사마의 관저로 옮겨갔다.

얼마 뒤, 노나라의 또 다른 큰 가문 맹손 씨(孟孫氏)의 족장 맹장자(孟莊子)가 자신의 병이 깊어지자 공서를 집으로 불러 이렇게 말했다.

"만일 그대가 나의 서자 갈(羯)을 지지해준다면 그대가 장흘에게 복수할 수 있도록 내가 도와주리다."

결국 맹장자는 병으로 세상을 떠났고, 공서는 갈을 장례의 상주로 세웠다. 그러자 계무자가 추궁했다.

"장자 질(秩)은 어디 있느냐?"

공서가 반박했다.

"이는 맹장자께서 남기신 유언입니다. 장유(長幼)에 얽매일 필요가 없지요."

훗날 세 가문은 이 일로 인해 서로 싸웠다. 노나라 역사가는 이 일에 대해 "적자를 죽이고 서자를 세우거나, 장자를 폐하고 어린아이를 세웠으니 결국 이러한 결과가 초래된 것이다"라고 논평했다.

역사를 사로잡은 명장면

역사적으로 적자를 폐하고 지위를 빼앗는 일은 혼란의 시초였다. 하지만 만약 적자가 어리석다면 마찬가지로 재앙을 불러일으킬 수 있다.

서진(西晉)의 혜제(惠帝)는 흉년이 들어 백성이 굶어죽자 "왜 사슴고기를 먹지 않는가(何不食肉糜)"라고 말하던 아둔한 황제였다. 그가 태자였을 당시, 대신들은 "태자가 국가 대임을 책임지기 어려울 것으로 생각된다"라며 그의 아버지인 진무제(晉武帝)에게 여러 차례 간언했다. 그러자 진무제는 비교적 말을 잘 듣는 몇몇 대신을 찾아 태자 교육을 책임지게 했다. 어느 정도 시간이 지난 뒤에 이 아부꾼들은 진무제에게 이렇게 보고했다.

"태자의 식견과 고상함이 크게 증진되었습니다."

그렇게 시간이 지나 태자는 결국 황위에 올랐다. 그러나 그는 실재로 매우 아둔했으므로 여러 제후와 왕들이 황위를 노리는 상황이 발생했고, 종국에는 '팔왕의 난'을 야기했다. 이 또한 진무제가 '화복을 스스로 불러들인 것'이다.

고전의 지혜

23번째 명구 "재앙을 바꾸어 복으로 만들고, 실패를 말미암아 공을 이룬다"에서 언급했던 『도덕경』의 "화는 복이 의지하는 바요, 복은 화가 잠복하는 곳이다 (禍兮福所依,

福兮禍所伏)" 구절을 기억해보자. 『도덕경』의 이 말은 "화와 복에는 들고 나는 문이 없다"는 이 명언과 자못 의미가 유사하다. 그러나 민자마가 이로움으로 공서를 유혹했던 일은 오히려 화단(禍端)이었다.

기물과 명예는 남에게 빌려줄 수 없다

제도를 파괴해서는 안 된다는 주장

073

于奚¹救孫桓子², 桓子是以免. 旣, 衛人賞之以邑.
우 해 ¹구 손 환 자² . 환 자 시 이 면 . 기 . 위 인 상 지 이 읍 .

辭. 請曲縣³, 繁纓⁴以朝. 許之.
사 . 청 곡 현³ . 번 영 ⁴이 조 . 허 지 .

仲尼聞之曰: "惜也, 不如多與之邑. 唯器⁵與名,
중 니 문 지 왈 : " 석 야 . 불 여 다 여 지 읍 . 유 기 ⁵여 명 .

不可以假⁶人, 君子⁷所司也.
불 가 이 가 ⁶인 . 군 자 ⁷소 사 야 .

······ 若以假人, 與人政也. 政亡,
······ 약 이 가 인 . 여 인 정 야 . 정 망 .

則國家從之, 弗可止也已."
즉 국 가 종 지 . 불 가 지 야 이 ."

—『左傳·成公二年』(孔子惜繁纓)

1 于奚(우해): 위나라 대부

2 孫桓子(손환자): 위나라 대부로, 이름은 손림문(孫林文)이다. 신축(新築)에서 제나라
   군대에게 패배했는데, 신축의 수비 장군이었던 우해가 그를 구했다.

3 縣(현): 매달다. '懸(현)'과 같다. 종(鐘)과 경(磬)을 곡현(曲懸)하는 것은 제후의
   예의이다. 대부가 곡현을 사용하는 것은 법도를 넘어선 것이다.

4 纓(영): 말의 장식. 번영(繁纓) 또한 제후의 예의이다.

5 器(기): 곡현과 번영을 가리킨다. (※여기에 사용된 '기물'은 신분에 따라 달라지는 각종 도구,
   즉 그릇, 장신구, 장식물 등을 의미함)

6 假(가): 빌리다.

7 君子(군자): 여기에서는 '군왕' 혹은 '집정자'의 뜻이다.

▶ 우해가 신축 전투에서 손환자를 구해주어 환자는 죽음의 화를 면할 수 있었다. 얼마 뒤 위나라 군주가 우해에게 상으로 토지를 하사하려 하자, 우해는 토지를 사양하면서 곡현(曲懸)과 번영(繁纓)을 행할 수 있는 특권을 내려달라고 청했다. 위나라 군주는 이를 허락했다. 공자는 이 사실을 듣고 이렇게 논평했다.

"안타깝도다! 그에게 땅을 더 내어주는 것이 더 나았을 것을. 기물과 명예는 절대로 가벼이 줄 수 있는 것이 아니니, 이는 군왕의 권력 기반이다. (중략) 명예와 기물을 가벼이 주는 것은 정권을 타인의 손에 넘겨주는 것과 같다. 군왕이 정권을 손 안에 움켜쥐지 않으면 국가는 그 즉시 망하게 되나니, 이는 막을 수 없다."

예의와 제도를 가장 중시했던 공자는 그것이 국가 제도의 상징이라고 생각했다. 일단 제도가 파괴되면 상하의 구분이 사라져 국가가 혼란스러워진다고도 했다.

사실, 주평왕이 동쪽으로 천도한 후에 주 왕실은 점차 쇠약해져갔고, 당초 주공이 제정했던 제도가 더는 유지되지 못했다. 국제 형세가 변화했음에도 주례는 옛 법에 얽매여 전혀 변화하지 않았기 때문이다.

『좌전』의 기록에 따르면, 노장공 18년에 괵공(虢公)과 진후(晉侯)가 주 천자를 알현했고, 천자는 그들에게 동등한 상을 내려주었다. 사실 괵은 공작의 나라였고, 진(晉)은 후작의 나라였다. 하지만 진나라는 크고 괵나라는 작았으므로 주 천자가 진후에게 '신분을 넘어선' 상을 내린 것이다. 공자는 이에 대해 '예가 아니다'라고 평가했다. 공작과 후작은 작위 상 구분이 있으므로 같은 예로 대할 수 없는 것이기 때문이다.

『논어 · 팔일(八佾)』에서는 대부분 예법을 지키는 것에 관한 일들을 다루고 있다. 가령, 계 씨(季氏)가 '팔일'을 사용하자 공자는 "이것을 용인해준다면 무엇인들 용인하지 못하겠는가(是可忍, 孰不可忍)"라고 말했다. 또, 자공(子貢)이 고삭(告朔)에 바치는 제사용 제물인 희생양을 줄이려고 하자 공자가 "너는 양을 아끼느냐, 나는 예를 아낀다(爾愛其羊, 我愛其禮)"라고 말했다. 후자의 예는 본문의 "차라리 땅을 더 주는 것이 낫다(不如多與之邑)"라는 말과도 같은 이치다.

역사를 사로잡은 명장면

주 왕실은 제도를 수정하지 않아서 제도가 무너지는 상황을 초래했고, 결국에는 돌이킬 수 없게 되었다. 공자는 주공의 제정한 예법에 얽매여, 그로 인해 후세의 비판을 받기도 했다.

공자는 자신의 이상향을 실현할 수 없다는 것을 알면서도 끝까지 행동을 멈추지 않았던, 조금은 현실에 어두운 사람이었다. 하지만 그가 말하는 도리는 정확했다. 후세의 중신들 가운데 황위를 찬탈한 사람은 대부분 '황제 앞에 나서면서 자신의 이름을 호명하지 않고', '칼을 차고 신발을 신은 채 대전에 오르는' 무례를 범했다. 또한, '황제만 사용할 수 있는 황월(黃鉞)을 빌리거나' '아홉 가지 특전[九錫]을 사용하는' 것으로 시작하여 종국에는 황제를 시해하거나 황위를 찬탈하는 것으로 진행되었다. 다시 말해, 먼저 작위와 거복(車服)을 분수에 맞지 않게 사용하며 법도를 넘어서고, 이를 통해 '황제와 나와의 거리는 단지 한 발자국 차이일 뿐이다'라는 인상을 백성들에게 심어주었던 것이다. 그런 뒤라면 그 '한 발자국'을 넘어서는 것은 그리 어려운 일이 아니다.

고전의 지혜

설령 오늘날이라 할지라도 정치인들이 '명예나 기물을 제멋대로 주거나' 직분과 상관없이 능력에 따라 그에 맞는 일을 시키는 것은 제도를 파괴하는 행위라고 할 수 있다. 정부 체제가 일단 혼란스러워진 뒤에는 쉽게 막을 수 없다.

그들은 오성(五聲)의 조화로운 음계를 듣지 않는 귀머거리다

적군과 아군을 정확하게 파악하는 방법

074

王將以狄伐鄭. 富辰¹諫曰:"不可. 臣聞之, 大上²以德撫民,
왕 장 이 적 벌 정. 부 진¹ 간 왈 :" 불 가. 신 문 지. 대 상² 이 덕 무 민,

其次親親³以相及也. ⋯⋯ 鄭有平惠⁴之勳,
기 차 친 친³ 이 상 급 야. ⋯⋯ 정 유 평 혜⁴ 지 훈,

又有厲宣⁵之親, 棄嬖寵⁶而用三良⁷, 於諸姬爲近,
우 유 려 선⁵ 지 친. 기 폐 총⁶ 이 용 삼 량⁷. 어 제 희 위 근,

四德具矣. 耳不聽五聲⁸之和爲聾, 目不別五色⁹之章爲昧,
사 덕 구 의. 이 불 청 오 성⁸ 지 화 위 롱. 목 불 별 오 색⁹ 지 장 위 매,

心不則德義之經¹⁰爲頑, 口不道忠信之言爲嚚, 狄皆則之,
심 부 즉 덕 의 지 경¹⁰ 위 완. 구 부 도 충 신 지 언 위 은. 적 개 칙 지,

四姦具矣."王弗聽, 使頹叔, 桃子¹¹出狄師.
사 간 구 의."왕 불 청. 사 퇴 숙. 도 자¹¹ 출 적 사.

—『左傳·僖公二十四年』(富辰諫以狄伐鄭)

1 富辰 (부진): 주 대부
2 大上 (대상): 가장 뛰어난 것. 지극하게 높아 그보다 위가 없다.
3 親親 (친친): 친한 사람을 친근하게 여기다.
4 平惠 (평혜): 주평왕과 주혜왕(周惠王)
5 厲宣 (려선): 주려왕(周厲王)과 주선왕(周宣王)
6 嬖寵 (폐총): 간신과 충신

7 三良 (삼량): 숙첨(叔詹), 도숙(堵叔), 사숙(師叔). 세 사람은 모두 정나라의 어진 대부이다.
8 五聲 (오성): 궁(宮), 상, 각(角), 치(徵), 우(羽)
9 五色 (오색): 청, 적, 백, 흑, 황
10 經 (경): 상도(常道), 변하지 않는 떳떳한 도리
11 頹叔 (퇴숙), 桃子 (도자): 두 사람 모두 주 대부이다.

▶ 주양왕이 북적(北狄)의 병사를 이용해 정나라를 공격하려 하자 부진(富辰)이 간언했다.

"그리 하시면 안 됩니다. 신이 듣건대, 가장 훌륭한 지도자는 덕으로 온 백성을 어루만지고, 그다음으로 훌륭한 지도자는 비교적 관계가 가까운 사람들을 친근하게 대하고, 그 뒤로 차례차례 점진적으로 확대해간다고 합니다. 정나라는 일찍이 주평왕과 주혜왕을 보좌하는 공훈을 세운 일이 있습니다. 또한, 정나라 시조인 정환공(鄭桓公)은 주려왕의 아들이자 주선왕의 동생으로 우리 주 왕실과는 친족과도 같습니다. 정문공은 간신을 배척하고 뛰어난 인재를 등용하는 어진 정치를 펼친 바 있으며, 정나라는 우리 주 왕실과 같은 성을 사용하는 모든 희성(姬姓) 제후 가운데 우리와 가장 가깝습니다. 이처럼 정나라는 공훈(功勳), 친함, 어짊, 가까움 네 가지 장점을 모두 갖추고 있습니다. 그러나 북방의 오랑캐는 다릅니다. 그들은 오성(五聲)의 조화로운 음계를 듣지 않는 귀머거리요, 오색(五色)의 차이를 구별하지 못하는 장님입니다. 또한 마음은 덕과 의리의 떳떳한 도리를 본받지 않아 아둔하고, 입은 충성스럽거나 믿음직한 말을 하지 않아 간사합니다. 이처럼 그들은 귀먹고, 눈멀고, 아둔하고, 간사한 네 가지 결점을 갖추고 있습니다."

그러나 주양왕은 그의 의견을 듣지 않고, 퇴숙(頹叔)과 도자(桃子)를 적(狄)으로 보내 그들에게 출병을 요청했다.

북적의 군대는 주양왕을 대신해 정나라를 공격하여 그의 분노를 풀어주었고, 양왕은 북적 군왕의 딸 외 씨(隗氏)를 아내로 맞아 황후로 삼았다. 그러나 결과는 참담했다. 왕자 희대(姬帶)가 외 씨와 사통하는 바람에 양왕은 결국 적후(狄后)를 폐위했고, 도성 지역을 퇴숙과 도자는 북적의 군대를 이끌고 주나라 도성 지역을 공격했다. 양왕이

도주하자 퇴숙과 도자는 왕자 대(帶)를 옹립했다. 양왕은 어디로 도망갔을까? 바로 정나라였다.

역사를 사로잡은 명장면

같은 성씨는 과연 친하게 여겨야 하는 것일까? 두려워해야 하는 것일까?

한고조 유방은 공신들을 주살하고, 유 씨 성이 아니면 왕으로 봉하는 것을 금지하는 법을 규정했다. 그는 다른 성씨를 경계하고 같은 성씨를 신임했다. 그러나 후에 '칠국의 난'이 일어나 정권이 크게 흔들렸다.

서진의 사례는 더욱 심각했다. '팔왕의 난'으로 인해 정권이 무너졌고, 결국 오호(五胡)가 중원을 어지럽혔다.

결론은 부진이 했던 "가장 훌륭한 지도자는 덕으로 온 백성을 어루만진다(大上以德撫民)"라는 말이다. 인정(仁政)을 널리 행하고 만민을 차별 없이 대해야만 태평성대를 이룰 수 있는 것이다. 차이를 두고 '구분'한다면 다른 부류가 서로 배척하게 되니, 이것이 바로 최대 위기다.

고전의 지혜

"귀로 다섯 음계의 조화로운 소리를 듣지 않는 귀머거리다"라는 말은 이민족 문화를 배척하는 발언으로, 오늘날 사용하기에는 적절하지 않다. 그러나 귀가 있어도 듣지 못하고, 눈이 있어도 밝게 보지 못하는 경우가 있다. 지도자가 귀가 밝지 않고, 눈이 밝지 못하며, 마음이 바르지 않고, 말이 믿음직스럽지 못하다면 귀머거리, 장님, 무뢰배, 사기꾼과 다를 것이 없다.

하늘이 백성을 낳고
그들에게 군주를 세워주다

백성을 이롭게 하고 잘 보살피는 방법

075

邾¹文公卜遷於繹², 史³曰: "利於民而不利於君."

주¹문공복천어역². 사³왈: "리어민이불리어군."

邾子曰: "苟利於民, 孤之利也. 天生民而樹⁴之君,

주자왈: "구리어민, 고지리야. 천생민이수⁴지군,

以利之也. 民旣利也, 孤必與⁵焉."

이리지야. 민기리야, 고필여⁵언."

左右曰: "命可長也, 君何弗爲?"

좌우왈: "명가장야, 군하불위?"

邾子曰: "命在養民, 死之短長, 時也. 民苟利矣,

주자왈: "명재양민, 사지단장, 시야. 민구리의,

遷也, 吉莫如之." 邾文公卒, 君子⁶曰: "知命."

천야, 길막여지." 주문공졸, 군자⁶왈: "지명."

—『左傳·文公十三年』(邾文公知命利民)

1 邾(주): 제후 이름. 산동(山東) 경내에 위치했다. 자작의 작위를 가진 작은 나라이므로 이하 '邾子(주자)'라고 칭했다.
2 繹(역): 지명 卜遷於繹(복천어역): 역(繹) 땅으로 천도를 하기 위해 점을 쳐보다.
3 史(사): 인명. 고사(瞽史)는 점을 칠 수 있는 장님을 가리킨다.
4 樹(수): 세우다.
5 與(여): 참여하다.
6 君子(군자): 『좌전』의 저자인 좌구명 자칭

▶ 주문공(邾文公)이 역(繹) 땅으로 천도를 계획하고 사전에 점을 쳤다. 점술가 고사(瞽史)가 말했다.

"점괘에 따르면, 백성들에게는 이롭지만 군왕에게는 이롭지 못합니다."

주문공이 말했다.

"백성들에게 이롭다면 나에게도 이로운 것이다. 하늘이 백성을 낳고 그들에게 군주를 세워준 것은 그들을 복되게 하려는 것이다. 백성에게 이로움이 있다면 임금에게도 몫이 있을 것이다."

그러나 좌우의 측근들이 말했다.

"천도하지 않으면 장수하실 수 있을 것인데, 임금께서는 어찌 당신의 목숨을 위하지 않으십니까?"

그러자 주문공이 말했다.

"임금의 사명은 백성을 기르는 것이다. 언제 죽을 것인지는 도읍을 옮기는 것과 무관한 일이다. 백성에게 이롭기만 하다면 천도를 하는 것이 옳다. 이보다 더욱 길한 것은 아무것도 없다."

과연, 천도한 뒤 오래 지나지 않아 주문공은 세상을 떠났다.

좌구명이 이 일에 대해 이렇게 평가했다.

"주문공은 진실로 '천명'을 아는 임금이었다!"

임금이 백성의 이익을 최우선으로 삼으면 그 나라의 백성들 또한 임금에게 보답한다.

주(邾)나라와 노나라가 영토 문제로 인해 전쟁을 치르게 되었다. 노나라는 주나라보다 국가 규모가 컸고, 노나라는 공작의 나라, 주나라는 자작의 나라로 작위도 높았다. 그래서 노희공(魯僖公)은 주나라를 얕보았고, 복병에 대한 예방책을 세우는 등의 필요한 방어 조치를 하지 않았다.

이러한 태도가 옳지 않다고 판단한 노나라 대부 장문중(臧文仲)은 『시경』을 인용하며 노희공에게 신중하게 대처할 것을 권했는데, 그 시의 내용은 이러했다.

전전긍긍 두려워하고 조심하네　　戰戰兢兢
깊은 연못에 임한 것처럼　　　　如臨深淵
얇은 얼음을 밟는 것처럼　　　　如履薄氷

그러나 노희공은 그의 말을 듣지 않았고, 결국 전쟁에서 크게 패배하여 희공의 갑주가 성문 밖에 내걸리는 치욕을 당했다.

주나라가 노나라를 이긴 데에는 노나라가 적을 얕잡아보았던 원인 이외에, 주나라 백성들이 자신의 임금을 위해 용감하게 싸웠던 것 또한 중요한 요인이었다.

역사를 사로잡은 명장면

58번째 명구 "선한 생각은 버리면 안 되고, 악한 생각은 키우면 안 된다"에서 했던 이야기를 돌이켜보자. 진환공(陳桓公)은 정나라를 과소평가하며, 송나라와 위나라야말로 자신의 적수이고 정나라는 두려워할 필요가 없다고 생각했다. 그 결과, 진나라는 정나라에 크게 패배하고 말았다. 당시 진나라의 대부 오보(五父)가 이렇게 말했다.

"어진 사람을 친근하게 여기는 것은 나라의 홍복이옵니다."

좋은 사람을 임용해야 국정이 잘 돌아갈 수 있으며, 백성들이 임금에게 충성을 다한다는 것이다. 이는 '백성에게 이롭다면 임금에게도 이롭다'는 이치와 상통한다.

97번째 명구 "만일 백성이 없다면 어찌 임금이 있겠는가?"의 내용과 비교해보자. 그 야말로 '하늘이 백성을 낳고 그들에게 군주를 세워준다'는 도리의 가장 좋은 해석이 아니겠는가?

봄 사냥, 여름 사냥, 가을 사냥, 겨울 사냥

계절에 순응하여 나라를 잘 다스리는 방법

公¹將如棠²觀魚者.

공¹장 여 당²관 어 자.

臧僖伯諫曰: "不軌³不物⁴, 謂之亂政. 亂政亟行⁵,

장 희 백 간 왈: "불 궤³부 물⁴, 위 지 난 정. 난 정 극 행⁵,

　　所以敗也. 故春蒐, 夏苗, 秋獮, 冬狩⁶,

　　소 이 패 야. 고 춘 수, 하 묘, 추 선, 동 수⁶,

　　皆於農隙以講事也. …… 若夫山林川澤之實⁷,

　　개 어 농 극 이 강 사 야. …… 약 부 산 림 천 택 지 실⁷,

　　器用之資⁸, 皂隷⁹之事, 官司之守, 非君所及也."

　　기 용 지 자⁸, 조 예⁹지 사. 관 사 지 수. 비 군 소 급 야."

公曰: "吾將略地焉." 遂往陳魚¹⁰而觀之.

공 왈: "오 장 약 지 언." 수 왕 진 어¹⁰이 관 지.

—『左傳·隱公五年』(臧僖伯諫觀魚)

1 公(공): 노은공(魯隱公)
2 如(여): 나아가다. / 棠(당): 노나라 변경의 지명
3 不軌(불궤): 법도를 제정하는 것을 '軌(궤)'라고 한다. '不軌'는 제도를 지키지 않는 것을 가리킨다.
4 不物(불물): 사물의 채색 장식을 규정하는 것을 '物(물)'이라고 한다. '不物'은 복식과 기물의 사용 규칙을 깨뜨리는 것을 가리킨다.
5 亟行(극행): 거듭 시행하다.
6 春蒐(춘수), 夏苗(하묘), 秋獮(추선), 冬狩(동수): 고대의 사냥은 계절에 따라 서로 다른 명칭을 부여했다.
7 實(실): 생산. 생산품 / 山林川澤之實(산림천택지실): 임산물과 수산물
8 資(자): 재료
9 皂隷(조예): 말단 공무원. 皂는 '皂(조)'와 같다.
10 陳(진): 늘어놓다. 진열하다. / 陳魚(진어): 낚시 도구를 진열하다.

▶ 노은공(魯隱公)이 당(棠) 땅에 가서 물고기 잡는 모습을 구경하려고 했다. 그러자 대부 장희백(臧僖伯)이 이를 막으며 간언했다.

"제도를 지키지 않고 규정을 파괴하는 것을 일컬어 '정치를 문란하게 한다'라고 합니다. 문란한 정치가 계속해서 시행되는 것은 국가 패망의 원인이지요. 따라서 봄에 사냥하는 것을 '수(蒐)'라고 부르니 이때는 임신하지 않은 짐승만 찾아서 사냥하고, 여름에 사냥하는 것을 '묘(苗)'라고 부르니, 이때는 전답에 피해 주는 동물들을 제거합니다. 가을에 사냥하는 것은 '선(獮)'이라고 하여 숙살(肅殺)의 절기와 잘 맞물리지요. 겨울에 사냥하는 것은 '수(狩)'라고 하여 농작물을 이미 수확했으니 마음껏 사냥해도 되는 것입니다. 이처럼 계절별로 다르게 사냥하는 것은 농사짓는 사이 시간에 사냥이라는 형식으로 무예를 훈련하고 전사를 배양하는 것입니다. (중략) 임산물이나 수산물과 같은 것은 모두 일상생활에 필요한 것들이요, 말단 관리들이나 하는 일이지요. 이미 각각 맡은 바대로 책임을 다하고 있습니다. 군왕께서 직접 살펴보실 일이 아니십니다."

노은공이 말했다.

"나는 변경의 국방 사무를 순시하기 위해 당에 가려는 것일 뿐이오!"

노은공은 결국 당 땅으로 가서 잡은 물고기를 죽 늘어놓고는 기분 좋게 구경했다.

이 이야기를 통해 고대 국왕의 생활이 얼마나 메말라 있었는지 확인할 수 있다. 특히, 주공의 후예였던 노나라는 더욱 심했다. 노나라 군신은 언제나 예법의 수호자로서 자처했고, 제후들은 그들 사이에 분쟁이 생기면 언제나 노나라에 와서 '예를 풀이해줄 것[釋禮]'을 청했다. 이는 마치 대법관이 헌법을 풀이하는 것과 비슷했다. 따라서 단지 고기잡이의 활기찬 모습을 한 번 보고 싶어 했던 별것 아닌 노은공의

바람도 대부의 간언을 피할 수 없었다.

역사를 사로잡은 명장면

당헌종(唐憲宗)이 불교에 심취하여 이를 매우 좋아하자 조정의 '아첨하는 무리'들은 법문사(法門寺)에서 30년마다 한 번 공개하는 불골탑에 봉안되어 있던 불지사리(佛指舍利)를 궁궐 안으로 들여왔다. 이에 형부시랑(刑部侍郞)이었던 한유(韓愈)는 상소를 올려 간언했다. 남양의 무제 소연이 불교를 좋아하여 나라를 망쳤던 사례를 거울삼아 불골을 태워 재로 만들어야 한다는 주장이었다. '문장으로 팔대의 쇠약함을 일으켜 세웠다(文起八代之衰)'고 평가되는 당대의 대문호(大文豪) 한유는 하마터면 이 일로 인해 목이 날아갈 뻔했다.

장희백과 한유가 주장하는 바의 핵심은 '고기잡이를 구경하는 것'과 '불지사리를 신봉하는 것' 모두 백성에게 피해를 줄 수밖에 없다는 것이다. 다시 말해, 군왕의 최대 금물은 백성의 생산 리듬을 어지럽히는 것이다. 군왕이 제멋대로 거리낌 없이 행동하며 좋아하는 것이 있으면 아랫사람들 또한 그것을 아끼며 좋아하게 되고, 그렇게 되면 위아래 사람이 일제히 방종하게 되니, 이것이 바로 '정치를 문란하게 하는 것'이다.

고전의 지혜

현대 중국어에서 '춘경(春耕: 봄갈이)', '하운(夏耘: 여름 김매기)', '추수(秋收: 가을 수확)', 동장(冬藏: 겨울나기)'을 사용해서 농업 사회의 사계절 작업을 묘사하곤 하는데, 이는 '春蒐, 夏苗, 秋獮, 冬狩'와 마찬가지로 농사 시기를 잃지 않음을 뜻한다.

곤궁한 선비에게 은혜를 베풀다

투기주를 사들이는 계책

謂周君曰: "今君將施[1]於大人, 大人輕[2]君.
위 주 군 왈: "금 군 장 시[1] 어 대 인, 대 인 경[2] 군.

施於小人, 小人無可以求, 又費財焉.
시 어 소 인, 소 인 무 가 이 구, 우 비 재 언.

君必施於今之窮士, 不必且爲大人者,
군 필 시 어 금 지 궁 사, 불 필 차 위 대 인 자,

故能得欲矣."
고 능 득 욕 의."

—『戰國策·東周策』

---

1 施(시): 은혜를 베풀다.

2 輕(경): 경시하다. 얕보다.

▶ 두혁(杜赫)이 동주 임금에게 말했다.

"지금 군주께서 만일 제후의 중신들과 같이 지위가 높은 사람들에게 재물을 주신다면 그들은 오히려 군주를 경시할 것입니다. 반대로 만약 지위가 낮은 사람에게 은혜를 베푸신다면 이는 군주에게 아무런 도움도 되지 않으니 도리어 금전을 낭비하는 것입니다. 따라서 군주께서는 지금까지 뜻을 얻지 못했으나 재능과 지혜를 겸비하고 있는 선비들에게 은혜를 베푸셔야 합니다. 그들은 언젠가 빠르게 승진하여 군주의 목적을 이루어줄 것입니다."

초나라 대부 두혁은 주문군이 경취를 예우하기를 바라는 마음에서 주문군에게 위와 같은 말을 했다.

주 왕실이 쇠약해져 천하가 분열되자 주 천자는 제후들을 구슬리기 위해 언제나 제후의 중신에게 예물을 보냈다. 그러나 이 방법은 밑천이 많이 들었을 뿐만 아니라 오히려 상대에게 경시당하는 상황을 초래했다. 따라서 제한적인 자금으로 '배당률이 비교적 높은' 상대에게 도박하는 것이 훨씬 낫다는 것이 두혁이 주장하는 바의 핵심이었다.

두혁은 '그물을 치고 고기를 잡는' 것에 비유하여 설명하기도 했다. 새가 없는 장소에 그물을 치면 하루 종일 새를 잡지 못하고, 새가 많은 장소에 그물을 치면 쉽게 새들을 놀라게 하여 모두 도망간다. 새를 잘 잡는 사냥꾼은 언제나 새가 있기도 하고 없기도 한 중간지대에 그물을 설치하므로 성과를 얻을 수 있는 것이다.

역사를 사로잡은 명장면

사람이란 득의양양할 때는 자신을 향하는 각종 예우, 찬미, 아첨을 언제나 당연한 것이라고 생각한다. 하지만 일단 세력을 잃고 나면 마치 상갓집 개처럼 비굴해진다. 바로 그 시점에 이런 상황에 처한 사람을 예우한다면 언제나 최고의 효과를 거둘 수 있다.

경취는 초나라에서 한동안 권력을 장악했고, 최고 관작에까지 오른 적이 있었으나 (관련 내용은 64번째 명구 "전쟁에서 승리하더라도 더는 보태줄 것이 없고, 승리하지 못한다면 죽을 것이다" 참고) 하루아침에 실각했다. 그런데 주나라 임금이 그를 예우하여 만약 그가 다시 재기할 수 있는 날이 온다면 초나라는 반드시 주 왕실의 든든한 후원자가 될 것이다. 이것이 바로 두혁의 주장이 설득력을 가지는 부분이다.

진(秦)나라가 망하고 초나라와 한(漢)나라가 싸우던 시절, 유방이 한신을 파견하여 조나라를 공격했다. 조나라 성안군 진여(陳餘)는 한신의 군대를 정형(井陘)에서 기습해야 한다는 이좌거(李左車)의 건의를 받아들이지 않았고, 한신이 편안하게 정형을 통과하도록 내버려두었다. 한신은 조나라 군대를 크게 무찌른 뒤 이좌거를 사로잡으라는 명령을 내렸다.

이좌거는 포승줄에 꽁꽁 묶여 한신의 장막으로 송치되었다. 그러자 한신이 직접 이좌거를 풀어주고 그를 상석에 앉힌 뒤 그에게 연나라를 평정할 계책을 가르쳐달라고 청했다. 이좌거는 겸손하게 삼가며 말했다.

"패군의 장수는 군사에 관해 말할 자격이 없습니다."

그러나 한신이 여러 차례 청하자, 결국 한 명의 병사도 쓰지 않고 연나라를 귀순시킬 수 있는 계책을 내놓았다. 이때 한신이 이용한 것이 바로 위에서 이야기한 심리다.

한신은 이좌거를 설득하면서 "백리해(百里奚)가 우나라에 있었으나 우나라는 망했고, 그가 진(秦)나라에 있었기에 진나라는 패자가 되었다"는 이야기를 인용했는데, 이 이야기는 '곤궁한 선비에게 은혜를 베푸는' 가장 좋은 사례이다.

백리해는 원래 우나라의 대부였으나 우나라가 진(晉)나라에 의해 멸망하면서 다른 사람들과 함께 진나라의 포로가 되었다. 그러다 진헌공이 진목공에게 딸을 시집보내는 길에 백리해는 그녀의 혼수 수행원 행렬에 합류했는데, 도중에 도망쳤다가 완(宛) 땅에서 초나라 사람에게 사로잡혔다.

백리해가 뛰어난 인재라는 소문을 들었던 진목공은 내심 그를 탐내왔다. 하지만 큰 돈을 주고 그를 찾아오려 하면 혹시 초나라 사람이 그가 인재라는 사실을 깨닫고 내어주지 않을까 걱정스러웠다. 그래서 초나라로 사람을 보내 이렇게 말했다.

"내 아내의 수행원이 귀국으로 도망을 갔소. 양 가죽 다섯 장[五羖]을 몸값으로 보낼 테니 그 자를 돌려보내주시오."

초나라 사람은 그 즉시 백리해를 인도하여 진(秦)나라로 돌려보냈다. 진목공은 백리해에게 국가 정사에 대한 가르침을 구했고, 백리해는 진목공과 삼 일 밤낮을 쉬지 않고 대화를 나눴다. 진목공은 대단히 좋아하며 그를 '오고대부(五羖大夫)'로 봉하고 대임을 맡겼다. 진목공은 백리해의 도움을 받아 춘추 오패의 하나가 되었는데, 그의 '밑천'은 단지 양 가죽 다섯 장에 불과했다.

고전의 지혜

'窮士(곤궁한 선비)'의 '窮'은 가난하다는 뜻이 아니다. '뜻을 얻지 못하여 대단히 난처하고 고달프다'라는 의미다. 즉, 재능은 지녔으나 시대를 만나지 못했거나, 시운이 따르지 않았지만 재주와 지혜를 겸비한 선비를 말한다. 일반적인 가난뱅이를 가리키는 것이 결코 아니다.

그 외에도 중국어에는 '燒冷灶(도박에서 남들이 돈을 잘 걸지 않는, 배당률이 높은 곳에 돈을 걸다)'라는 표현이 있는데, 대부분 잠재력이 있는 '실각한 인재'를 지지한다는 뜻으로 사용된다. '施恩於窮士'라는 표현은 윗사람이 인재를 등용하는 경우에 사용된다.

이 구절은 주식 투자와 관련한 상황에 응용해볼 수 있다. 관심주나 인기주를 매수하면 앞으로 성장할 수 있는 공간이 한정적이다. 또한, 주식 가격 하락으로 자금이 묶이게 될 가능성도 있다. 만약 제한적인 자금으로 '인생역전의 대박' 주식을 선택해서 묶어둔다면 일단은 엉뚱해 보이겠지만 수익률을 기대해볼 만하다. 물론, 이러한 투자 방법은 자칫하면 본전을 날릴 수도 있다. 하지만 동주군의 처지에 빗대어 말한다면, 그가 가진 밑천은 이미 적었으므로 본전만 확보해서 빠져나올 수는 없는 노릇이었다. 그가 갈 수 있는 길은 오직 이 길뿐이었던 것이다.

제 **5**장

원만한 대인관계를 위한 책략

– 군자는 자기 몸을 희생하여 명예를 이룬다

봉황이 날지 않고
기린이 오지 않는다

처지를 바꾸어 생각하며 설득하는 계책

趙豹, 平原君[1], 親寡君之母弟也.

조표, 평원군[1], 친과군지모제야.

猶[2]大王之有葉陽, 涇陽君[3]也.

유[2]대왕지유섭양, 경양군[3]야.

······ 臣聞之: "有覆巢毁卵, 而鳳凰不翔.

······ 신문지: "유복소훼란, 이봉황불상.

刳胎焚夭[4], 而麒麟不至."

고태분요[4], 이기린부지."

今使臣受大王之令以還報, 敝邑之君,

금사신수대왕지령이환보, 폐읍지군,

畏懼不敢不行, 無乃傷葉陽君,

외구불감불행, 무내상섭양군,

涇陽君之心乎?

경양군지심호?

—『戰國策·趙策』

---

1 趙豹(조표), 平原君(평원군): 두 사람은 모두 조효성왕(趙孝成王)의 동생이다.

　조승(趙勝)은 평원군에, 조표는 평양군(平陽君)에 봉해졌다(관련 내용은 61번째 명구 "높은 관직이 반드시 많은 재물을 기약하는 것은 아니지만, 재물이 저절로 찾아온다" 참고).

2 猶(유): 마치 ~와 같다.

3 葉陽(섭양), 涇陽君(경양군): 두 사람은 모두 진소왕의 친동생이다.

4 刳(고): 쪼개다. / 刳胎焚夭(고태분요): 짐승의 잉태한 배를 가르고 새끼를 불태우다.

▶ 조나라 사신 양의(諒毅)가 진소왕에게 말했다.

"조표(趙豹)와 평원군은 모두 저희 국왕의 친동생이십니다. 대왕께 섭양군(葉陽君)과 경양군(涇陽君)이 있는 것과 같지요. (중략) 제가 듣건대, '새집을 뒤엎고 새알을 깨뜨리면 봉황은 날아오지 않고, 짐승의 배를 가르고 어린 새끼를 구워먹으면 기린이 오지 않는다'고 합니다(작고 어린 것을 다치게 하는 일은 상서롭지 못하다는 뜻이다). 제가 대왕의 명령을 받아 이를 보고한다면 저희 임금께서는 두려워 감히 따르지 않으실 수 없을 것입니다. 그러면 섭양군과 경양군의 마음을 상하게 하지 않겠습니까?"

진(秦)나라가 위나라의 영읍(寧邑)을 정복하자 제후들은 모두 사절을 보내 축하했다. 그런데 조왕이 보낸 사절만은 세 차례나 오갔는데도 진왕을 알현하지 못했다. 진소왕이 조나라에 대한 불쾌한 내색을 확실하게 보여주고 있는 것으로 생각한 조효성왕(趙孝成王)은 매우 근심했다. 그러자 누군가 양의(諒毅)를 추천했다. 양의가 진나라에 도착하자 진왕은 사람을 보내 그에게 말했다.

"조나라가 모든 것을 과인의 뜻에 맞추어 처리한다면 국서(國書)와 예물을 받아주겠다. 그리하지 못하겠다면 서둘러 돌아가라."

양의는 '절대 복종하겠다'는 뜻을 내보였고, 진소왕은 그제야 양의를 만나주었다. 양의를 만나 했던 첫 번째 요구는 이러했다.

"조표와 평원군이 여러 차례 과인을 우롱했다. 만약 조왕이 이 두 사람을 살해한다면 모든 면에서 대화가 잘 풀릴 것이다. 하지만 그렇지 않다면 나는 장차 제후 연합군을 이끌고 한단성 밑까지 밀고 들어갈 것이다."

사실, 조표와 평원군은 조나라를 지키는 장병으로서 여러 차례 진나라의 침략을 막아낸 일이 있었다. 이 말을 들은 양의는 위와 같은 주장을 펼치면서 진소왕에게 '역지사지(易地思之)' 해주기를 요청했고, 새끼 새를 죽여 상서롭지 못할 것이라는 누명을 덮어씌웠다. 진소왕은 하는 수 없이 말했다.

"좋소! 그럼 그 두 사람을 정사에 참여하지 못하게 하시오."

양의는 승낙할 수밖에 없었고, 본국으로 돌아와 그대로 보고했다. 이로써 조나라는 한 차례의 위기를 무사히 넘긴 셈이었다.

역사를 사로잡은 명장면

양의가 인용한 내용은 공자가 했던 이야기로, 「사기·공자세가(孔子世家)」와 『대대례(大戴禮)·역본명(易本命)』 등에 보인다. 원래 구절은 다음과 같다.

"잉태한 배를 가르고 새끼를 꺼내 태워 죽이는 곳이라면 기린은 근처에도 가지 않는다. 연못물을 바짝 말려 고기를 잡는 곳이라면 교룡은 노닐지 않는다. 둥지를 엎어버리고 알을 깨뜨리는 곳이라면 봉황은 날지 않는다(刳胎焚夭, 則麒麟不至郊. 竭澤涸漁, 則蛟龍不合陰陽. 覆巢毁卵, 而鳳凰不翔)."

이 구절은 '하늘이 사람과 금수와 만물과 곤충을 낳아 각자대로 살아간다'는 뜻을 함축하는 것으로, 즉 고대의 생태 보호 관념이라고 할 수 있다.

고전의 지혜

위의 구절에서 "둥지를 뒤엎고 알을 깨뜨린다(覆巢毁卵)"와 "배를 갈라 태아를 불사른다(刳胎焚夭)"는 말을 제외하고, "봉황이 날지 않는다(鳳凰不翔)", "기린이 오지 않는다(麒麟不至)"라는 말만 사용하면 불의한 행동을 일삼거나 포악한 정치를 펼친 뒤에는 좋은 일들이 강림하지 않으며 천재(天災)와 인재(人災)만이 발생한다는 의미를 나타낸다.

사람의 일은 이미 모두 들었고
귀신의 일은 아직 듣지 못했다

사람에 따라 달리하는 유세의 계책

079

孟嘗君將入秦, 止者[1]千數而弗聽. 蘇秦欲止之.
맹 상 군 장 입 진, 지 자[1]천 수 이 불 청. 소 진 욕 지 지.

孟嘗君曰: "人事[2]者, 吾已盡知矣.
맹 상 군 왈: "인 사[2]자, 오 이 진 지 의.

吾所未聞者, 獨鬼事[3]耳."
오 소 미 문 자, 독 귀 사[3]이."

蘇秦曰: "臣之來也, 固[4]不敢言人事也,
소 진 왈: "신 지 래 야, 고[4]불 감 언 인 사 야,

固且以鬼事見[5]君." 孟嘗君見之.
고 차 이 귀 사 견[5]군." 맹 상 군 견 지.

—『戰國策·齊策』

1 止者(지자): 그만두도록 설득하는 사람
2 人事(인사): 인간의 일
3 鬼事(귀사): 귀신의 일
4 固(고): 바로, 진실로
5 見(견): 청견하다. 면회를 신청하다.

▶ 진(秦)나라가 맹상군을 초빙하여 재상에 임명하고자 했다. 맹상군이 진나라로 들어가려 하자, 가서는 안 된다며 말리는 사람이 자그마치 1천 명이 넘었다. 그러나 맹상군은 그들의 만류를 듣지 않았다. 소진이 그를 말리려고 하자 맹상군이 말했다.

"인간의 일에 대해서는 내 이미 모두 알고 있다(모든 주장을 이미 들었다). 내가 아직 듣지 못한 것은 오직 귀신의 일 뿐이다(소진의 접견 요청을 물리치려는 의도이다)."

소진이 말했다.

"제가 이번에 온 것은 감히 인간의 일을 말씀드리려고 하는 것이 아니라 공을 만나 귀신의 일을 말씀드리려고 하는 것입니다."

맹상군은 더는 물리치지 못하고, 어쩔 수 없이 그를 만나보았다.

소진이 맹상군에게 했다는 '귀신의 일'이란 과연 무엇일까? 그 이야기는 다음과 같다.

"제가(소진) 이곳에 오는 길에 치수(淄水)를 건넜는데, 강가에서 흙인형과 나무인형이 이야기 나누는 것을 들었습니다. 나무인형이 흙인형에게 이렇게 말했습니다. '너는 서쪽 물가의 흙을 빚어서 만들어졌지. 우기가 되면 물이 불어날 것이고, 흙이 물을 만나면 결국 부서져 사라지고 말 것이야.'

그러자 흙인형이 말했습니다. '네 말은 틀렸어. 나는 원래 물가의 흙이니, 설령 홍수로 인해 망가지더라도 다시 물가로 돌아가는 것에 불과하지. 그런데 너는? 너는 동쪽 물가의 복숭아나무 가지를 깎아 만들어졌어. 우기가 되어 물이 크게 불어나면 너는 네 자신이 어디로 떠내려가는지도 전혀 알지 못하게 될 거야!'"

소진은 말을 마친 뒤, 진나라는 맹상군의 조국이 아니며 이렇게 가는 것은 호랑이 입안으로 들어가는 것과 같다고 말했다. 그러면서 그는 한 번 들어가면 살아나올 수 있을지 장담할 수 없다며 맹상군을 간곡히 만류했다. 이에 맹상군은 진나라로 들어가려는 뜻을 단념했다.

흙인형과 나무인형의 대화를 통한 비유는 오직 『전국책』에만 두 차례의 기록이 있다. 이곳 이외에 또 다른 '계책'에서는 소진이 조나라 대장군 이태(李兌)에게 말하는 내용 중 등장하는데, 그 배경이 물가에서 밭두렁으로 바뀌었을 뿐 나머지 내용은 같다. 보아하니 소진은 이 비유를 즐겨 사용했고, 아마도 근방에서 예를 취했던 모양이다.

역사를 사로잡은 명장면

진나라가 맹상군에게 재상이 되어주길 요청했던 첫 시도는 이처럼 소진(『사기』에는 소대로 기록되어 있음)의 만류로 인해 성사되지 못했다. 진나라가 또다시 그를 초청하자 맹상군은 그 길로 바로 진나라로 떠났다. 결국 맹상군은 소진이 말했던 대로 제나라로 돌아오지 못할 상황에 처하게 되는데, 문하에 있던 '계명구도(鷄鳴狗盜)'의 무리에 의지하여 겨우 몸을 빼낼 수 있었다.

맹상군이 진나라에서 제나라로 돌아오자, 그제야 인재들이 국외로 유출되어서는 안 된다는 점을 깨달은 제민왕이 맹상군을 재상으로 임명했다. 그러나 오래 지나지 않아서 맹상군은 소인들의 중상모략을 받아 실각하게 되고, 또다시 위나라로 떠나 재상이 되었다. 그 후 제민왕은 연나라 악의가 제나라에 쳐들어왔을 때 세상을 떠났고, 전단이 제양왕을 옹립하여 두 개의 성을 거점으로 제나라를 부흥시켰다. 맹상군은 이 시기에 봉읍지이던 설성(薛城)으로 돌아와 '설공'이라고도 불리며 제후들 사이에서 중립적인 태도를 보였다.

이처럼 유능한 인재였던 맹상군은 각국을 '표류'하며 재상이 되었으나 소인들에게 받아들여지지 않았다. 결국, 자신의 근거지로 돌아와 '목경지환(木梗之患)'을 겨우 면할 수 있었다. '목경지환(木梗之患)'이라는 성어는 바로 이 장면에서 나온 말이다.

고전의 지혜

소진은 "사람의 일은 모두 들었고, 오직 귀신의 일만 듣지 못했다"라고 말하는 맹상군이라는 인물을 만나 임기응변으로 가상 사물의 대화라는 우화를 생각해낼 수 있었다. 이를 중국 속담으로 표현하면 "見人說人話, 見鬼說鬼話(사람을 만나면 사람 말을 하고, 귀신을 만나면 귀신 말을 한다)"이다. 상대나 상황에 따라 임기응변으로 대처하는 고전적인 방법이라고 할 수 있다.

실속은 있으나 명분이 없고
명분은 있으나 실속이 없다

군왕을 분노하게 하는 위험한 계책

080

有其實而無其名者, 商人是也, 無把銚¹推耨²之勢,
유 기 실 이 무 기 명 자. 상 인 시 야. 무 파 요¹추 누²지 세.

而有積粟之實, 此有其實而無其名者也.
이 유 적 속 지 실. 차 유 기 실 이 무 기 명 자 야.

無其實而有其名者, 農夫是也, 解凍而耕,
무 기 실 이 유 기 명 자. 농 부 시 야. 해 동 이 경.

暴背而耨, 無積粟³之實, 此無其實而有其名者也.
포 배 이 누. 무 적 속³지 실. 차 무 기 실 이 유 기 명 자 야.

無其名又無其實者, 王乃是也, 已立爲萬乘⁴,
무 기 명 우 무 기 실 자. 왕 내 시 야. 이 입 위 만 승⁴.

無孝之名, 以千里養, 無孝之實.
무 효 지 명. 이 천 리 양. 무 효 지 실.

—『戰國策·齊策』

---

1 銚(요): 여기에서는 큰 쟁기를 가리킨다.

2 耨(누): 풀을 베는 농기구

3 粟(속): 곡물의 총칭

4 萬乘(만승): 주나라 제도에 의거하면, 천자는 사방 천 리의 영토와 전쟁용 수레 1만 대를 소유했다. 후세에 이것을 근거로 천자를 '만승'이라고 칭했다.

▶ 실속은 있으나 명분이 없는 사람은 장사꾼입니다. 그들은 밭을 경작하는 수고로움은 용납하지 않으면서 오히려 창고 가득 곡식을 소유합니다. 이것을 일컬어 '실속은 있으나 명분이 없다'라고 하는 것입니다. 실속은 없으면서 명분만 있는 사람은 농사꾼입니다. 그들은 엄동설한이 지나면 곧바로 밭을 경작하고, 여름이면 작열하는 뙤약볕 아래에서 풀을 베지요. 하지만 집에 저장해둔 곡식은 전혀 없습니다. 이것을 일컬어 '실속은 없으나 명분은 있다'라고 하는 것입니다. 실속도 없고 명분도 없는 것은 바로 대왕 폐하이십니다. 이미 만승의 군왕이라는 가장 귀하신 신분이면서도 오히려 효성이라는 명분을 갖지 못하고, 천 리라는 넓은 국토를 소유하여 자신을 공양케 하면서도 오히려 효도의 행실은 없으십니다.

자신의 모친이 노애(嫪毐)와 간통한 사실을 알게 된 진시황은 노애를 거열형에 처하고 태후를 폐위하여 축출했다.

진나라의 처사 돈약(頓弱)이 진시황을 알현하여 다짜고짜 위와 같은 주장을 펼쳤다. 그러자 이 말을 들은 진시황은 당연히 크게 노했다. 그러자 돈약이 급하게 설명을 덧붙였다.

"대왕 폐하의 위엄이 동방의 여섯 나라에 떨쳐지지 못하고, 오히려 먼저 모후께 위엄이 가해지고 있으니, 저는 이 점에 대해 대왕을 대신해 심히 답답함을 느끼옵니다."

진시황은 야심이 있는 군주였다. 돈약의 이 말을 듣고는 그가 자신을 모욕하려고 온 것이 아니라 '통일의 대업'을 이루기 위한 계책을 내놓으려고 하는 것임을 단번에 알아차렸고, 그에게 계속해서 말을 이어가게 했다. 결국, 진시황은 돈약의 건의를 받아들였다. 그에게 1만금을 마련해주어 제후들에게 유세하러 가게 했고, 또한 조나라에 유세하여 명장 이목(李牧)을 죽이게 했다. 초나라를 제외한 나머지 다섯 나라는 모두 진나라에 귀순했으니, 다시금 '연횡'의 전선을 일으켜 강적 초나라를 고립시켰다.

역사를 사로잡은 명장면

돈약이 던진 승부수는 대단히 위험했지만, 그는 성공적으로 진시황을 자극하여 자신의 계책을 경청하게 했다. 하지만 만약 이 행동이 효과를 거두지 못했다면 죽음을 피하기 어려웠을 것이다.

『삼국연의』에는 이런 이야기가 있다. 형주의 유표(劉表)에게 항복을 받아내고 싶었던 조조는 형주로 가서 유세할 사람을 물색했다. 그러자 가후(賈詡)가 공융(孔融)을 추천했고, 공융은 또다시 예형(禰衡)을 추천했다. 조조가 예형의 재능을 알아보기 위해 그를 궁으로 불러들였다. 그런데 조조를 알현한 예형은 조조 수하의 책사와 장수들을 '한 푼어치의 가치도 없는 인간들'이라며 이렇게 비판했다.

"순욱은 단지 초상집에 문상을 보내거나 아픈 사람 문병하게 하는 데 제격이고, 순유(荀攸)는 그저 묘지기에, 정욱(程昱)은 그저 문지기에나 어울릴 법한 사람입니다……. 그 나머지는 모두 옷걸이, 밥통, 술 단지, 고기자루(쓸모없는 사람을 비유에) 지나지 않는 자들일 뿐입니다."

자신의 수하를 모욕한 예형에게 크게 화가 난 조조는 그에게 북치는 일을 맡겼다. 하루는 연회 자리에서 예형에게 북을 치라 명령했는데, 예형은 의관을 정제하지도 않고 낡은 옷을 그대로 입고 들어와 북을 치기 시작했다. 조조의 측근들이 법도에 맞지 않는다며 질책하자, 예형은 그 자리에서 입고 있던 옷을 훌러덩 벗어 던졌다. 이것이 그 유명한 '격고매조(擊鼓罵曹)' 사건이다.

조조는 참을 수 없이 크게 분노했으나, 그렇다고 지식인을 죽였다는 오명을 뒤집어쓰고 싶지도 않았다. 그래서 예형을 유표에게로 보내어 유세하게 했다. 유표를 알현하게 된 예형은 덕을 칭송하며 유표를 기쁘게 했는데, 사실 입으로만 찬양했지 실제로는 비꼬고 조롱하는 내용이었다. 결국, 유표는 황조(黃祖)의 손을 빌려 예형을 살해했다. 이것이 바로 병법 36계 가운데 '차도살인(借刀殺人)'에 해당한다. 남의 칼을 빌려 사람을 죽인다는 뜻이다. 예형은 상대방을 격노하게 하려는 목적만을 달성했을 뿐 자신의 재능을 발휘할 수 있는 기회는 전혀 만들지 못했다.

고전의 지혜

돈약의 "실속은 있으나 명분이 없다. 명분은 있으나 실속이 없다"라는 발언은 일종의 비유이다. 농경사회에서 농부는 1년 내내 고생하면서도 남는 곡식이 없고, 상인은 중간에서 착취하는 계급이 되어버리는 상황을 생동감 있게 묘사했다.

군자는 자기 몸을
희생하여 명예를 이룬다

공을 세운 뒤 물러나 명성을 지킬 것을 권하는 계책

081

若此三子¹者, 義之至, 忠之節也.
약 차 삼 자 자 . 의 지 지 . 충 지 절 야 .

故君子殺身以成名, 義之所在,
고 군 자 살 신 이 성 명 . 의 지 소 재 .

身雖死, 無憾悔, 何爲不可哉?
신 수 사 . 무 감 회 . 하 위 불 가 재 ?

—『戰國策·秦策』

---

1 三子 (삼자): 진(秦)나라의 상앙, 초나라의 오기(吳起), 월나라의 문종 세 사람. 그들은
모두 국가에 막대한 공헌을 했으나, 하나같이 결말이 좋지 않았다.

▶ 이들 세 사람(문종, 상앙, 오기)은 의로운 행위의 극치이자 충성스러운 신하의 모범이라고 할 만하다. 따라서 군자는 언제나 자신의 목숨을 희생하여 명예와 절개를 지키는 것이다. 대의가 있는 곳이라면 설령 목숨을 잃는다 하더라도 여한이나 후회가 없다. 어찌 본받지 못하겠는가?

유세객 채택(蔡澤)이 진(秦)나라로 들어가 "내가 일단 진왕을 알현하기만 한다면 반드시 재상 범저의 지위를 대신할 것이다"라는 소문을 퍼뜨리며 자신의 의중을 사방에 흘렸다. 이 소문을 들은 범저는 사람을 시켜 채택을 불러오도록 했다. 채택은 범저에게 이미 많은 공을 세웠으니 이제 벼슬에서 물러나라며 교묘한 말로 그를 선동했고, 재상 자리는 자신에게 양보해달라고 건의했다.

두 사람이 한창 설전을 벌이는 도중에 채택이 범저에게 물었다.

"옛날 진나라의 상앙과 초나라의 오기, 월나라의 문종, 이 세 사람의 결말이 좋았습니까?"

상앙은 변법을 통해 진나라의 부국강병을 이루었고, 오기는 초도왕(楚悼王)을 위해 국토를 확장하고 개척했으며, 문종은 구천을 보좌하여 나라를 재건했다. 이렇게 세 사람은 모두 국가를 위해 불세출의 공훈을 세웠으나 그들의 결말은 모두 참혹했다. 상앙은 거열형을 당했고, 오기는 화살에 벌집이 되어 목숨을 잃었으며, 문종은 구천에게 핍박받아 죽음에 이르렀다.

범저는 채택에게 위의 본문과 같이 답했다. 하지만 채택은 또다시 지적했다.

"만약 반드시 죽음에 이른 뒤에야 명예와 절개를 이룰 수 있다면 결국 국가를 혼란에 빠뜨리게 될 것이고, 군왕에게 어질지 못하다는 오명을 뒤집어씌워 군왕을 해치는 일이 될 것입니다. 공께서는 어찌 공을 세운 지금 이 시점에 물러나지 않으십니까? 자신의 생명과 부귀영화를 보존하고, 작위 또한 자손들에게 대대로 물려줄 수 있을 것입니다."

범저는 채택의 유세를 받아들였고, 진소왕에게 채택을 추천했다. 범저는 병을 핑계로 조회에 들지 않다가 결국 재상 자리를 채택에 넘겨주게 되는데, 이는 전국시대에 극히 드문 사례이다. 당시에는 유능하고 똑똑한 선비들이 서로 싸우며 배척하는 일이 다반사였고, 인재를 추천한다 하더라도 기껏해야 자기네 도당을 불리거나 뒷배로 삼기 위한 것이었다. 공을 세운 뒤 자리에서 물러나 어질고 재능이 있는 사람에게 자리를 내어주는 상황은 대단히 드물었다.

역사를 사로잡은 명장면

춘추 오패 중 한 명이었던 제환공은 관중을 이용하여 제나라를 부강하게 했다. 그런데 사실 관중은 원래 제환공의 원수였다. 그는 일찍이 공자 규(糾)를 도와 환공과 왕위를 다투었고, 제환공을 암살하려다 실패한 일도 있었다. 그러나 제환공은 포숙아(鮑叔牙)의 건의를 받아들여 과거의 악감정을 털어버리고 관중을 재상으로 임명했다. 그리하여 제환공은 뛰어난 군주가 되었고, 관중은 뛰어난 재상이 되었다.

하지만 관중이 뻔뻔하게 원수를 섬기고 공자 규에게 충절을 다하지 못한 것을 비판하는 사람들도 있었다. 이에 대해 관중은 말했다.

"사람들은 내가 목숨을 다 바쳐 충성을 지키지 않은 것을 부끄러워할 줄 모른다고들 한다. 하지만 나는 재능이 있음에도 국가의 위신을 천하에 떨치도록 하지 못하는 것이야말로 부끄러운 일이라고 생각한다."

'자기 몸을 희생하여 명예를 이루어야' 하는 것일까? 아니면 '수치스러움을 참고 인내하며 나라에 충성을 다해야' 하는 것일까? 아마도 이는 영원히 답을 내릴 수 없는 문제일 것이다. 마찬가지로, 공을 이루면 자리에서 물러나야 하는 것일까? 이 또한 정해진 결론이 없다. 오직 분명한 것은 많은 사람이 알 수 없는 일이라는 점이다.

세상 사람들은 '명예'가 아닌 '이로움'을 추구한다. 명예를 추구하는 사람은 죽음 앞에서도 후회하지 않는다. 이로움을 좇는 사람은 몸이 망가지고 명예가 추락하는 것에 대한 두려움이 더더욱 없다. 하지만 명예와 이익을 모두 얻은 뒤 과감하고 신속하게 물러나는 것이야말로 오랫동안 풍족함을 유지하면서 평안할 수 있는 계책이다.

증삼이 사람을 죽였다는 말을
자애로운 어머니는 믿지 못하다

중상모략으로 인한 피해를 예방하는 계책

082

有與曾子同名族者而殺人.
유 여 증 자 동 명 족 자 이 살 인.

人告曾子母曰:"曾參殺人."
인 고 증 자 모 왈: "증 삼 살 인."

曾子之母曰:"吾子不殺人."織自若¹. 有頃²焉.
증 자 지 모 왈: "오 자 불 살 인." 직 자 약¹. 유 경² 언.

人又曰:"曾參殺人."其母尙織自若也. 頃也.
인 우 왈: "증 삼 살 인." 기 모 상 직 자 약 야. 경 야.

一人又告之曰:"曾參殺人."
일 인 우 고 지 왈: "증 삼 살 인."

其母懼, 投杼³踰⁴牆而走.
기 모 구, 투 저³ 유⁴ 장 이 주.

—『戰國策·秦策』

---

1 自若(자약): 아무 일 없다는 듯이 평소와 마찬가지로 자연스럽다.

2 有頃(유경): 잠시

3 投杼(투저): 손에 들고 있던 베틀 북을 떨어뜨리다. / 杼(저): 베틀에서 실꾸리를 넣고
날실 사이로 오가면서 씨실을 넣어 베가 짜여 지도록 하는 배 모양의 통

4 踰(유): 뛰어넘다.

▶ 증삼(曾參)과 동명이인인 사람이 살인을 저질렀다. 누군가 증자의 어머니에게 달려와 알렸다.

"증삼이 사람을 죽였어요."

그 말을 들은 증자의 어머니가 말했다.

"우리 아들이 사람을 죽였을 리 없네."

그러고는 아무 일 없다는 듯 태연하게 베 짜는 일을 멈추지 않았다. 얼마 후, 또 다른 누군가 찾아와서 말했다.

"증삼이 사람을 죽였대요."

하지만 증자의 어머니는 여전히 평소와 같이 베를 짰다. 또 얼마 뒤 어떤 사람이 또 찾아와서 말했다.

"증삼이 사람을 죽였어요."

증자의 어머니는 그제야 놀라고 두려워하며, 손에 들고 있던 베틀 북을 땅에 던지고 담을 넘어 도망쳤다.

이는 감무가 진무왕에게 들려준 이야기다.

진무왕이 위나라와 동맹을 맺고 군대를 연합하여 한(韓)나라를 공격할 것을 요청하기 위해 감무를 위나라로 파견했다. 감무가 명령을 완수하고 돌아오자, 무왕은 감무에게 군사를 이끌고 한나라 의양을 공격할 것을 명했다. 감무가 의양의 지형을 분석해보니, 방어하기는 쉽고 공격하기는 어려운 곳이라 오랫동안 공격해야 비로소 함락시킬 수 있을 것으로 보였다. 만약 장기간 공격해도 함락시키지 못할 경우, 자신의 정적(政敵)인 저리질(樗里疾)과 공손연(公孫衍)의 모함으로 위험에 빠지게 될 것을 걱정한 감무는 진무왕에게 위와 같은 이야기를 전했다. 그런 뒤에 덧붙여 말했다.

"증자와 같이 어질고 자기 어머니의 전폭적인 신뢰를 받던 이조차 세 사람이 연이어 찾아와 '증삼이 사람을 죽였다'고 말하자 더는 어머니의 믿음을 얻지 못했습니다. 저는 증자만큼 훌륭하지도 못한 객경에 지나지 않고, 저에 대한 대왕의 신임은 증자의 어머니가 아들을 신임하는 것만 못하지요. 그렇다면 세 사람이 저에 대한 질의를 제기할 필요도 없이 대왕께서 '베틀 북을 던지지' 않으실지 저는 단지 그것이 두렵습니다."

그러자 진무왕이 말했다.

"그대는 걱정하지 말라. 과인은 결코 다른 사람의 험담을 듣지 않을 것이다."

그러고는 감무를 안심시키기 위해 '식양(息壤)' 지역에서 맹약을 맺었다.

감무는 의양을 공격했으나 다섯 달이 지나도록 함락시키지 못했다. 저리질과 공손연 두 사람은 과연 진무왕 앞에서 이런저런 문제를 들먹이며 감무를 비방했고, 무왕은 감무를 소환하여 경고했다. 진무왕을 알현한 감무는 말했다.

"식양 땅이 그곳에 그대로 있습니다(息壤在彼)."

식양의 맹약과 당시의 언약을 상기시킨 것이었다. 그러자 무왕이 말했다.

"기억하고 있소이다."

그러고는 감무에게 병력을 증원해주었고, 결국 그는 의양을 함락시켰다(감무가 의양을 공격한 이야기는 64번째 명구 "전쟁에서 승리하더라도 더는 보태줄 것이 없고, 승리하지 못한다면 죽을 것이다" 참고).

역사를 사로잡은 명장면

진문공은 즉위하기 이전에 국외를 떠돌아다니다가 진목공의 지지를 받아 본국으로 귀국하여 정권을 잡게 되었다. 귀국하던 길에 진(秦)나라와 진(晉)나라 경계의 강을 건너는데, 여러 해 동안 함께 망명해왔던 외숙 호언(狐偃)이 진문공에게 말했다.

"요 몇 해 동안 저는 죄를 지은 일이 많습니다. 군주께서는 이 길로 귀국하십시오. 저는 이곳에서 죽기를 원하옵니다."

진문공이 벽옥 한 덩이를 강물에 던지며 맹세했다.

"만약 내가 숙부와 같은 마음이 아니라면 이 강물이 증명할 것이오."

벽옥을 믿음의 신물로 하여 하백에게 맹세의 징표로 삼은 것이었다. 이 또한 군주와 신하가 맹약을 맺은 이야기다.

고전의 지혜

"증삼이 사람을 죽이다(曾參殺人)"라는 말은 오늘날 '여러 사람이 똑같은 말을 하면 시비나 흑백을 전도시킬 수 있다'는 의미로 파생되어 사용된다. 감무와 진무왕의 맹약은 '식양재피(息壤在彼)'라는 성어가 만들어진 근거가 되었는데, 이 말은 '맹세를 잊지 않는다'는 뜻으로 파생되었다. 호언과 진문공의 맹약은 '참언으로 피해를 보는 상황을 예방하는 선견지명'을 증명하는 이야기이면서 동시에 '군주를 섬기는 일은 호랑이와 함께하는 것과 같다'는 점을 증명하는 이야기다. 특히, 뛰어난 재능과 원대한 계획을 지닌 군주를 모실 때는 더더욱 조심해야 한다.

세 사람이면 호랑이를 만들고
열 사람이면 몽둥이도 비틀어 구부린다

여러 사람이 참소하는 위기를 경고하는 계책

083

今君雖幸於王, 不過父子之親.
금 군 수 행 어 왕, 불 과 부 자 지 친.

且君擅主輕下之日久矣. 聞'三人成虎.
차 군 천 주 경 하 지 일 구 의. 문 '삼 인 성 호.

十夫揉¹椎². 衆口所移, 毋³翼而飛'.
십 부 유 ¹ 추 ². 중 구 소 이, 무 ³ 익 이 비'.

不如賜軍吏而禮之.
불 여 사 군 리 이 예 지.

—『戰國策·秦策』

---

1 揉(유): 구부리다. 휘다.
2 椎(추): 물건을 두드리는 도구
3 毋(무): 없다. '無(무)'와 통한다.

▶ 장군께서는 지금 군왕의 총애와 신임을 받고 계시기는 하지만, 부자의 골육지친을 뛰어넘을 수는 없습니다. 더구나 장군께서는 오랫동안 군왕의 총애와 신임에 기대어 부하들을 가벼이 대하셨습니다(부하들에게 불만이 쌓였다). 속담에 "세 사람이 호랑이가 있다고 말하면 사람들은 호랑이가 있다고 믿고, 열 사람이 누군가 쇠몽둥이를 비틀어 구부릴 수 있다고 말하면 사람들은 그 말을 믿는다. 모두가 이렇게 말하면 그것은 사실이 되어 날개 없이도 날아간다"라고 했습니다. 장군께서는 어찌 부하들에게 상을 내리고 그들을 예우하지 않으십니까?

진(秦)나라 대장군 왕계(王稽)가 병사를 이끌고 조나라 도성 한단을 공격했는데, 17개월 동안 고군분투하였으나 성을 함락시키지 못했다. 그러자 왕계 막하의 책사가 그를 설득하여 부하들에게 상을 내릴 것을 권했다. 하지만 왕계가 말했다.

"나와 군왕은 상호간에 신뢰가 있으니, 군왕께서 다른 사람의 참언을 들으실 리 만무하다."

그러나 얼마 뒤 군대의 하급 관리들은 장기간의 전쟁을 참지 못하고 왕계와 부장 두지(杜摯)가 반란을 모의하고 있다는 유언비어를 퍼뜨렸다. 소문을 들은 진소왕은 크게 노하여 왕계를 주살했다.

역사를 사로잡은 명장면

이 명언은 87번째 명구 "증삼이 사람을 죽였다는 말을 자애로운 어머니는 믿지 못하다"의 이야기와 비교해볼 만하다.

'세 사람이 호랑이를 만드는 것'과 '증삼이 사람을 죽였다고 세 사람이 말하는 것'의 이치는 같다. '삼인성호(三人成虎)', '증삼살인(曾參殺人)' 두 성어의 용법 또한 유사하다. 그러나 두 이야기의 주인공인 감무와 왕계, 이 두 사람의 지혜는 차원이 달랐다.

감무는 전쟁 상황이 순조롭지 않게 흘러가면 분명 정적들이 자신을 모함할 것이라는 사실을 예견했다. 그래서 사전에 진무왕과 직접 대면하여 '예방 주사를 놓았고', 무왕은 그와 맹약을 맺었다. 이를 근거로 감무는 자신의 지위와 목숨을 보전했다. 하지만 왕계는 책사의 말을 듣지 않아 결국 목이 날아가고 말았다. 두 사람의 차이는 그들의 서로 다른 처지에 있었다. 감무는 객경의 신분으로 지위가 안정적이지 않았고, 조정에는 정적들이 도사리고 있었으므로 항상 위기의식을 갖고 있었다. 하지만 왕계는 진소왕의 총애와 신임에 기대어 위기의식이 결여되어 있었다.

또 다른 측면에서 살펴보면, 감무는 장기간의 공세에도 의양을 함락시키지 못하자 사재를 털어 군대에 상금으로 내걸었고(관련 내용은 64번째 명구 "전쟁에서 승리하더라도 더는 보태줄 것이 없고, 승리하지 못한다면 죽을 것이다" 참고), 결국 승리를 거두었다. 왕계의 경우에도 그의 책사가 만일 사병들에게 상을 내려야 한다고 건의하면서 '큰 상을 내린다고 하면 분명 용감하게 나서는 병사가 있을 것이다'라는 점을 이유로 들었다면 어땠을까? 어쩌면 왕계는 그 제안을 받아들였을 수도 있다. 그랬다면 전쟁 또한 성공할 수 있었을지 모른다.

『전국책·위책(魏策)』에는 또 다른 '삼인성호'의 이야기가 있다. 위나라 태자가 조나라에 인질로 가는데, 방총(龐蔥)이 동행했다. '세 사람 말이면 호랑이도 지어낸다'는 이치를 이해하고 있던 방총은 위혜왕이 참언으로 인해 자신을 불신하는 일이 없기를 바랐다. 그러나 훗날 위혜왕은 참언을 믿어버렸고, 태자가 인질 교환의 임무를 완수하고 귀국하자 방총을 내쫓았다. 위혜왕의 지혜가 진무왕에는 미치지 못했던 것이다.

고전의 지혜

『회남자(淮南子)』에도 "세 사람이면 호랑이를 만들고 여러 사람이면 몽둥이도 구부린다(三人爲虎, 一里橈椎)"는 구절이 등장한다. '一里'는 한 마을의 여러 사람을 가리킨다. 뜻은 본 편의 명구의 의미와 같다. 그 이치는 모두 '여러 사람의 입에서 입으로 옮기는 말은 날개 없이도 날아간다'는 것이다. 여러 사람의 입에서 나온 말은 변할 수도 있고 곡해될 수도 있으며, 진상을 날조할 수도 있는 것이다.

상은 반드시 공이 있는 자에게 주고 형벌은 반드시 죄가 있는 자를 단죄해야 한다

죽음을 무릅쓰고 진언하는 계책

084

(范雎獻書昭王)語曰:"人主賞所愛, 而罰所惡.
(범저헌서소왕)어왈:"인주상소애, 이벌소악.

明主則不然, 賞必加於有功,
명주즉불연, 상필가어유공,

刑必斷於有罪."
형필단어유죄."

今臣之胸不足以當椹質¹, 要²不足以待斧鉞³.
금신지흉부족이당심질¹, 요²부족이대부월³.

豈敢以疑事嘗試於王乎?
기감이의사상시어왕호?

—『戰國策·秦策』

---

1 椹質(심질): 고대의 형구로, 요참(腰斬)할 때 죄수의 몸 밑에 괴었던 받침대를 말한다. '椹'은 '砧(침)'과 같다.
2 要(요): 사람 신체의 가운데 부분을 가리킨다. '腰(요)'와 통한다.
3 斧鉞(부월): 참형에 사용되었던 도구. '鉞'은 도끼와 비슷하면서 크기가 비교적 큰 병장기로 형구로도 사용되었다.

▶ 범저(范雎)가 진(秦)나라로 들어와 진소왕에게 올린 상소의 내용이다.

"평범한 군주는 자신이 총애하는 사람에게 상을 내리고 자신이 싫어하는 사람에게 벌을 내린다. 그러나 영명한 군주는 그와 상반된다. 상은 반드시 공로가 있는 사람에게 내리고, 형벌은 반드시 죄가 있는 사람에게 가한다'는 말이 있습니다. 지금 저의 가슴은 처형대에 놓이는 것을 이겨내지 못하고, 저의 허리 또한 부월을 막아낼 수 없습니다. 어찌 감히 효과적이지 않은 주장을 대왕께 올릴 수 있겠습니까?"

범저는 처음으로 진나라에 가서 유세한 책사이다. 그는 태후와 태후의 동생인 위염(魏冉)이 진나라의 권력을 완전히 장악하고 있다는 점이 당시 진나라의 가장 큰 문제라는 것을 명확히 알고 있었다. 하지만 태후와 국구(國舅)를 제거하라고 진소왕에게 건의하는 것은 생명의 위험을 무릅써야 하는 일이었다. 그래서 범저는 상소를 올려 우선 소왕을 '영명한 군주'라고 치켜세운 뒤, 군왕의 좋고 싫음에 근거할 것이 아니라 마땅히 신하의 공과(功過)를 근거로 삼아 상벌을 내려야 한다는 이치를 설명했다. 그러고는 "생명의 위험을 무릅쓰고 진언을 드리는 것이다"라고 분명하게 밝혔다.

진소왕은 범저의 의도를 이해했다. 그런 터라 그는 범저를 접견할 때 '좌우를 모두 물리치고 궁궐 안에 아무도 남아 있지 않게 했고', 범저에게 몸소 무릎을 꿇고 가르침을 청했다. 소왕은 그렇게 성의를 보임으로써 범저가 마음 놓고 직언하게 했다.

이에 범저는 거리낌 없이 말했다.

"대왕께서는 위로는 태후를 두려워하고, 아래로는 간신들에게 미혹되셨습니다."

그러자 소왕이 분명히 보증하겠다며 이렇게 말했다.

"큰일이든 작은 일이든 위로는 태후에 관한 것부터 아래로 대신들에 관한 것까지 모두 선생께 가르침을 받도록 하겠소."

이렇게 군주와 신하가 서로 마음을 나눈 뒤, 범저는 '원교근공'의 전략을 제시했다. 그의 계책을 들은 진소왕은 범저를 자신의 '관중'이라며 떠받들었다. 또한 그는 태후를 폐위시키고, 위염을 파면했으며, 범저를 재상으로 임명했다.

역사를 사로잡은 명장면

범저의 '계책'은 대단히 훌륭했고, 그의 상벌에 관한 '이치'는 더더욱 지당했다. 만일 그렇지 않았더라면 그는 진소왕의 마음을 움직이지 못했을 것이다.

『한비자』는 무엇보다도 상벌의 이치를 가장 중시한다. 한비자는 '공이 없는 사람에게 상을 내리는 것'은 신하나 백성들이 아첨을 숭상하게 하는 것이고, '죄가 있어도 벌을 내리지 않는 것'은 신하들이 쉽게 온갖 악행을 저지르게 하는 것이라고 주장했다. 또한, 이것이 모두 '예의 근본'이라고도 했다. 『한비자』에는 제나라 왕이 문자(文子)에게 나라를 다스리는 도리를 묻는 내용이 있는데, 여기에서 문자는 이렇게 말했다.

"상과 벌은 나라를 다스리는 이로운 기물입니다. 군왕은 반드시 이를 굳건하게 손에 쥐고 있어야 합니다. 타인에게 주어서는 절대로 안 되는 것입니다."

한고조 유방은 천하를 얻은 뒤 '동성(同姓)이 아니면 왕이 될 수 없고 공로가 없으면 후작이 될 수 없다'라는 명령을 내려 여러 장군, 신하들과 약조했다. 이로써 한 왕조라는 봉건제국의 제도를 안정시켰다. 이후에 발생했던 여 씨(呂氏)들의 반란은 유방이 했던 이 서약으로 진정될 수 있었다. 법리적인 기준과 정당한 명분이 있었기 때문이다. 그러나 훗날 한의 황제는 환관을 후작으로 봉하여 제도를 깨뜨렸고, 한 왕실은 그 때문에 쇠락하기 시작했다. 이것이 바로 "공이 없는 자에게 상을 주는 것은 혼란의 근원이다(賞無功爲亂源)"라는 말의 좋은 본보기다.

고전의 지혜

"賞必加於有功, 刑必斷於有罪(상은 반드시 공이 있는 자에게 주고, 형벌은 반드시 죄가 있는 자를 단죄해야 한다)"에서 두 '必'자는 모두 쌍방향적 의미를 가진다. 즉, 상은 오직 공이 있는 사람에게만 주어야 한다는 것이고, 공이 있는 사람이라면 반드시 상을 받아야 한다는 것이다. 또한 형벌은 죄가 없는 사람에게 가해져서는 안 되며, 죄가 있는 사람은 반드시 처벌을 받아야 한다는 것이다. 만약 한 방향으로 단지 상을 주거나 벌을 주지 않는 것만으로는 부족하다.

귀가 밝지 않고
눈이 밝지 않다

군주의 잘못을 지적하고 깨닫게 하여 간언을 듣게 하는 계책

085

醫扁鵲見秦武王. 武王示之病. 扁鵲請除.
의 편 작 견 진 무 왕 . 무 왕 시 지 병 . 편 작 청 제 .

左右曰:"君之病. 在耳之前. 目之下.
좌 우 왈 : " 군 지 병 . 재 이 지 전 . 목 지 하 .

除之未必已¹也. 將使耳不聽. 目不明."
제 지 미 필 이 ¹ 야 . 장 사 이 불 청 . 목 불 명 ."

君以告扁鵲. 扁鵲怒而投其石²曰:
군 이 고 편 작 . 편 작 노 이 투 기 석 ² 왈 :

"君與知之者謀之. 而與不知者敗之.
" 군 여 지 지 자 모 지 . 이 여 부 지 자 패 지 .

使此知秦國之政也. 則君一擧而亡國矣."
사 차 지 진 국 지 정 야 . 즉 군 일 거 이 망 국 의 ."

—『戰國策·秦策』

---

1 已(이): 병이 완치된다는 뜻이다.
2 石(석): 치료용 돌침을 가리키는 것으로, 고대의 의료 도구이다. 고대인들은 질병의
고통을 해결하기 위해 돌덩이를 뾰족하게 갈거나 얇은 조각으로 만들어서, 이것으로
종기를 치료하거나 피를 내는 데 사용했다.

▶ 명의로 이름난 편작(扁鵲)이 진무왕을 알현했다. 무왕이 편작에게 자신의 환부를 보여주자, 편작은 수술로 이를 잘라내야 한다고 아뢰었다. 그러나 무왕의 측근들이 말했다.

"군주의 환부는 귀의 바로 앞부분이고 눈의 바로 아랫부분으로 너무 위험합니다. 수술을 해서 잘라낸다고 하더라도 반드시 완치될 것이라 장담할 수 없고, 어쩌면 오히려 귀가 잘 들리지 않고 눈이 잘 보이지 않게 될지도 모르는 일입니다."

진무왕은 이러한 측근의 의견을 편작에게 그대로 전했다. 그러자 편작은 화가 나서 돌침을 땅바닥에 내던지며 말했다.

"대왕께서는 의술을 잘 아는 사람과는 치료 방법만 상의하고, 오히려 의술에 대해서는 모르는 사람들의 의견을 따라 포기하시는군요. 이것만 봐도 진나라의 정치 수준을 알겠습니다. 폐하께서는 머지않은 언젠가 나라를 망하게 하실 것입니다."

전설에 따르면, 황제(黃帝) 시대에 편작이라는 신의(神醫)가 있었다고 한다. 또한, 『사기』에는 편작이 춘추시대의 명의라고 기록되어 있다. 아마도 당시(춘추시대) 명의들이 종종 자신을 '편작'이라고 부르며 광고했던 모양이다. 마치 후세의 명의들을 모두 '화타(華陀)의 재림'이라고 일컬었던 것과 마찬가지였을 것이다.

『전국책』의 이 이야기는 어떤 책사가 군주에게 유세하면서 비유로 들었던 일화로 보인다. 내용의 핵심은 '사항에 대해 잘 아는 사람과 상의한 내용을 잘 알지도 못하는 사람과 무너뜨려 버리는 것, 이것이 바로 군왕의 귀가 밝지 않고 눈이 밝지 않은 병의 근원이다'라는 것이다.

역사를 사로잡은 명장면

서한 애제(哀帝) 시절, 흉노족의 선우(單于)가 한 왕실에 사신을 파견하여 천자를 알현하고 싶다는 의사를 보였다. 그러나 당시 한 왕실은 국력이 매우 쇠약해져 있는 상황이었는데, 만일 흉노의 입조(入朝)를 허락하면 반드시 그들에게 하사품을 전달해야했다. 다시 말해, 재물을 써서 국경의 평화와 안녕을 구해야 하는 상황이었다. 한 애제는 이에 대해 대신들에게 의견을 물었고, 대부분의 대신들은 "국가재산을 헛되이 소모해서는 안 된다"고 주장했다. 결국, 그는 흉노의 사신을 거절했다.

그러자 황문랑(黃門郎) 양웅(揚雄)이 간언을 올려 '국가의 안전은 난리의 조짐이 발생하기 전에 다스리는 것이 가장 중요하고, 국가 안전은 전쟁이 일어나기 전에 예방하는 것이 가장 중요하다'는 점을 한 애제에게 상기시켰다. 또한, 그는 말했다.

"눈이 밝은 사람은 형체가 있기 전에 보고, 귀가 밝은 사람은 소리가 나기도 전에 듣습니다."

사건이 발생하기 전에 미리 예방할 수 있어야만 비로소 '무기를 사용하지 않고, 우환이 생겨나지 않는다'는 것이었다. 한 애제는 그 말을 듣고 깨닫는 바가 있어 서둘러 흉노의 사신을 불러들였고, 선우에게 흉노의 입조를 허락한다고 보고하게 했다.

고전의 지혜

양웅과 같이 직접적으로 간언하는 신하가 있었고, 한 애제가 이를 충언으로 잘 알아들었으므로 '귀 밝고 눈 밝을(耳聰目明)' 수 있었다. 만일 지도자의 주변에 온통 평범하고 포부 없는 무리들만 득실대며 비위나 맞출 줄 알고 항상 보수적인 주장만 펼친다면 이 지도자는 '귀 밝지 못하고 눈 맑지 못하게(耳不聰, 目不明)' 된다.

그러나 사람들은 언제나 병을 숨기고 고치려 하지 않는다. '귀 앞, 눈 아래(耳前目下)'를 수술하는 것은 사람을 대단히 불안하게 하는 일일 수 있다. 그런 터라 진무왕은 근신들의 말을 따라 보류하려는 태도를 보였을 것이다. 또한, 사람의 본성은 언제나 편한 것만 좋아하고 일하는 것을 싫어한다. 따라서 한 애제는 여러 대신의 '일도 줄이고, 돈도 아끼자'는 건의를 받아들였을 것이다. 이를 통해 알 수 있듯이, 윗자리에 앉은 사람이 귀 밝음과 눈 맑음을 유지하려면 반드시 직언하는 신하가 있어야 하고, 스스로도 충언을 잘 알아듣는 지혜를 갖추어야 한다.

모르면서 말하는 것은 지혜롭지 못한 것이요,
알면서도 말하지 않는 것은
충성스럽지 못한 것이다

충정(忠貞)을 강조하는 계책

086

張儀說秦王曰: "臣聞之, 弗¹知而言爲不智,
장 의 세 진 왕 왈 : "신 문 지 , 부¹ 지 이 언 위 부 지 ,

知而不言爲不忠. 爲人臣不忠當死,
지 이 불 언 위 불 충 . 위 인 신 불 충 당 사 ,

言不審²亦當死. 雖然, 臣願悉言所聞,
언 불 심² 역 당 사 . 수 연 , 신 원 실 언 소 문 ,

大王裁³其罪."
대 왕 재³ 기 죄 ."

—『戰國策·秦策』

---

1 弗(불): 아니다. '不(불)'과 같다.
2 審(심): 상세하다. 주도면밀하다.
3 裁(재): 판단하다. 결단하다.

▶ 장의가 진혜왕에게 유세했다.

"제가 듣건대, 사건에 대해 확실하게 알지 못하면서 말하는 사람은 지혜로운 사람이라 할 수 없고, 상황을 명확히 이해했으면서도 바른말을 하지 않는 사람은 충성스러운 사람이라 할 수 없다고 합니다. 그러므로 신하된 자로서 만약 충성스럽지 못한 마음을 품는다면 마땅히 목숨을 내놓아야 하고, 제기하는 의견이 주도면밀하지 못하다면 마땅히 죽어야 합니다. 그런데도 저는 죽음을 각오하고 제가 알고 있는 모든 사항을 대왕께 아뢰기를 진심으로 바라옵니다. 그러니 대왕께서 제가 마땅히 죽어야 할지 아닐지 판단해주시옵소서."

이는 장의가 진혜왕에게 유세를 시작하면서 했던 머리말이다. 연횡에 대한 일장 연설을 모두 늘어놓은 뒤 그가 진술했던 맺음말은 머리말에 호응했다.

"저는 죽음을 무릅쓰고 대왕 폐하를 알현하여 여섯 나라의 합종을 격파할 전략을 제시했습니다. 만약 대왕께서 저의 계책을 받아들여 시행하셨는데도 조나라를 함락시키지 못하고, 한나라를 멸망시키지 못하고, 초나라와 위나라를 강제로 굴복시키지 못하고, 제나라·연나라와 연합하여 맹약을 맺지 못하고, 천하 제후들로 하여금 모두 와서 조공을 올리게 하지 못한다면 대왕께서는 저의 머리를 베어 국경 안을 순회하며 뭇 백성들에게 보이소서. 그럼으로써 후대의 군주들을 위한 계책을 세움에 있어 충성스럽지 못한 자들의 따끔한 본보기로 삼으소서."

장의는 '죽음을 무릅쓰고 진언하는' 계책을 사용하여 자신의 말이 충성에서 나온 것임을 명확히 했다. 그와 더불어 만약 전략이 성공하지 못한다면 자신의 머리도 기꺼이 내어놓겠다는 각오를 보인 것이었다. 이로써 그는 단번에 '자신이 하고 싶은 말을 마음껏 할 수 있는 기회'를 얻었고, 마지막으로 또다시 성공하지 못할 경우 기꺼이 제 목을 내놓겠다는 제안을 거듭 표명함으로써 진혜왕의 절대적 신임을 얻었다. 서슴지 않고 목이 잘리는 것을 원하는 것으로 보아 그가 하는 말은 어느 정도 일리가 있을 것이고, 적어도 충심은 있을 것이라는 믿음 말이다.

역사를 사로잡은 명장면

「여씨춘추」에는 다음과 같은 기록이 있다. 위나라 사람 혜시(惠施)와 백규(白圭)가 처음 만난 자리에서 혜시는 초면임에도 불구하고 쉴 새 없이 자기주장을 잔뜩 늘어놓았다. 하지만 백규는 아무런 대꾸도 하지 않았다. 혜시가 돌아간 뒤에 백규는 자신의 문인에게 이러한 일화를 들려주었다.

어떤 위나라 사람이 혼례를 올렸는데, 신부가 문으로 들어서며 시종이 들고 있는 횃불을 보고 다음과 같이 말했다. "횃불이 너무 크구나." 그런 다음 그녀는 또 방안으로 들어가 방바닥에 움푹 꺼진 부분을 보고 말했다. '사람들이 발을 다치지 않도록 저것을 평평하게 메워라.'

횃불이 너무 큰 것은 낭비이고, 움푹 패인 바닥은 위험한 것이므로 신부가 했던 말들은 모두 좋은 의도인 것은 분명하다. 하지만 새색시의 신분에는 맞지 않는 것이었다. 너무 성급한 지적이었다는 것이다. 안주인이 된 이후에 지적하는 것이 옳았다. 백규는 혜시가 '교분이 얕은 사람에게 속마음을 털어놓는(交淺言深)' 상황을 면하지 못했다는 것을 지적한 것이다.

혜시와 장의를 비교해보면, 장의의 유세 기술이 비교적 뛰어난 것은 의심의 여지가 없다. 두 사람의 차이는 혜시의 경우 이후 백규와 다시 대화를 나눌 기회가 많았지만,

장의의 경우에는 아마도 오직 그 한 번의 기회밖에 없었을 것이라는 데에 있다. 장의는 자신에게 주어진 단 한 번의 기회를 놓치지 않고 잘 살려 진혜왕의 마음을 움직여야 했다. 따라서 그는 '사람을 놀라게 하는 과격하고 무서운 말'을 사용하는 계책을 과감히 취했던 것이다.

고전의 지혜

충언은 일반적으로 귀에 거슬린다. 하지만 기업의 사장일 경우, 만약 그것이 충언이라고 생각된다면 설령 귀에 거슬린다 하더라도 경청하려고 할 것이다. '죽음을 무릅쓰고 들려주는 것'은 충정을 강조하는 유일한 방법이다. '만약 이 말을 꺼내지 않는다면 나는 당신에게 불충한 것이다'라는 화술은 발언권을 획득하기 위한 가장 좋은 계책이라고 할 수 있다.

한 발이라도 맞추지 못하면
이전까지의 업적은 모두 사라진다

적당한 시기에 물러날 것을 권하는 계책

087

謂白起曰: "楚有養由基[1]者, 善射, 去柳葉者百步而射之,
위 백 기 왈 : " 초 유 양 유 기[1] 자 , 선 사 , 거 류 엽 자 백 보 이 사 지 ,

百發百中······ 客曰, 百發百中而不已善息,
백 발 백 중, ······ 객 왈, 백 발 백 중 이 불 이 선 식,

少焉[2]氣力倦, 弓撥矢[3]鉤, 一發不中, 前功盡棄,
소 언[2] 기 력 권, 궁 발 시[3] 구, 일 발 부 중, 전 공 진 기,

今公破韓魏, 殺犀武而北攻趙, 公之功甚多,
금 공 파 한 위, 살 서 무 이 북 공 조, 공 지 공 심 다,

又以秦兵出塞, 過兩周, 踐韓而以攻梁,
우 이 진 병 출 색, 과 양 주, 천 한 이 이 공 량,

一攻而不得, 前功盡滅, 公不若稱病不出也."
일 공 이 부 득, 전 공 진 멸, 공 불 약 칭 병 불 출 야."

—『戰國策·西周策』

1 養由基(양유기): 생졸년 미상. 춘추시대 초나라 사람이다. 활쏘기에 능했다. 백 보
  거리에서 버들잎을 쏘아 맞힐 수 있었으며 백발백중이었다.
2 少焉(소언): 잠시. 곧
3 矢(시): 화살

▶ 소려(蘇厲)가 백기(白起)에게 말했다.

"초나라에 양유기(養由基)라는 명사수가 있었습니다. 백 보 밖에서도 버들잎을 쏘아 맞힐 수 있었고, 또한 쏘았다 하면 백발백중이었지요. (중략) 누군가 그에게 말했습니다. 지금 '이미 백발백중이신데, 여러 사람의 환호를 받을 때 그만두지 않으신다면 조만간 기력이 쇠하여 활과 화살을 유연하게 조종하지 못하게 될 것입니다. 그때 가서 한 발이라도 맞히지 못하게 되면 지금까지 쌓았던 공적들은 모두 사라져버릴 것입니다.' 장군께서는 연달아 한(韓)나라와 위나라를 격퇴했고, 위나라 명장 서무(犀武)를 죽였으며, 또다시 북으로 진격하여 조나라를 공격하셨습니다. 이미 너무나도 많은 공로를 세우신 것입니다. 그런데 지금 또 진(秦)나라 병사들을 이끌고 산해관을 벗어나 동주와 서주를 통과하여 한나라 영토를 밟고 위나라를 공격하려 하십니다. 단지 한 차례의 실패로 이전까지 쌓았던 공을 모조리 잃으실까 걱정스럽습니다. 장군께서는 어찌 병을 핑계로 뒤로 물러나지 않으십니까?"

백기는 진나라가 여섯 나라를 멸망시키는 데 앞장섰던 최고의 명장으로, 전공이 화려했으며 마음이 독하고 수단이 잔인했다. 한나라 군대를 격파한 뒤 24만 명을 참수했고, 위나라 군대를 격파한 뒤에는 13만 명을 참수했다. 또 조나라 군대를 격파한 뒤에는 '항복한 병졸 40만 명을 생매장했다.' 이러한 성격의 소유자였으니 당연히 '박수칠 때 떠나는 것'은 생각도 하지 않았고, 다른 사람들에게 어떠한 여지도 남겨줄 리 없었다.

소려가 백기에게 위와 같이 건의했던 때는 백기가 거칠 것 없이 승승장구하던 시기였으므로 전혀 받아들여지지 않았다. 이후에 소대가 조나라 왕을 위해 진나라 재상 범저에게 공을 들였다.

"조나라는 조만간 멸망하고 진왕이 장차 천하를 통일할 것입니다. 그때가 되면 백기의 공로가 가장 크니, 분명 삼공의 자리를 차지하게 되겠지요. 그렇다면 장군께서는 장차 어디에 자처하시겠습니까? 어찌 장군께서는 한나라와 조나라가 영토를 할양하며 강화를 요청하는 것을 받아들이고, 병졸들을 쉬게 하자고 진왕께 권하지 않으십니까?"

범저는 소대의 의견을 받아들여 진왕을 설득했다. 결국 진왕은 범저의 건의를 윤허했고, 백기의 공세는 일단락되었다.

백기는 잠시 쉬었다가 다시 싸우는 이치를 알지 못했다. 하지만 진왕은 박수칠 때 떠나라는 건의를 받아들였고, 이 휴식은 백기의 운명의 전환점이 되었다. 한편, 소려가 했던 "병을 핑계로 전쟁에 나서지 않는다(稱病不出)"는 한마디 말은 훗날에 대한 예언이 되었다.

역사를 사로잡은 명장면

진나라 군대가 다시금 동진을 시작할 무렵, 백기는 마침 병이 나서 군대를 이끌고 출정할 수 없었고, 진나라 장수 왕릉(王陵)은 거듭해서 패했다. 백기의 병이 낫자 진왕은 그가 전선으로 나가주길 바랐다. 백기가 말했다.

"지금 형세는 진나라 군대에 불리하니, 진격하지 않는 것이 좋을 듯합니다."

진왕은 백기를 설득하지 못하자 다시 범저를 보내 구슬리게 했다. 하지만 백기는 병세가 아직 완전히 호전되지 않았다는 핑계를 대며 전쟁에 나서지 않았다.

진나라 군대는 사령관을 교체했으나 전선은 여전히 패배를 거듭했다. 그러자 백기는 비아냥거리며 말했다.

"내 말을 듣지 않더니, 결국 지금 어찌 되었는가?"

진왕은 그 말을 듣고 크게 노하여 강제로 백기에게 출전을 명했다. 하지만 백기는 또다시 병을 구실로 출전하지 않았고, 진왕은 결국 사람을 시켜 그에게 칼 한 자루를 보내 자결을 명했다. 백기는 죽기 직전에 이렇게 말했다.

"나는 일찍이 항복한 병졸 수십만 명을 생매장한 일이 있으니, 죽어 마땅하지 않은가!"

마지막 순간이 되어서야 타인에게 여지를 남겨주지 않은 것을 후회했다.

고전의 지혜

"자고로 미인은 명장과 같아서 다른 사람에게 흰머리를 보여서는 안 된다." 좋은 시기에 물러나지 않고 있다가 일단 광채가 퇴색하고 나면 전날의 성취는 모두 사라지는 법이다.

그러나 만약 그 당시에 백기가 처음의 기세 그대로 동진했고 범저의 견제를 받지 않았더라면, 마른 나무를 꺾고 썩은 나무 부러뜨리는(摧枯拉朽) 듯했던 당시 위세로 과연 진나라는 중국 통일을 앞당길 수 있었을까? 역사는 다시 오지 않으니 그 누구도 알 수 없는 일이다.

백락이 말을 감정하면
말 값이 열 배로 뛴다

명인의 추천을 청탁하는 계책

088

人有賣駿馬者, 比三旦[1]立市, 人莫之知[2].

인유매준마자, 비삼단[1]입시, 인막지지[2].

往見伯樂曰: "臣有駿馬, 欲賣之, 比三旦立於市,

왕견백락왈: "신유준마, 욕매지, 비삼단입어시,

人莫與言, 願子還[3]而視之, 去而顧[4]之,

인막여언, 원자환[3]이시지, 거이고[4]지,

臣請獻一朝之賈[5]." 伯樂乃還而視之, 去而顧之,

신청헌일조지가[5]." 백락내환이시지, 거이고지,

一旦而馬價十倍, 今臣欲以駿馬見於王,

일단이마가십배, 금신욕이준마견어왕,

莫爲臣先後[6]者, 足下有意爲臣伯樂乎?

막위신선후[6]자, 족하유의위신백락호?

臣請獻白璧一雙, 黃金千鎰, 以爲馬食.

신청헌백벽일쌍, 황금천일, 이위마식.

—『戰國策·燕策』

1　比(비): 접근하다. / 旦(단): 날. '日(일)'과 같다. / 比三旦(비삼단): 연이어 삼 일 동안
2　莫之知(막지지): 보고도 못 본 체하다.
3　還(환): 돌다. '環(환)'과 같다.
4　顧(고): 고개를 돌려 보다.
5　賈(가): 값. '價(가)'와 같다. / 一朝之賈(일조지가): 하루 일당. 하루의 보수
6　先後(선후): (잘 봐달라고) 사전에 언질을 주다. 소개하다.

▶ 좋은 말을 내다 팔려는 사람이 있었습니다. 그가 삼 일 내내 시장에 나가서 서 있어보았지만, 다가와서 물어보는 사람이 없었지요. 그러자 그는 백락(伯樂)을 찾아가 말했습니다. "제가 좋은 말 한 필을 팔고 싶은데, 삼 일 내내 값을 물어오는 사람도 하나 없습니다. 부탁건대, 선생님께서 가서 말을 한 번 둘러봐 주고 떠나는 척하다가 다시 한 번 뒤돌아봐 주십시오. 이렇게만 해주신다면 제가 하루 치의 보수를 드리겠습니다." 이에 백락은 그가 해달라는 대로 해주었고, 그 결과 하루 사이에 준마의 값은 열 배나 뛰었습니다. 지금 저는 제나라 대왕께 준마와 마찬가지의 좋은 계책을 올리려고 합니다만, 저를 소개해줄 영향력 있는 사람이 없습니다. 선생께서 저의 백락이 되어주실 수는 없으신지요? 제가 백옥 한 쌍과 황금 천일을 바치니 마구간의 말 사료로 쓰십시오.

소진의 아우 소대는 원래 연나라 왕의 부탁으로 조나라에 가서 자신들과 연합하여 제나라를 공격하자고 설득했다. 하지만 조왕은 이에 동의하지 않았다. 소대는 그 길로 곧바로 제왕에게 유세하기 위해 제나라로 갔고, 순우곤(淳于髡)에게 소개인이 되어달라고 간청하면서 위와 같이 진술했다. 순우곤이 이를 승낙하여 소대를 제선왕에게 소개했고, 결국 소대는 제선왕을 직접 알현하고 제나라에 종용되었다.

순우곤은 풍간(諷諫: 오간(五諫)의 하나. 완곡한 표현으로 잘못을 고치도록 간함을 이름―옮긴이)에 능한 사람으로 제선왕의 신임을 받았다. 그러나 그는 사람 보는 눈이 없었다. 훗날 제민왕이 소대를 시켜 제나라 군대를 이끌고 가서 연나라 군대와 싸우게 했는데, 소대는 두 번의 전쟁에서 연패했다. 사실 소대는 연나라의 첩자였던 것이다. 순우곤은 이리를 집안에 끌어들인 죄인이 되고 말았다.

역사를 사로잡은 명장면

소대의 일관된 일처리 방법은 남에게 소개를 부탁하는 것이었고, 그의 일관된 수법은 허황된 말로 속이는 것이었다.

연소왕이 일찍이 소대에게 말했다.

"과인은 허풍떠는 말을 가장 싫어한다."

그러자 소대가 소왕에게 대답했다.

"처녀는 중매쟁이가 없으면 늙도록 시집을 가지 못합니다. 물건을 내다 팔려는데, 중개인이 없으면 영원히 팔아치우지 못합니다. 가만히 앉아서 성공하기를 바란다면 허풍떨 줄 아는 사람에게 의지해야 하는 것입니다."

민남 지역 속담에 이런 말이 있다.

"중매쟁이의 말은 교묘하고 듣기 좋지만, 허황된 거짓말이다(媒人嘴, 胡蕊蕊)."

지도자로서 허황되고 과장된 말을 좋아해서는 안 되지만, 그렇다고 또 이러한 인재를 완전히 배척할 수도 없는 노릇이다. 관건은 이들을 옳은 곳에 사용하는 데 있다. 연소왕은 잘 사용했던 것이고, 제민왕은 잘못 사용했던 것이다.

고전의 지혜

현대의 상업 행위는 유명 인사가 대신 말하는 방식을 사용하여 이를 광고 수단으로 삼는 경우가 많다. 이 또한 '백락이 말을 감정하면 몸값이 열 배로 뛰는(伯樂相馬, 身價十倍)' 이치가 아니겠는가? 소비자들은 반드시 그것을 광고하는 사람이 진정으로 이 상품에 대해 잘 이해하고 있는지 눈을 씻고 살펴보아야 한다. 백락은 말 관상을 보는 전문가였다. 만약 백락이 화장품을 추천하는데도 당신이 그의 말을 듣는다면 자기 자신을 탓할 수밖에 없을 것이다.

까마귀는 까마귀가 아니고
까치는 까치가 아니다

다른 사물을 빗대어 질책하는 계책

089

史疾¹曰: "請問楚人謂此鳥何?"
사 질 ¹ 왈 : " 청 문 초 인 위 차 조 하 ? "

王曰: "謂之鵲²."
왕 왈 : " 위 지 작 ² . "

曰: "謂之烏³可乎?"
왈 : " 위 지 오 ³ 가 호 ? "

曰: "不可."
왈 : " 불 가 . "

曰: "今王之國有柱國⁴, 令尹⁵, 司馬⁶, 典令⁷,
왈 : " 금 왕 지 국 유 주 국 ⁴ , 영 윤 ⁵ , 사 마 ⁶ , 전 령 ⁷ ,

其任官置吏, 必曰廉潔勝任, 今盜賊公行,
기 임 관 치 리 , 필 왈 렴 결 승 임 , 금 도 적 공 행 ,

而弗能禁也. 此烏不爲烏, 鵲不爲鵲也."
이 불 능 금 야 . 차 오 불 위 오 . 작 불 위 작 야 . "

—『戰國策·韓策』

---

1 史疾(사질): 한나라 대부
2 鵲(작): 까치
3 烏(오): 까마귀
4 柱國(주국): 초나라의 최고 관직인
  재상보다 높으며 '삼공'에 상당한다.

5 令尹(영윤): 재상 가운데 최고의
  지위인 '각규(閣揆)'에 해당한다.
6 司馬(사마): 최고 군사 수장. 도둑을
  잡는 일도 겸하여 담당한다.
7 典令(전령): 교화를 관장하는 대신

▶ 사질(史疾)이 집으로 날아 든 새 한 마리를 보고 말했다.

"대왕께 묻겠습니다. 초나라 사람은 이 새를 무엇이라 부릅니까?"

초고열왕(楚考烈王)이 말했다.

"우리는 그 새를 까치라고 부르네."

"이 새를 까마귀라고 불러도 됩니까?"

"그럴 수는 없네."

그러자 사질이 말했다.

"대왕의 나라에는 주국(柱國), 영윤, 사마, 전령(典令) 등의 관직이 설치되어 있고, 그 관리를 임명할 때 청렴결백으로 맡은 바 직책을 다할 것을 요구합니다. 그러나 지금 초나라에는 도적들이 공공연히 범죄를 저지르는데도 각급의 관리들이 이를 막지 못하고 있습니다. 이것을 일컬어 까마귀가 까마귀답지 않고 까치가 까치답지 않다고 하는 것입니다."

초고열왕은 사질을 접견하여 어떤 학파에게 학문을 전수하였는지 물었다. 사질은 자신이 열자(列子)의 학설을 전공했다고 답했다. 그러자 초왕이 물었다.

"열자의 학설은 무엇을 가장 중시하는가?"

사질이 말했다.

"열자는 '正(정: 올바름)', 이 한 글자를 중시합니다."

초왕이 물었다.

"초나라는 치안이 좋지 않은데, '正'자가 도적을 막을 수 있겠는가?"

이에 사질이 지붕 위의 까치를 들어 비유했다. 그의 속뜻은 초나라의 관리들이 관리로서의 책임을 다하지 않았다는 것이었다. 주국과 영윤은 관리들에게 엄격하게 요구하지 못했고, 사마는 도적을 사로 잡아 법정에 세우지 못했으며, 전령은 백성들을 교화하여 사회도덕 관념을 세우지 못했다. 결국 관리가 관리답지 않았고, 그로 인해 도적으로 하여금 목적을 달성하게 했다는 것이 그의 주장이었다.

사질은 빈객의 신분이었으므로 주인의 옳고 그름을 직접적으로 지적하기가 쉽지 않았다. 그래서 그는 까마귀를 통해 비유적으로 표현할 수밖에 없었는데, 이는 매우 뛰어난 화술이었다고 할 수 있다. 각도를 바꾸어 생각해보자. 관리가 행정을 잘 수행하지 못하고 '청렴결백함으로 맡은 바 직책을 다하지' 못한다면 그것은 분명 탐욕스럽고 무능한 것이다. 내정이 타락하고 부패하는 것은 당연하다.

역사를 사로잡은 명장면

까마귀 소리는 요란하고 까치 소리는 듣기 좋다. 그래서 사람들은 까치가 우는 것을 길한 징조로 여기고, 까마귀가 우는 것을 불길한 징조라고 여긴다. 사실 재앙과 복은 자초하는 것이지, '까마귀 주둥이' 탓으로 돌릴 수는 없다. 하지만 귀에 듣기 좋은 소리를 좋아하고 시끄럽고 골치 아픈 소리는 싫어하는 것이 사람의 천성이라 귀에 듣기 요란하고 시끄러운 '까마귀 소리'와도 같은 간언은 좋은 결과를 얻기 어렵다.

당태종에게는 위징이라는 간관이 있었다. 그는 언제나 군주의 노여움을 사면서도 바른말을 했다. 하루는 태종이 여러 신하와 담화를 나누는 자리가 있었는데, 봉덕이(封德彝)가 말했다.

"하, 은(殷), 주 삼대 이후로 시대가 변하고 인심이 각박해져서 현재는 선왕의 도가 실행될 수 없습니다. 위징이 주장하는 것은 한낱 서생의 의견일 뿐입니다."

그러자 위징이 반박했다.

"만약 백성들에게 도덕 정신이 전혀 남아 있지 않다고 한다면 어째서 교육을 하는 것입니까? 또한, 어찌 감화시키겠습니까?"

당태종처럼 도량이 넓은 위인만이 위징과 같은 '까마귀 주둥이'를 용납할 수 있고, 위징처럼 강직하고 올바른 간관만이 봉덕이와 같은 '까치 울음소리를 내는 나쁜 새'를 쪼아서 깨뜨릴 수 있다.

고전의 지혜

"까마귀는 까마귀가 아니고, 까치는 까치가 아니다(烏非烏, 鵲非鵲)"라는 말은 관리가 타락하여 좋지 않은 사회 풍조를 초래하는 것을 가리킨다. 그러나 관리를 임명하는 지도자가 가장 큰 책임을 져야 하는 것만은 분명하다. '그런 사람이 그런 새를 키우는 법'이 아니겠는가!

친분이 두텁지 않은 사람과는
깊은 대화를 나눌 수 없다

돌려 말하는 계책

090

服子曰: "公之客獨有三罪. 望我而笑, 是狎[1]也.
복 자 왈: "공 지 객 독 유 삼 죄. 망 아 이 소. 시 압[1] 야.

談語而不稱[2]師, 是倍[3]也. 交淺而言深,
담 어 이 불 칭[2] 사. 시 배[3] 야. 교 천 이 언 심.

是亂也."
시 란 야."

客曰: "不然. 夫望人而笑是和也. 言而不稱師,
객 왈: "불 연. 부 망 인 이 소 시 화 야. 언 이 불 칭 사.

是庸[4]說也. 交淺而言深, 是忠也.
시 용[4] 설 야. 교 천 이 언 심. 시 충 야.

…… 使[5]夫交淺者不可以深談, 則天下不傳[6]
…… 사[5] 부 교 천 자 불 가 이 심 담. 즉 천 하 부 전[6].

而三公不得也."
이 삼 공 부 득 야."

—『戰國策·趙策』

1 狎(압): 언행이 경박하다.
2 稱(칭): 칭찬하다. 칭송하다.
3 倍(배): '背(배)'와 같다. 위반하다. 위배하다.
4 庸(용): 평범하다. 일상적이다. / 庸說(용설): 일상적인 대화, 남처럼 대하지 않다.
5 使(사): 설령
6 傳(전): 자리를 물려주다.

▶ 복자(服子)가 말했습니다.

"선생이 소개한 그 빈객은 세 가지 잘못을 범했소. 나를 처음 보고는 웃었으니, 이는 그가 경박하고 정중하지 않다는 뜻이오. 대화를 나눌 때 스승을 칭송하지 않으니, 이는 그가 사은을 마음에 두지 않는다는 뜻이오. 이번이 우리가 처음 만나는 것이라 친분이 매우 얕음에도 불구하고 그는 직접적으로 깊은 속내를 말했으니, 이는 그가 법도가 없다는 뜻이오."

그러자 복자의 문객이 말했습니다.

"그렇게 말씀하시면 안 됩니다. 웃는 낯으로 사람을 대하는 것은 친화적인 태도입니다. 대화를 나누면서 '말끝마다 스승을 칭송하지' 않은 것은 서먹하게 남처럼 대하지 않으려는 태도입니다. 교분이 두텁지 않음에도 깊은 이야기를 꺼낸 것은 성의 있는 태도입니다. (요임금이 순임금을 만나고, 상의 탕왕(湯王)이 이윤(伊尹)을 만났을 당시에 서로의 교분은 매우 얕았으나 깊이 있는 이야기를 나누었던 일화를 진술하는 내용 중략) 만약 친분이 두텁지 않다고 해서 깊이 있는 대화를 나눌 수 없다면 요임금은 순임금에게 천자의 자리를 전할 수 없었을 것이고, 상탕 또한 이윤을 예우하며 삼공의 지위를 맡아달라고 청할 수 없었을 것입니다."

평원군의 빈객이었던 풍기(馮忌)가 조왕을 알현하기를 청했다. 조왕을 만나자 풍기는 두 손을 가지런히 모아 공수하고 고개를 푹 숙인 채로 무언가 말을 하려다 감히 꺼내지 못하고 멈추었다. 조왕이 의아해하면서 무슨 말을 하려는 것인지 물었다. 그러자 풍기는 우선 복자가 빈객을 만났던 위의 일화를 들려주었고, 이야기를 끝마친 뒤 조왕에게 물었다.

"지금 외지 출신인 제가 대왕과의 친분이 깊지 않은데도 깊은 말씀을 드려도 되겠습니까?"

그리하여 조왕은 그가 하고 싶은 말을 마음껏 해줄 것을 청했다.

풍기가 하고 싶었던 말은 무엇이었을까? 사실 그는 조효성왕(趙孝成王)의 아우인 여릉군(廬陵君)을 위해 용서를 구하고, 여릉군을 외지로 추방하지 말아줄 것을 간청하려고 했다. 조효성왕이 기본적으로 간언을 잘 들어주는 군왕이기는 했으나 풍기가 청탁하려던 사안은 왕실의 집안일이었으므로 반드시 우회적으로 진언하면서도 각별히 조심해야 했다. 그렇지 않았다면 목숨을 잃는 화를 당할지도 모르는 일이었다.

역사를 사로잡은 명장면

위문후가 원로 대신 이극에게 가르침을 구하며 물었다.

"선생께서 나에게 이렇게 말씀하신 적이 있지요. '집안이 기울면 어진 아내를 그리워하고, 나라가 어지러워지면 어진 재상을 그리워한다.' 지금 저는 위성(魏成)과 적황(翟璜) 두 사람 가운데 한 명을 택하여 재상을 맡기려고 합니다. 선생께서는 두 사람을 어떻게 평가하시는지요?"

이극은 '비천한 자는 존귀한 자를 논하지 않고, 소원한 사람은 친한 사람을 논하지 않는다'는 것을 구실로 대답을 사양했다. 하지만 위문후는 한사코 그에게 말해줄 것을 요청했다. 이극은 더는 사양하지 못하고 다음의 다섯 가지 조건을 제시했다. '평소에 누구와 친하게 지내는지 살펴본다. 부유하다면 그가 어디에 재물을 쓰는지 살펴본다. 벼슬이 높다면 그가 누구를 천거하는지 살펴본다. 곤궁한 처지라면 그가 어떤 일을 하지 않는지 살펴본다. 가난하다면 그가 무엇을 취하지 않는지 살펴본다.' 위문후는 그의 말뜻을 이해했다.

이극은 출궁하는 길에 우연히 적황을 만나게 되는데, 적황이 그에게 소식을 물었다.

이극은 이렇게 대답했다.

"아마도 위성이 될 듯싶습니다. 그대가 추천한 인재들은 모두 임금께서 신하로 등용했고, 위성이 추천한 인재들은 임금께서 스승으로 삼으셨기 때문입니다."

이극은 이로써 적황의 기분을 상하게 하지 않았다.

고전의 지혜

친분이 두텁지 않은 사람과 깊이 있는 대화를 나누어도 되는 것일까? 최소한의 기준은 있어야 한다. 만약 사장이 당신에게 깊은 대화를 요구한다면 그때는 깊은 속내를 말해도 된다. 애당초 순임금이 주동적으로 요임금을 찾아가 알현하며 천자의 자리를 자신에게 넘겨달라고 요구했다면, 그것이 가능한 일이었겠는가?

뜻밖의 홍복
뜻밖의 재앙

재앙을 예방할 것을 경고하는 계책

091

春申君相¹楚二十五年, 考烈王病.
춘 신 군 상¹초 이 십 오 년, 고 열 왕 병.

朱英謂春申君曰: "世有無妄²之福,
주 영 위 춘 신 군 왈: "세 유 무 망²지 복,

又有無妄之禍. 今君處無妄之世,
우 유 무 망 지 화. 금 군 처 무 망 지 세,

以事³無妄之主, 安⁴不有無妄之人乎?"
이 사³무 망 지 주, 안⁴불 유 무 망 지 인 호?"

—『戰國策·楚策』

1 相(상): 재상을 맡다.
2 妄(망): 기대하다. 예상하다. '望(망)'과 같다. / 無妄(무망): 예상치 못하다.
3 事(사): 섬기다.
4 安(안): 의문조사. '豈(기)'와 같은 용법으로 반어의 어투를 나타낸다.

▶ 춘신군이 초나라 재상을 맡은 지 25년 되던 해에 고열왕의 병세가 매우 위중했다. 문객 주영(朱英)이 춘신군에게 귀띔했다.

"세간의 일에는 예상치 못한 홍복이 있기도 하고, 예상치 못한 재앙이 있기도 합니다. 지금 공께서는 언제든지 형세가 격변할 수 있는 상황에 처해 있으십니다. 공께서 섬기는 군왕의 병세가 위중하여 언제든지 서거하실 수 있기 때문입니다. 이러한 때 예상치 못한 소인(위해를 가할 만한 인물)이 출현하지 않으리라는 법이 있겠습니까?"

조나라 출신 이원이 자신의 여동생을 춘신군에게 바쳤다. 여동생이 임신하자, 이원은 여동생을 시켜 춘신군에게 이러한 계책을 올리게 했다.

"초왕은 아직 후계를 이을 아들이 없습니다. 만약 신첩을 대왕에게 보낸 뒤 아들을 낳기만 한다면 어르신의 아들이 초나라 임금이 되지 않겠습니까? 어르신께서는 오래도록 부귀영화를 누리시게 될 것이고, 초나라 전체를 소유하는 것과 진배없을 것입니다."

춘신군은 이에 계책을 꾸며 이원의 여동생을 초고열왕에게 바쳤다. 얼마 지나지 않아 그녀는 사내아이를 낳았고, 아이는 태자로 봉해졌다. 아들이 태자가 됨에 따라 이원의 여동생은 왕후가 되었고, 이원 또한 권력의 핵심으로 파고들었다.

고열왕의 병이 위중해지자 주영은 춘신군에게 위와 같은 말로 상기시키면서, 이원이 춘신군에게 불리한 사람이 될 수도 있음을 암시했다. 그러나 춘신군은 그의 말을 듣지 않았고, 주영은 이 일로 두려워하다가 결국 도망쳤다.

17일 뒤, 고열왕이 붕어(崩御)하자 이연은 과연 궁문 안에 자객을 매복시켜 춘신군을 살해했다.

역사를 사로잡은 명장면

이 사건이 발생했던 같은 해에 진시황은 노애를 죽이고 여불위의 재상 직위를 박탈했다. 춘신군과 여불위의 이야기는 판에 박은 듯 닮아 있어 좀 더 비교해볼 만하다.

여불위는 이미 뱃속에 자신의 아이를 가지고 있던 애첩을 자초(子楚)에게 바쳤고, 그런 뒤 자초를 안국군(安國君)에게 추천하여 후사로 삼게 했다. 그리고 그 결과 자신의 아들이 진시황이 되었다. 이 이야기는 잘 알려진 내용이라 더 말할 필요가 없을 것이다.

춘신군이 여불위보다 못한 점은 주영이 '소인배를 대비할 것'을 상기시켰을 때 이를 받아들이지 않았던 데 있다. 이는 춘신군과 여불위 두 사람의 성격 차이에서 기인한다. 춘신군은 아량이 넓었던 반면, 여불위는 이해타산에 뛰어난 사람이었다. 사마천은 이를 근거로 『사기·춘신군열전』의 마지막에서 이렇게 평론했다. "춘신군은 마땅히 결단을 내려할 시점에 결단을 내리지 못해서 도리어 재앙을 당했다."

춘신군과 여불위의 공통점은 지위가 높고 권력이 막강했으며, 군왕의 총애와 신임을 받은 지 너무 오래되었다는 것이다. 그래서 그들은 이미 재앙의 조짐이 보일 때도 그런 일은 발생하지 않을 것이라고 믿었다. 다시 말해, 모든 일이 뜻대로 되는 상황이 오래 지속되어 위기의식이 부족했고, '예상치 못한 재앙'을 대비하지 못했던 것이다.

고전의 지혜

'無妄之災(뜻밖의 재앙)'라는 표현은 『역경(易經)』의 무망괘(无妄卦)에 출현한다. "뜻밖의 재난이다. 혹 소를 매어두었는데, 지나가던 사람이 이를 얻어가니 마을 사람의 재앙이다(无妄之災, 或繫之牛, 行人之得, 邑人之災)." 즉, 길을 가던 사람이 뜻밖에 놀라 기뻐하며 소 한 마리를 가지고 가는데, 이는 마을 누군가의 예상치 못한 재앙이 된다는 뜻이다.

무망괘의 괘사에서는 "바르지 않으면 재앙이 닥칠 것이다(其匪正, 有眚)"라고 했다. 원래 '无妄'이란 별 생각이 없는 것인데, 만약 심보가 바르지 않으면 재앙이 발생할 수도 있다는 뜻이다. 춘신군과 여불위는 모두 출발점이 부정했으므로 결국 목숨을 잃는 재앙을 초래하게 된 것이 아니었겠는가.

식량이 옥보다 귀하고 땔감이
계수나무보다 귀하다

겉으로는 상대방의 과실을 따지지 않는 관대한 태도를
보이면서 오히려 지적하는 계책

092

楚國之食¹貴於玉, 薪貴於桂, 謁者²難見如鬼,
초 국 지 식¹귀 어 옥 , 신 귀 어 계 , 알 자²난 견 여 귀 .

王難見如天帝, 今令臣食玉炊桂,
왕 난 견 여 천 제 , 금 령 신 식 옥 취 계 .

因鬼見帝.
인 귀 견 제 .

—『戰國策·楚策』

---

1 食(식): 식량 물가
2 謁者(알자): 통보하고 전달하는 관리. 일반적으로 주인의 측근(심복)이다.

▶ 초나라의 식량 물가는 옥보다도 높고, 땔감 가격은 계수나무보다도 비쌉니다. 또한 알현을 청하는 사람을 통보하고 인도하는 일을 책임지는 관리는 귀신보다도 만나보기 어렵고, 대왕은 천제(天帝)보다도 알현하기 어렵습니다. 지금 저 소진은 초나라에 머물면서 최고로 귀한 음식을 먹고 계수나무를 땔감으로 불을 때고 있으며, 귀신을 통해서만 천제를 뵈올 수 있습니다(서둘러 돌아가지 않고 더 체류할 이유가 있겠습니까).

각국을 돌아다니며 합종책을 선전하던 소진은 마지막으로 초나라에 당도했다. 그동안 여러 나라에서 소진은 극진한 예우를 받았는데, 초나라에서는 사흘을 기다린 뒤에야 겨우 초왕을 알현할 수 있었다. 한바탕 언변을 자랑하며 초위왕을 감동시킨 소진은 말을 마치고는 즉시 위왕에게 작별을 고했다. 초위왕이 그에게 물었다.

"선생은 천 리를 멀다 하지 않고 나에게 가르침을 주러 오셨고, 과인은 선생의 견해를 매우 흥미롭게 들었습니다. 그런데 어찌하여 이리도 빨리 떠나려고 하십니까?"

그러자 소진은 위와 같이 답변했고, 초위왕이 다시 말했다.

"선생은 아무쪼록 객사로 돌아가 쉬고 계십시오. 과인이 선생의 뜻을 잘 알겠습니다."

초위왕은 무엇을 잘 알았다는 것일까.

소진은 초나라를 제외한 다섯 나라의 재상 인장을 모두 차고 있었으나 초나라에서는 단지 유세객에 불과했다. 심지어 객경도 아니었다. 그는 초나라의 물가가 과도하게 높다는 문제점을 발견했다. 즉, 내정에 우환이 있다는 것이었다. 또한, 그는 초나라 임금의 측근들이 외지인인 자신을 경계하고 시기한다는 것을 단박에 알아차렸다. 소진은 초나라의 물가가 너무 높고, 초왕의 측근이 외지인인 자신을 경계하고 시기한다는 것을 단박에 알아차렸다. 물가가 높다는 것은 내정에 우환이 있다는 것을 의미했고, 측근들이 자리를 빼앗길까 전전 긍긍한다는 것은 그들이 유능한 인재를 배척한다는 것을 뜻했다. 하지만 소진은 이 문제를 직접 지적하기가 쉽지 않았다. 그가 다른 다섯 나라의 재상 인장을 차고 있기는 했으나 초나라에서는 단지 유세객에 불과했기 때문이다. 심지어 객경도 아니었다. 자칫하면 초나라 기득권 집단의 미움을 사게 될 것이었다. 이에 소진은 초위왕이 자신을 마음에 들어 하는 상황을 놓치지 않고 난색을 보이며 왕에게 위와 같이 슬쩍 귀띔했다. 초위왕 또한 이를 한 번에 알아들었으니 가히 명군이라 불릴 만하다.

역사를 사로잡은 명장면

서한의 경제(景帝)는 역사상 어진 군주로 유명하다. 그는 일찍이 다음과 같은 조령을 반포했다.

"황금과 주옥은 '배고파도 먹을 수 없고, 추워도 입을 수 없다.' 그러나 사람들은 이 것을 돈을 주고 구매한다. 이는 본말이 전도된 현상이다. 최근 농작물 수확이 좋지 않은 것은 근본이 되는 농업 생산에 종사하는 사람이 줄고, 말단이라 할 수 있는 상업에 종사하는 사람이 많아졌기 때문이다. 오늘부터 각 군국(郡國)은 농사와 잠업, 식목업을 장려하는 데 힘쓰도록 하라. 만일 관리들이 함부로 농민을 관아의 심부름꾼으로 징발하거나 농민들에게 헌납을 요구하거나, 혹은 사람을 고용하여 황금과 주옥을 채굴한다면 예외 없이 도적질이나 뇌물수수와 같은 죄형으로 다스릴 것이다. 고급관리들 또한 만약 이를 엄중히 단속하지 않는다면 같은 죄를 물을 것이다."

이는 국가 지도자가 민생 물가를 중시하는 태도였다. 이러한 제왕의 태도로 인하여 '큰 곳간에 곡식이 묵고 묵어 가득히 쌓이는(太倉之粟, 陳陳相因)' 풍족하고 넉넉한 국력을 쌓을 수 있었고, 이는 이후 한무제(漢武帝)의 영토 확장과 토지 개척의 기본 자금이 되었다. 또한 한경제는 단지 자기 한 사람이 윗자리에 앉아 호소하는 것만으로는 사회 분위기를 움직이기에 부족하며, 고위 관리의 실질적인 집행에 의지해야 한다는 점을 알고 있었다. 따라서 고위 관리들에게 방임하고 눈감아주어서는 안 된다고 경고한 것이다.

한경제는 민생 경제의 중요성을 이해했고 실행에 옮길 능력도 있었다. 그러나 초위왕은 소진이 했던 말에 담겨 있던 의미를 알아들었음에도 '선생께서는 객사로 돌아가 쉬고 계십시오'라고 할 수밖에 없었다는 점에서 둘의 차이를 확인할 수 있다. 위왕은 초나라의 귀족과 대부들을 통제할 힘이 없었던 것이 분명하다.

고전의 지혜

오늘날 중국에서 높은 물가를 형용할 때 사용하는 '미옥신계(米玉薪桂)', '미주신계(米珠薪桂)'라는 말은 바로 소진의 위의 이야기에 기원을 두고 있다. 그러나 내정이 잘 다스려지지 않고 국민의 고통 지수(물가와 실업률)가 상승하는 원인은 언제나 '사람을 쓰는 것(用人)'이 부당하기 때문이다. 즉, 관리가 아첨 아부만 할 줄 알고 서민의 삶은 신경 쓰지 않기 때문인 것이다.

양떼를 몰아 호랑이를 공격하다

상대방의 투지를 약화시키는 계책

093

夫¹爲從²者, 無以異於驅群羊而攻猛虎也.
부 ¹ 위 종 ² 자, 무 이 이 어 구 군 양 이 공 맹 호 야.

夫虎之與羊, 不格³明矣.
부 호 지 여 양, 불 격 ³ 명 의.

今大王不與猛虎而與群羊,
금 대 왕 불 여 맹 호 이 여 군 양,

竊以爲大王之計過⁴矣.
절 이 위 대 왕 지 계 과 ⁴ 의.

—『戰國策·楚策』

1 夫(부): 문두 조사. 뜻이 없다.
2 從(종): '縱(종)'과 같다. 합종 / 爲從(위종): 합종을 주장하다.
3 格(격): 등급 / 不格(불격): 예컨대 권투 선수 간에 체급이 맞지 않다.
4 過(과): 잘못. 실수

371

▶ 합종을 주장하는 저자들은 양떼를 몰고 가서 호랑이를 공격하려는 것과 다르지 않습니다. 호랑이가 양을 대적한다면 급이 같지 않은 형세라는 것은 대단히 명백하지요. 그런데 대왕께서는 호랑이와 같은 편에 서지 않고 오히려 양떼와 같은 편에 서시니, 저는 대왕의 계획이 옳지 않다고 생각합니다.

장의는 진(秦)나라 임금을 위해 '연횡'을 추진하려 했는데, 그 목적은 여섯 나라의 '합종' 맹약을 이간질하고 깨뜨리려는 데 있었다. 위의 단락은 그가 초회왕을 알현했을 때 했던 발언이다. 핵심은 진나라의 강대함을 진술하는 데 있었다. 또한, '천하 가운데 나중에 복종하는 자가 먼저 망할 것임'을 표명하며 진나라에 늦게 복종할수록 먼저 진나라에 의해 멸망한다는 것을 강조했다.

당시의 국제 형세를 살펴보면, 한나라, 위나라, 조나라는 서로에 대한 공격과 정벌로 국력이 크게 쇠약해졌고, 진나라와 맞설 수 있는 것은 오직 동쪽의 제나라와 남쪽의 초나라뿐이었다. 그런데 제나라와 진나라는 서로 영토를 접하고 있지 않았으므로 장의는 초나라를 진정시키는 데 중점을 두었다. 그래야만 한나라와 위나라에 대한 군사 활동을 안심하고 진행할 수 있었기 때문이다. 그렇게 한·위·조 세 나라를 수습하면 그다음 목표는 초나라였고, 마지막이 제나라였다.

현대의 말로 표현하자면, 진나라의 전략은 '이차적 적군과 연합하여 일차적 적군을 공격하는 것'이었고, 초나라는 진나라의 '전략적 동반자'가 되었던 것이다. 초회왕은 장의의 언사에 동요하여 진나라와 우호 관계를 맺었고, 훗날 계략에 속아 몸소 진나라로 가서 억류당했다가 결국 죽음에 이르렀다. 그렇게 망국의 운명을 맞게 된 것이다.

역사를 사로잡은 명장면

연나라 태자 단(丹)은 진왕 정에게 모욕을 당하고 '연나라와 진나라는 결코 양립하지 않으리라'고 맹세했다. 그러자 태부 국무(鞠武)가 그를 타일렀다.

"진나라는 이미 천하의 반을 얻었습니다. 또한 한나라, 위나라, 조나라는 머지않아 국운을 장담하기 어려운 처지에 놓이게 될 것입니다. 어찌 개인적인 원한 때문에 '역린(逆鱗)'을 건드리려 하십니까?"

전설에 따르면 용의 목 부근에는 반대 방향으로 난 비늘이 있는데, 이를 역린이라고 부른다. 만약 잘못된 방향으로 건드리면 용은 매우 고통스러워하며 크게 분노하여 사람을 물어 죽인다고 한다.

국무의 논조는 전형적인 '양(羊)의 사고'이다. 또한 당시에 이미 연횡 전략이 효과를 거두었고 합종 맹약은 와해되어, 진나라가 여섯 나라를 집어 삼키는 형세를 막을 수 없었음을 그의 진술을 통해 확인할 수 있다. 이는 모두 눈앞의 안일함만을 꾀하고 구차하게 살아가려 했던 '양떼'들의 나약한 의지 때문이었다.

고전의 지혜

호랑이에게 복종하는 것은 양의 숙명이다. 아프리카 초원을 살아가는 동물들에게 있어서 약육강식은 불변의 법칙이지만, 얼룩말 무리는 단결하여 사자에게 대항하는 법을 알고 있다. 얼룩말떼는 원을 이루어 빙 둘러서서 머리를 안쪽으로 향하고 일제히 뒷다리를 휘젓는 방식으로 사자의 침범에 저항한다. 초회왕이 장의의 말을 듣고 생각이 바뀐 까닭은 그가 '양'이었고, 당시 여섯 나라의 군주들도 모두 '양'이었기 때문이다.

양떼를 몰고 가서 호랑이를 공격한다면 성공할 수 없는 것은 불 보듯 뻔한 일이고, 죽음을 자초하는 일일 뿐이다. 얼룩말떼를 몰아 호랑이를 공격하는 것도 마찬가지다. 그러나 사나운 호랑이를 대면하여 구차하게 당장의 평안함을 추구하는 것은 한순간일 뿐 얼룩말처럼 단결하여 방법과 전략을 세워 대처해야만 온전히 보호할 수 있다.

요청이 받아들여지지 않았는데도 기뻐하는 기색이 있다

속사정을 살피는 능력

094

昭奚恤謂客曰: "奚恤得事¹公,
소해휼위객왈: "해휼득사¹공,

公何爲以故²與奚恤?"
공하위이고²여해휼?"

客曰: "非用故也."
객왈: "비용고야."

曰: "請³而不得, 有說⁴色,
왈: "청³이부득, 유열⁴색,

非故如何也?"
비고여하야?"

—『戰國策·楚策』

---

1 事(사): 섬기다. 주인이 빈객을 '부양하는 것'을 '받들어 섬긴다'고 겸손하게 표현한다.

2 故(고): 여기에서는 '고의로 자신의 생각과 반대되게 말하다'는 뜻이다.

3 請(청): 요구하다. '申請(신청)'의 '請'과 같다.

4 說(열): 기뻐하다. '悅(열)'과 같다.

▶ 소해휼(昭奚恤)이 빈객에게 말했다.

"나 소해휼은 다행스럽게도 선생을 받들어 섬기고 있습니다. 그런데 선생께서는 어찌 고의로 말을 비꼬아 저를 대하시는 것입니까?"

빈객이 말했다.

"저는 비꼬아 말한 적이 없습니다."

그러자 소해휼이 이렇게 말했다.

"집을 달라는 선생의 요구가 받아들여지지 않았는데도 오히려 즐거워하는 기색을 보이시니, 일부러 비꼬아 말한 것이 아니고 무엇이겠습니까?"

소해휼은 초선왕(楚宣王)의 조정에서 가장 권력이 막강한 대신으로, 군사, 사법 등 모든 업무를 혼자 도맡아서 처리했다. 초나라의 수도 영도에 소송에 연루되어 3년 동안 판결을 받지 못하는 사람이 있었다. 그 사람이 소해휼의 한 빈객에게 소송에서 이길 수 있을 것인지 질 것인지 정탐해달라고 청탁했다.

그 빈객은 빙빙 돌려서 말하는 방법을 이용해 소해휼에게 가서 이렇게 말했다.

"아무개의 집을 제가 갖고 싶습니다."

만약 그가 유죄 판결을 받게 되면 그의 재산이 관부로 몰수되는데, 그러면 소해휼에게 분배할 수 있는 권리가 생기게 되었다. 따라서 소해휼에게 이런 청을 올렸던 것이다. 소해휼이 말했다.

"아무개의 죄명은 성립되지 않으므로 선생께 드리기는 어렵겠습니다."

원하는 답을 얻은 빈객은 인사를 올리고 물러났다. 소해휼은 그 일이 있은 후 생각하면 생각할수록 무엇인가 꺼림칙했다. 그래서 빈객을 불러 위와 같은 대화를 나눴던 것이다.

역사를 사로잡은 명장면

이 이야기에서 '계책'에 해당하는 부분은 사실 '반어(反語)를 통해 정탐하는' 빈객의 계책이라고 할 수 있는데, 눈치 빠르고 총명한 소해휼에게 간파당했다. 하지만 간파당한 것이 어쩌면 화가 아니라 오히려 복이었을지도 모른다.

『한비자』에는 다음과 같은 이야기가 실려 있다.

제나라 대부 습사미(隰斯彌)가 당시의 막강한 권력가 대부 전성자(田成子)를 찾아뵈었다. 전성자는 그를 데리고 높은 누대에 올라 멀리 사방을 조망했는데, 전성자의 저택 안에 있던 높은 누대에 올라보니 삼면의 시야가 모두 탁 트여 있었으나, 오직 남쪽만 습사미의 저택 안 큰 나무로 시야가 가려져 있었다. 전성자는 아무 말도 하지 않았지만, 습사미는 집으로 돌아와 하인을 시켜 그 나무를 베도록 했다. 그런데 하인이 도끼를 몇 번 휘두르지도 않았는데, 갑자기 도끼질을 멈추라고 명령했다.

습사미의 가신이 물었다.

"어찌 명령을 번복하십니까?"

그러자 습사미가 이렇게 대답했다.

"옛말에 '깊은 연못에 물고기가 있음을 아는 것은 상서롭지 못한 일이다'라고 했네. 전성자는 지금 정변을 일으키고 싶어 하지. 만일 내가 그의 속내를 알아차릴 수도 있다는 것을 드러내면 의외의 일을 당할지도 모르네. 나무를 베지 않으면 기껏해야 눈치가 없다는 소리는 듣겠지만, 그의 노여움을 사지는 않을 것이야. 하지만 반대로 내가 타인의 속내를 알아차린다면 그것은 매우 위험해지는 일이네."

다행히도 소해휼이 그 빈객의 '속마음'을 알아차렸으므로 빈객에게는 아무런 탈이 없었다. 『전국책·조책』에는 남의 속내를 알아차리는 능력에 관한 또 다른 이야기가 실려 있다.

춘추시대 진(晉)나라 말년, 여섯 개의 가문이 할거하여 각 지역에서 군림했는데, 그 가운데 지 씨가 가장 강력했다. 그는 범 씨와 중항 씨를 차례로 멸망시켰고, 한 씨, 위 씨와 연합하여 조 씨를 향해 진격하여 3년 동안 진양을 포위하고 공격했다. 연합군의 수장 한강자와 위선자(魏宣子)는 지백(智伯)이 조나라를 멸망시키고 나면 그다음은 뒤 자신들의 차례라는 것을 알고 있었다. 그래서 포위당하고 있던 조양자에게 은밀히 연락을 취하여 성 안팎에서 지백을 협공하기로 밀약을 맺었다.

지 씨 집안의 가신 지과가 지백에게 말했다.

"제가 일전에 조 씨의 사자 장맹담을 보았는데, 표정과 걸음걸이가 의기양양한 것이 삼 년 동안 포위당해 쇠약해진 모습으로는 보기 어려웠습니다. 또 조금 전 한 씨와 위 씨 두 가문의 어르신을 만났는데, 두 사람의 표정이 달라진 것이 어딘가 수상합니다. 아무래도 주군을 배신하지 않을까 걱정스럽습니다."

그러나 지백은 지과의 말을 듣지 않았고, 결국 한, 조, 위 세 가문의 연합군에게 완패하여 죽음을 맞이했다.

일반적인 현상이건 비정상적인 현상이건 언제나 숨겨진 속사정이 있기 마련이다. 이를 어떻게 관찰하는지는 각자의 능력에 달린 것이다. 어찌 되었든 간에 '이상하다'고 생각된다면 여러 차례 생각하고 또 생각해보는 것이 옳다.

재물로 사귄 관계는
재물이 다하면 끊어진다

추가로 보험을 드는 계책

以財交者, 財盡而交絶. 以色交者, 華落而愛渝[1].

이 재 교 자, 재 진 이 교 절. 이 색 교 자, 화 락 이 애 투[1].

是以嬖[2]女不敝席[3], 寵臣不敝軒[4].

시 이 폐[2] 녀 불 폐 석[3], 총 신 불 폐 헌[4].

今君擅[5]楚國之勢, 而無以深自結於王,

금 군 천[5] 초 국 지 세, 이 무 이 심 자 결 어 왕,

竊[6]爲君危之.

절[6] 위 군 위 지.

—『戰國策·楚策』

---

1 渝(투): 사그라지다. 사라지다.

2 嬖(폐): 총애를 받다(총애를 받는 비첩)

3 席(석): 침상 위의 자리

4 軒(헌): 수레

5 擅(천): 독점하다. '專擅(전천)'의 '擅'과 용법이 같다.

6 竊(절): 비공식으로, 은밀하게

▶ 강을(江乙)이 안릉군에게 말했다.

"재물로 친분을 맺은 경우, 일단 재물을 모두 다 쓰고 나면 친분도 단절되는 법이고, 아름다운 용모로 친분을 맺은 경우, 화려한 미색이 모두 사그라지고 나면 애정도 사라지는 법입니다. 그러므로 총애 받는 애첩은 침상의 자리가 닳을 때까지 기다릴 수 없고(결국 총애를 잃는다), 총애받는 신하는 수레가 닳을 때까지 기다릴 수 없습니다(더는 함께 수레를 탈 수 없다). 지금 공께서는 초나라 임금의 총애를 한몸에 받고 계시지요. 하지만 만일 공에 대한 초왕의 마음을 더욱 깊이 심어두지 못하실까 우려스러울 뿐입니다.

안릉군은 미남자로 초선왕의 총애를 받았다. 강을은 계략을 세우는 데 뛰어난 초나라 대신이다. 강을이 안릉군에게 실질적으로 건의했던 바는 '초왕에게 훗날 왕을 위해 순장되기를 원한다고 말하라'는 것이었다. 안릉군은 당시에 그의 가르침을 받아들였으나 3년이 지나도록 행동에 옮기지 않았다. 그러자 강을이 또다시 안릉군에게 말했다.

"공께서 저의 의견을 받아들이지 않으시니, 저는 이제 감히 진언을 올릴 수 없게 되었습니다."

안릉군이 대답했다.

"나는 선생의 말씀을 잊지 않았습니다. 다만 적당한 기회를 잡지 못했을 뿐입니다."

얼마 후 마침내 기회가 생겼다. 하루는 초선왕이 운몽(雲夢)으로 사냥하러 나갔다. 장대한 광경과 풍성한 수확으로 기분이 좋아진 초선왕은 함께 수레를 타고 있던 안릉군에게 말했다.

"오늘은 참으로 즐겁구나! 과인이 천추만세를 누리고 죽은 뒤 그대는 또 누구와 이러한 즐거움을 함께할 수 있겠는가?"

이번에는 안릉군이 기회를 놓치지 않고 그 즉시 눈물을 흘리며 말했다.

"대왕께서 천추만세를 누리신 뒤 저도 함께 순장되기를 원하옵니다. 제가 대왕을 위해 황천에 길을 깔고, 그곳의 땅강아지나 개미를 막겠사옵니다. 분명 사냥보다도 더욱 즐거울 것입니다!"

초왕은 이 말을 듣고 크게 기뻐하며 안릉군에게 단(壇) 땅을 식읍으로 하사했다. 식읍이 생겼으니 설령 총애를 잃는다 하더라도 의지할 수 있는 땅이 있었다. 또한, 강을은 초왕의 신임도 얻었고 안릉군의 감사도 받았다. 그렇게 하나의 '보험'도 늘어난 것이다.

역사를 사로잡은 명장면

『사기·여불위열전(呂不韋列傳)』에서는 여불위가 화양부인(華陽夫人)에게 유세하는 장면이 있는데, 그는 이렇게 말한다.

"미색으로 남을 섬기는 경우에는 미색이 사그라지면 사랑도 느슨해집니다(以色事人者, 色衰而愛弛)."

이에 화양부인은 안국군을 재촉하여 자초를 후사로 삼도록 했다. 그 후 안국군은 진효문왕(秦孝文王)이 되었고, 자초는 그의 뒤를 이어 진장양왕(秦莊襄王)이 되었다. 자초의 아들이 바로 진시황이다. 화양부인은 자신의 양자가 국왕이 됨으로써 자신의 지위를 보장받을 수 있었고, 여불위는 삼대에 걸친 진나라 왕의 총애와 신임을 얻으며 막강한 권력으로 한 시기를 압도했다.

후세에는 『전국책』보다 사마천 『사기』의 영향력이 컸으므로 "以色事人者, 色衰而愛弛"라는 구절이 대대로 전해져 "以財交者, 財盡而交絶"과 함께 사용되었다. 반면 "以

色交者, 華落而愛渝"라는 『전국책』의 구절은 그리 자주 인용되지 않았다.

고전의 지혜

중국 남송의 대표적 시인 육유(陸游)의 시 「추풍곡(秋風曲)」에는 이러한 구절이 있다.

침대 머리맡 재물이 다하고 술잔에 술이 떨어지니,　　　　　　　　床頭金盡酒樽空

외양간에 매여 있는 말처럼 서로를 바라보며 하염없이 눈물 흘리네　櫪馬相看淚如洗

육유는 애국 시인이다. 위의 시는 온종일 놀고 마시는 부잣집 도련님의 탄식을 노래하는 시가 아니다. 그보다는 '재물이 다하여 친분이 끊어진' 처량한 슬픔을 토로한 작품이다. 반대로 생각해보자. 기생집을 드나드는 한량이 재물이 다하여 정이 끊어지는 때를 탄식할 줄 알아도 '미색이 시들면 사랑도 식는' 기녀들의 위기의식을 언제 생각이나 해본 적이 있었겠는가?

작은 치욕을 견뎌내지 못하는 사람은
영예로운 명성을 쌓을 수 없다

'영예롭게 후퇴할 것'을 설득하는 계책

096

傚[1]小節者不能行大威, 惡小恥者不能立榮名.
효 소 절 자 불 능 행 대 위, 악 소 치 자 불 능 입 영 명.

昔管仲射桓公中鉤, 簒也.
석 관 중 사 환 공 중 구, 찬 야.

遣公子糾而不能死, 怯也. 束縛桎梏[2]
견 공 자 규 이 불 능 사, 겁 야. 속 박 질 곡

辱身也. 此三行者, 鄕里不通[3]也.
욕 신 야. 차 삼 행 자, 향 리 불 통 야.

世主不臣也. 使管仲從窮抑,
세 주 불 신 야. 사 관 중 종 궁 억,

幽囚而不出, 慚恥而不見, 窮年沒壽,
유 수 이 불 출, 참 치 이 불 견, 궁 년 몰 수,

不免爲辱人賤行矣!
불 면 위 욕 인 천 행 의!

—『戰國策·齊策』

---

1 傚(효): 본받다. 모방하다.
2 桎梏(질곡): 족쇄와 수갑을 가리킨다. 고대의 형구로 다리에 차는 것을 '桎(질)'이라고
하고, 손에 차는 것을 '梏(곡)'이라고 한다. 주로 죄인을 구금할 때 사용한다.
3 不通(불통): 상대하지 않다. 왕래하지 않다. 서로 통하지 않다.

▶ 작은 예절에 치중하는 사람은 천하에 명성을 떨칠 수 없고, 작은 치욕을 신경 쓰는 사람은 숭고한 명예를 세울 수 없다. 옛날 관중은 제환공을 암살하려 화살을 쏘아 그의 허리띠 고리를 맞추었으니, 이는 반란이었다. 공자 규(糾)를 따라 죽지 않고 그의 곁을 떠났으니, 이는 비겁한 것이었다. 또한 족쇄와 수갑에 포박을 당했으니, 이는 크나큰 치욕이었다. (평범한 사람이) 이러한 세 가지 행동을 했다면 고향의 집안 어르신들은 그와 왕래하지 않았을 것이고, 군주는 그를 신하로 삼으려 하지 않았을 것이다(평범한 사람은 일반적으로 이러한 행동을 하지 않는다). 만약 관중이 (평범한 사람과 마찬가지로) 응이 진 마음을 풀지 못하고 자신을 스스로 막아 더 관직에 오르지 않았더라면, 수치스러움을 두려워하여 제환공을 알현하지 않았더라면 그는 평생토록 굴욕을 당하고 비천한 일을 했을 것이다.

위 단락은 「노중련유연장서(魯仲連遺燕將書)」에 실려 있는 글이다.

전단이 '두 개의 성을 근거로 제나라를 부흥시키던(雙城復齊)' 때 연나라의 한 장수는 목숨을 걸고 요(聊) 성을 지키려 했다. 전단이 1년이 넘도록 성을 포위하고 공격했으니 쉽사리 함락되지 않았다. 바로 그때 누구보다도 분쟁을 잘 해결한다고 소문이 난 노중련(魯仲連)이 등장했다. 그는 편지 한 통을 써서 그것을 화살에 묶어 성안으로 쏘아 보냈다.

노중련은 편지의 첫머리에 그의 요지를 분명하게 피력하면서 연나라 장군에게 이렇게 권했다. 연왕에게 있어서 한 명의 대장군을 잃을 수도 있는 일임을 잘 살피지 않고 오로지 한때의 패기를 과시하는 것은 충성이 아니다. 결국 장군 자신은 목숨을 잃게 될 것이고, 성은 함락되고 말 것이니 이는 용기가 아니다. 장군의 공로와 명성이 후세에 전해지지 못할 것이니 이는 지혜가 아니다.

이어서 노중련은 연장군을 잔뜩 치켜세웠다. 패잔병을 데리고 제나라 전군을 한 해가 넘도록 막아냈으니, 성을 지키는 기술이 묵적(墨翟)에 비할 만하다. 성내에 병사들이 거의 희생되었고 식량이 모두 끊겼는데도 사졸들은 추호도 배반하려는 마음을 갖고 있지 않으니, 장군이 군대를 다스리는 기술은 손빈이나 오기(吳起)에 견줄 만하다. 이러한 점은 이미 자부심을 품고 세상에 과시하기에 충분하다.

그런 뒤에 노중련은 관중과 조말(曹沫)의 예를 들며 연나라 장군에게 한때의 패기를 참고 일생의 명예를 이룰 것을 권했다. 결국, 연나라 장군은 그에게 설득당하여 제나라에서 군대를 철수했다. 노중련의 편지 한 통이 수많은 사람의 생명을 구한 것이었다.

역사를 사로잡은 명장면

노중련은 편지에 조말의 이야기도 언급했다.

조말은 사마천 『사기·자객열전(刺客列傳)』의 첫 번째 주인공이다. 그는 용기 있고 힘 좋은 장사로 노나라에서 이름을 떨쳤고, 소문을 들은 노장공이 그를 장수로 등용했다. 노나라의 장수가 된 조말은 제나라와의 교전에서 세 번 싸워 세 번 모두 패배했고, 노나라는 땅을 떼어주며 화친을 요청하는 처지가 되었다. 하지만 장공은 조말을 처벌하기는커녕 조말에게 계속 장수의 지위를 담당하게 했다.

제나라와 노나라 두 나라가 강화 조약을 체결하는 당일이 되자 회의 자리에 참석하고 있던 조말은 비수를 뽑아 들고 제환공을 위협하며 침략한 토지를 반환하라고 요구했다. 제환공은 눈앞의 상황 때문에 어쩔 수 없이 구두로 승낙했다. 그러나 조말이 자리로 돌아가자 제환공은 크게 화를 내며 마음을 바꾸려고 했지만, 국 관중의 권간으로 노나라에게서 빼앗았던 토지(조말이 패전하면서 잃었던 땅)를 반환했다. 조말은 치욕을 참았고, 그로 인해 공을 세워 속죄할 기회를 얻었다.

고전의 지혜

공자는 "군자는 세상을 떠난 뒤에 자신의 이름이 일컬어지지 못할까 봐 걱정한다(君子疾沒世而名不稱)"라고 했고, 사마천은 "죽음은 태산보다 무거운 경우도 있고, 깃털보다 가벼운 경우도 있다(死有重於泰山, 或輕於鴻毛)"라고 했다. 두 표현 모두 '작은 치욕을 꺼리는 사람은 영예로운 명성을 세울 수 없다'는 뜻을 나타낸 것이다. 핵심은 마음속에 큰 뜻을 품고 이상을 실현하기 위해서는 한때의 감정을 참아야 한다는 것이다. 그것이 아니라면 이 명구들은 그저 구차하게 살아가는 변명거리에 지나지 않을 것이다.

만일 백성이 없다면
어찌 임금이 있겠는가

정면으로 질책하는 계책

097

齊王使使者問¹趙威后, 書未發.

제 왕 사 사 자 문¹ 조 위 후, 서 미 발.

威后先問使者曰: "歲亦無恙耶? 民亦無恙耶?

위 후 선 문 사 자 왈: "세 역 무 양 야? 민 역 무 양 야?

王亦無恙耶?" 使者不說².

왕 역 무 양 야?" 사 자 불 열².

曰: "臣奉使使威后, 今不問王, 而先問歲與民,

왈: "신 봉 사 사 위 후, 금 불 문 왕, 이 선 문 세 여 민,

豈先賤而後尊貴乎?"

기 선 천 이 후 존 귀 호?"

威后曰: "不然. 苟無歲, 何以有民? 苟無民,

위 후 왈: "불 연. 구 무 세, 하 이 유 민? 구 무 민,

何以有君? 故有問舍³本而問末者耶?"

하 이 유 군? 고 유 문 사³ 본 이 문 말 자 야?"

—『戰國策·齊策』

---

1 問(문): 문안드리다.

2 說(열): 기쁘다. '悅(열)'과 같다.

3 舍(사): 버리다. '捨(사)'와 같다.

▶ 제왕이 조나라 효위태후(孝威太后)에게 문안드리기 위해 사신을 파견했다. 사신이 국서를 열기도 전에 위후(威后)가 먼저 사신에게 물었다.

"올해 농작물 수확은 괜찮은가? 백성들은 모두 잘 지내는가? 군왕께서도 무탈하신가?"

사신은 불쾌한 표정을 지으며 말했다.

"저는 군왕의 명령을 받들어 태후께 문안을 드리러 왔습니다. 한데, 태후께서는 우리 군왕에 대해 먼저 묻지 않고 작황과 백성에 대해 먼저 물으시다니요. 어찌 비천한 것을 먼저 하고, 존귀한 것을 나중에 하신단 말입니까?"

그러자 위후가 말했다.

"그대의 말은 옳지 않다. 만일 작황이 좋지 않다면 어찌 백성이 있겠는가. 만일 백성이 없다면 어찌 군주가 있겠는가. 내 어찌 근본을 버리고 말단을 쫓아 물어보겠는가."

이 일이 있기 1년 전, 조혜왕이 세상을 떠났고 효성왕이 왕위를 계승하면서 효위태후가 수렴청정을 했다. 진(秦)나라가 그 기회를 틈타 병사를 일으켜 조나라를 공격해 들어오자 조나라는 제나라에 구원을 요청했다. 그리고 제나라는 그 대가로 위후가 가장 아끼는 어린 아들 장안군(長安君)을 인질로 보낼 것을 요구했다. 위후는 어찌할 방도가 없었으므로 이를 승낙할 수밖에 없었다.

그로부터 1년 뒤, 제양왕이 죽고 제왕 건(建)이 즉위하자 사신을 파견하여 조나라 위후에게 우호를 표시했다. 그러나 위후는 1년 전의 일을 여전히 마음에 두고 있었으므로 사신이 좋은 말을 늘어놓기 전에 다짜고짜 책망했다.

위의 대화에 이어서 위후는 한 걸음 더 나아가 이렇게 말했다.

"제나라에는 백성들을 자상하게 돌보는 처사 두 사람이 있다고 하던데, 어찌 아직까지 그들을 불러 벼슬을 내리지 않는 것인가? 어릉(於陵) 출신의 자중(子仲)이라는 작자는 어찌 아직까지 자리에 있는가? 그 작자는 위로는 신하의 도리를 다하지 않고 아래로는 가정을 돌보지 않으며, 또한 제후들과 화목하게 지낼 능력이 없는 사람이건만 이토록 쓸모없는 사람을 어찌하여 여태 죽이지 않는 것인가?"

이를 추측해보면, 자중은 아마도 애초에 장안군을 인질로 잡아오자는 계책을 올렸던 사람이었을 가능성이 높다. 조위후의 이러한 행동은 자신의 개인적인 원한을 해소하는 데에는 성공적이었다. 하지만 5년 뒤 진나라 군대가 또다시 조나라를 공격했을 때 제왕은 더는 식량도 지원병도 보내주지 않았다. 결국 진나라 군대는 장평 전투에서 조나라 군사 40만 명을 전멸시켰고, 조나라는 이렇게 크게 좌절한 뒤 다시는 일어서지 못했다.

역사를 사로잡은 명장면

『전국책』의 핵심은 '계책'으로, 이들 계책은 대부분 '속이는 방법'에 대해 이야기한다. 그런데 이 계책에서는 보기 드물게도 '민본(民本) 사상'을 다루고 있다.

『맹자·진심하(盡心下)』의 "백성이 가장 귀하고, 사직이 그다음이며, 군주는 가장 가볍다(民爲貴, 社稷次之, 君爲輕)"라는 말은 고대 민본 사상을 대표한다. 그런데 맹자는 그 뒤에 이어서 이렇게 말했다. "백성의 마음을 얻으면 천자가 되고, 천자의 마음을 얻으면 제후가 되며, 제후의 마음을 얻으면 대부가 된다(得民心而爲天子, 得天子之心而爲諸侯, 得諸侯之心而爲大夫)." 오늘날의 민주주의 사상과는 여전히 큰 차이가 있다. 공무원은 마땅히 민심을 최우선으로 삼아야 한다. 만일 윗사람의 의중만 세심하게 살핀다면 국민들은 변함없이 고통에서 헤어나지 못할 것이다.

고전의 지혜

조위후와 맹자의 의견을 대조해보면, 위후의 의견에는 '작황이 좋지 않다면 어찌 백성이 있겠는가?'라는 항목이 하나 더 있다. '민생이 가장 우선'이라는 이념이 한 겹 더 존재하는 것이다. 경제를 잘 운영해야만 민심을 얻을 수 있고, 민심을 얻어야만 정권을 공고히 할 수 있다.

잔가지로 만든 수레를 타고
남루한 옷을 걸치고서 산림을 개척하다

상대의 뜻에 따라주면서 우회적으로 돌려 말하는 간언

098

王[1]曰: "今吾使人於周, 求鼎以爲分[2], 王其與我乎?"
왕 [1] 왈: "금 오 사 인 어 주, 구 정 이 위 분, 왕 기 여 아 호?"

對曰: "與君王哉! 昔我先君熊繹[3], 辟在荊山, 篳路藍縷[4],
대 왈: "여 군 왕 재! 석 아 선 군 웅 역 [3], 벽 재 형 산, 필 로 람 루 [4],

以處草莽, 跋涉山林, 以事天子, 唯是桃弧棘矢[5],
이 처 초 망, 발 섭 산 림, 이 사 천 자, 유 시 도 호 극 시 [5],

以共禦王事[6], 齊, 王舅也, 晉及魯衛, 王母弟也,
이 공 어 왕 사 [6], 제, 왕 구 야, 진 급 노 위, 왕 모 제 야,

楚是以無分, 而彼皆有, 今周與四國服事君王,
초 시 이 무 분, 이 피 개 유, 금 주 여 사 국 복 사 군 왕,

將唯命是從, 豈其愛[7]鼎?"
장 유 명 시 종, 기 기 애 [7] 정?"

— 『左傳·昭公十二年』(鄭丹以詩諫)

---

1 王(왕): 초영왕
2 分(분): 나누어주다. '신위를 모신 사당에서 分祚(분향)하다'에서 '分'과 용법이 같다.
   주왕에게 정(鼎)을 구하여 나라를 태평하게 다스릴 기물로 삼고자 한 것이다.
3 熊繹(웅역): 초나라 시조
4 篳(필): 섶, 얇은 나뭇가지 / 藍(람): 낡다. 해지다. / 篳路藍縷(필로남루): 나뭇가지로 수레를
   만들고 몸에는 해진 옷을 걸치다.
5 桃弧棘矢(도호극시): 복숭아나무로 활을 만들고 가시나무로 화살을 만든다.
6 事(사): 전쟁. 전쟁에 관한 일
7 愛(애): 애석하다. 아깝다.

▶ 초영왕이 물었다.

"과인이 지금 주 왕실로 사신을 보내 천자에게 분정(分鼎)을 청하려고 하는데, 천자가 과연 나에게 정을 줄 것 같은가?"

초나라 대부 정단(鄭丹)이 대답했다.

"틀림없이 줄 것입니다. 옛날 우리 초나라의 시조이신 웅역(熊繹)께서는 나뭇가지로 만든 수레를 타고 해진 옷을 입으신 채로, 풀숲에서 먹고 자고 산 넘고 물 건너 앞장서서 천자를 위해 봉사하셨습니다. 또, 복숭아나무로 활을 만들고 가시나무로 화살을 만들어 천자를 위해 모조리 쏟아 부으며 필사적으로 싸우셨지요. 그런데 주성왕(周成王)의 모친이 강태공(姜太公)의 따님이라 제후(齊侯)가 왕의 외숙부이고, 진(晉)나라, 노나라, 위나라 세 나라의 시조는 성왕의 동생인 까닭에 그들은 모두 정을 나누어 받았으나 초나라는 받지 못했던 것입니다. 지금 대왕께서는 뭇 제후들 사이에 위세를 떨치고 계시며, 주 천자와 네 나라도 모두 대왕을 섬기고 있습니다. 시키면 시키는 대로 복종하는 것이 당연합니다. 어찌 감히 정을 아까워하겠습니까?"

초영왕은 지나치게 자만하여 중원의 패권을 노려볼 만하다고 생각했으나 사실 그의 힘은 오패(五覇) 시대 초장왕에 비하면 한참 모자라는 수준이었다. 따라서 '분정'을 요구할 수 있었을 뿐 감히 구정을 요구하지는 못했다(관련 내용은 19번째 명구 "새가 모이고 까마귀가 날고, 토끼가 뛰어오르고 말이 내달리다" 참고).

초영왕은 '잘못을 지적받으면 즉시 화를 내는' 성격이었다. 그래서 정단은 우선 그의 말을 순순히 받아들인 뒤 우회적으로 간언했다(초영왕의 성격으로 인해 신하가 우회적으로 간언을 올리는 이야기는 52번째 명구 "나뭇가지와 잎이 크면 반드시 부러지고, 짐승의 꼬리가 크면 민첩하지 못하다"에서의 신무우의 사례도 함께 참고할 만하다).

　정단은 얼마 뒤 주목왕(周穆王)이 정벌 전쟁을 일으켜 백성의 원성을 샀던 일을 풍자하는 시구를 이용해 초영왕을 일깨웠다. 시의 구절은 이랬다.

기초(祈招)의 온화함이여	祈招之愔愔,
임금님의 말씀을 밝혀라	式昭德音
우리 임금님의 법도를 옥과 같이,	思我王度,
금과 같이 만들어라	式如玉, 式如金
백성의 힘을 헤아려 취하고	形民之力,
배부를 마음이 없어라	而無醉飽之心

그 말을 들은 당시에는 초영왕도 마음에 느끼는 바가 있어 정단에게 깊이 숙여 절하고 궁으로 돌아왔다. 하지만 며칠 동안 잘 먹지도 못하고 잠도 이루지 못하다가 끝내 간언을 받아들이지 못했고, 결국 정변이 일어나 지위를 잃은 뒤 자살하고 마는 최후를 맞았다.

역사를 사로잡은 명장면

주성왕 시기에 웅역은 주공의 아들인 백금(伯禽), 성왕의 아우인 모(牟), 섭(燮), 여급(呂伋)과 함께 중신의 반열에 들었다. 그런데 모, 섭, 여급은 희성(姬姓)의 왕실 사람이라는 이유로 각각 위후, 진후, 제후에 봉해졌고, 백금은 왕실의 외척이라는 이유로 노공에 봉해졌다. 이들 모두가 공작, 후작의 작위를 받았으나 웅역만은 단지 자작에 봉해져 남만 지역에 자리를 잡았다. 그래서 정단이 초영왕을 대신해 불공평함을 호소했던 것이다.

연아당(連雅堂)의 『대만통사서(台灣通史序)』에는 다음과 같은 기록이 있다.

"무릇 대만은 진정 바다 위에 떠 있는 황폐한 섬에 불과했다. 잔가지로 만든 수레를 타고 남루한 옷을 걸치고서 산림을 개척하여 지금에 이르러서야 의지하게 되었다(夫台灣固海上之荒島爾, 篳路藍縷, 以啟山林, 至於今是賴)."

대만이 할양되었던 고통을 마음에 품고 개척의 고됨을 기록하면서 이 일을 인용한 것도 분명 청나라 조정에 대한 원망을 담은 것이라고 볼 수 있다.

발정 난 소와 말이라 할지라도
서로에게 끌리는 법은 없다

이치는 옳지 않으나 기세 있게 밀어붙이는 계책

099

齊師以諸侯之師侵¹蔡, 蔡潰, 遂伐²楚.

제 사 이 제 후 지 사 침 ¹ 채 , 채 궤 , 수 벌 ² 초 .

楚子³使與師言曰:"君處北海, 寡人處南海,

초 자 ³ 사 여 사 언 왈 : " 군 처 북 해 , 과 인 처 남 해 ,

唯是風馬牛⁴不相及也.

유 시 풍 마 우 ⁴ 불 상 급 야 .

不虞⁵君之涉吾地也, 何故?"

불 우 ⁵ 군 지 섭 오 지 야 , 하 고 ? "

—『左傳·僖公四年』(楚使對齊師)

1 侵(침): 주왕이 내준 종과 북 없이 제멋대로 전쟁을 일으키는 것을 '侵'이라고 한다.
   즉, 침략 행위를 일컫는다. 공자가 『춘추(春秋)』를 지을 적에 글자 하나하나의 포폄을
   중시했는데, 이것이 바로 일례이다.
2 伐(벌): 주왕에게 하사받은 종과 북을 들고 전쟁을 일으키는 것을 '伐'이라고 한다.
   그러나 후에 주왕실이 쇠락하자 제후들은 서로 공격했고, 주왕의 동의를 받지 못한
   전쟁이라 할지라도 '伐'이라고 했다.
3 楚子(초자): 초는 자작의 나라이다. 당시의 국군은 초성왕이었다. 그러나 『춘추』에서는
   여전히 초자라고 칭했다.
4 風(풍): 암수가 서로 유혹하다. / 風馬牛(풍마우): 소와 말이 서로를 유혹할 수 없는 것과
   같이 두 나라의 거리가 매우 멀다. 가축으로 비유한 것으로 풍자의 의미가 담겨 있다.
5 不虞(불우): 뜻밖에

▶ 제환공이 제후 연합군을 이끌고 채나라를 침략했다. 채나라가 붕괴되자 연합군은 그 기세를 몰아 초나라를 공격했다. 초성왕의 사신이 연합군을 책망하며 말했다. "제나라는 북방의 바닷가에 있고, 초나라는 남방에 있어 두 나라의 거리가 대단히 멀다. 마치 수소와 암말이 서로에게 끌리지 않는 것과도 같다. 그런데도 그대들은 느닷없이 우리 국경에 진입했으니, 이는 무슨 이치인가?"

제환공이 제후의 맹주가 되자 채(菜)나라 무후(繆侯)가 자신의 여동생을 제환공에게 시집보냈다. 하루는 이 채나라 공주가 제환공과 함께 배를 타고 물놀이를 나간 일이 있었는데, 일부러 배를 흔들어 움직이며 장난을 쳤다. 제환공이 멈추라며 소리쳤으나 그녀는 말을 듣지 않았고, 크게 화가 난 제환공은 그녀를 친정으로 쫓아냈다. 채후는 이일을 대단히 불쾌하게 여겨 얼마 뒤 여동생을 재가시켰고, 체면이 말이 아니게 된 제환공은 이에 채나라를 공격하여 승리를 거두었다.

채나라의 배후에는 초나라가 있었다. 초나라는 제환공을 끊임없이 괴롭혀왔고, 심지어 제나라의 동맹국이던 정나라를 수시로 침범하기도 했다(정나라와 제나라의 동맹에 관한 이야기는 41번째 명구 "사람에게는 각기 맞는 짝이 있다. 제나라는 너무 커서 나의 짝이 아니다" 참고). 그래서 제환공은 전승의 여세를 몰아 초나라까지 공격하려고 했다.

당시 제나라는 잔뜩 기세가 올라 있었고, 초나라는 그런 제나라와 '경솔하게 칼날을 맞대며' 전쟁을 치르고 싶지 않았다. 그래서 사신을 보내 이치를 따져가며 위와 같이 질책한 것이었다.

제나라의 재상 관중은 따져 묻는 초나라 사신에게 이렇게 대답했다.

"옛날 주왕(周王)의 정무를 맡아보았던 소강공(召康公)께서는 우리 제나라의 조상이신 강태공께 동방의 상황을 살펴 복종하지 않는 제후들을 토벌해도 좋다는 권한을 부여하셨다. 너희 초나라는 이미 오랫동안 제사에 사용할 포모(包茅)를 진상하지 않아 천자의 제전(祭典)을 완벽하지 못하게 만들었으니, 나는 이 일을 추궁하러 온 것이다."

역사를 사로잡은 명장면

사실, 제나라 군대는 과거에 소강공이 권한을 부여했던 범위를 이미 넘어선 것이라 이치상 옳지 않았다. 하지만 관중의 '이치는 옳지 않았으나 그 기상이 매우 굳셌다.'

초나라는 비록 전쟁을 원하지는 않았으나 그렇다고 전쟁을 두려워한 것은 아니었다. 그랬던 터라 초나라 사신은 감히 위와 같이 조롱 섞인 말을 할 수 있었던 것이고, 대화의 말미에는 심지어 '기껏해야 한 번 싸우면 되는 것 아니겠느냐'는 자세로 일관했다. 제나라와 초나라는 결국 전쟁을 벌이지 않았고, 평화 조약을 체결한 뒤 각자의 병사를 철수시켰다.

고전의 지혜

누군가 터무니없이 싸움을 걸어오는 경우에 중국인들은 '井水不犯河水(우물물은 강물을 침범하지 않는다)'는 말을 자주 사용한다. 그 뜻은 '風馬牛不相及(발정난 소와 말도 서로에게는 끌리지 않는다)'와 같다. 하지만 '風馬牛不相及'에는 좀 더 풍자적인 의미가 내포되어 있다. 간혹 '風馬牛不相干'이라고 사용하는 경우도 있으나 이는 잘못된 표현이다.

백락이 자신을 알아주다

남을 띄우면서 동시에 자신을 띄우는 계책

夫驥¹之齒²至矣. 服³鹽車而上太行. 蹄申⁴膝折.
부 기 지 치 지 의. 복 염 거 이 상 태 행. 제 신 슬 절.

尾湛⁵胕⁶潰. 漉汁⁷灑地, 白汗交流, 中阪⁸遷延⁹.
미 담 부 궤. 록 즙 쇄 지. 백 한 교 류. 중 판 천 연.

負轅¹⁰不能上. 伯樂遭¹¹之, 下車攀¹²而哭之.
부 원 불 능 상. 백 락 조 지. 하 거 반 이 곡 지.

解紵¹³衣以冪¹⁴之. 驥於是俛¹⁵而噴¹⁶. 仰而鳴.
해 저 의 이 멱 지. 기 어 시 면 이 분. 앙 이 명.

聲達於天, 若出金石¹⁷者, 何也?
성 달 어 천. 약 출 금 석 자. 하 야?

彼見伯樂之知己也.
피 견 백 락 지 지 기 야.

—『戰國策·楚策』

1 驥(기): 좋은 말. 준마
2 齒(치): 말의 치아는 나이에 따라 자란다. 따라서
   나이를 '연치(年齒)', '마치(馬齒)'라고도 한다. /
   齒至(치지): 나이가 충분히 들어서 수레를 끌 수
   있게 된다.
3 服(복): 수레를 끌다.
4 申(신): 곧게 펴다.
5 湛(담): 땀에 축축하게 젖다.
6 胕(부): 아랫다리. 종아리.
7 漉汁(녹즙): 소금 수레에서 배어 나온 액체
8 阪(판): 산비탈 / 中阪(중판): 산허리. 산 중턱

9 遷延(천연): 정체되어 앞으로 나가지 못하다.
   (지지부진하다)
10 轅(원): 마차를 끌 때 사용되는 곧은 나무
11 遭(조): 만나다.
12 攀(반): 껴안다. 포옹하다.
13 紵(저): 고운 모시
14 冪(멱): 덮다.
15 俛(면): 머리를 숙이다.
16 噴(분): 공기를 내뿜다.
17 金石(금석): 타악기의 통칭

397

▶ 그 천리마[驥]는 수레를 끌 수 있는 나이가 되자 소금수레를 끌고 태항산(太行山)을 올랐습니다. 발굽은 모두 닳아 펴지고, 무릎은 꺾이고, 꼬리는 물에 흠뻑 젖고, 종아리 살갗은 마찰로 인해 갈라지고 헐었습니다. 소금수레에서 새어 나온 물이 온 사방을 적시고, 땅바닥에는 하얀 소금물과 말의 땀이 뒤섞여 흘렀습니다. 수레는 산 중턱에서 멈춰 서서 더는 앞으로 나아가지 못했지요. 천리마가 안간힘을 다해 끌채를 당겨보아도 움직이지 않았습니다. 바로 그때 백락이 그 길을 지나다가 말의 참상을 목도하게 되었습니다. 백락은 수레에서 내려 말을 부둥켜안고 목 놓아 울며 입고 있던 고운 모시옷을 벗어 말에게 덮어주었습니다. 그러자 천리마는 고개를 숙여 가쁜 숨을 내뱉고는 고개를 들어 크게 울부짖었습니다. 말의 울부짖는 소리가 하늘로 울려 퍼졌는데, 그것이 마치 금석 악기의 소리와도 같았습니다. 그 말이 어찌 그리 소리 높여 울었겠습니까? 백락이 자기를 알아주었다는 것에 감동을 받았기 때문입니다.

춘신군에게 몸을 의탁하고 있었던 유세객 한명(汗明)은 석 달을 어렵게 기다린 끝에 드디어 춘신군을 만나 뵙게 되었다. 둘은 함께 이야기를 나누며 매우 즐거워했고, 한명은 춘신군과 더 많은 이야기를 나누고 싶어 했다. 그런데 춘신군이 말했다.

"저는 이제 선생이 어떤 분인지 잘 알았습니다. 선생께서는 이만 물러가 쉬시지요."

그러자 한명은 춘신군에게 백락과 소금수레를 끌었던 천리마의 이야기를 들려주었다. 또한 요임금이 순을 알아보고 칭찬했던 일을 들어 춘신군을 치켜세웠고, 이에 춘신군도 한명을 순에 비유하며 띄워주었다. 결국 한명을 빈객 명단에 이름을 올려 닷새에 한 번씩 그에게 가르침을 구했다.

역사를 사로잡은 명장면

당대의 문장가 한유(韓愈)의 글 중에 이러한 명구가 있다.

"세상에 백락이 존재한 뒤에야 천리마가 존재한다. 천리마는 언제나 있지만 백락은 항상 있는 것이 아니다(世有伯樂, 然後有千里馬. 千里馬常有, 而伯樂不常有)"

한유의 문장도 이 이야기에서 파생되어 나온 것이다. 사실 천하에는 천리마가 매우 많지만, 말을 알아볼 줄 아는 백락은 대단히 적다. 그래서 천리마라 할지라도 소금 수레를 끄는 일에 이용당할 뿐 자기의 질주 능력을 발휘하지 못하는 경우가 허다하다. 천하에는 인재가 대단히 많지만, 때때로 '그 재주를 알아보는' 사람이 없으므로 짓밟히는 인재가 많다.

『여씨춘추』에는 이런 구절이 있다.

"열 필의 준마를 얻는 것은 한 명의 백락을 얻는 것만 못하며, 열 자루의 보검을 얻는 것은 구야(歐冶)를 얻는 것만 못하다(得十良馬, 不如得一伯樂. 得十良劍, 不若得歐冶)."

백락이 있다면 장차 좋은 말이란 말은 모조리 자신의 마구간으로 들어올 테니, 어찌 열 필에 그치겠는가? 구야자(歐冶子)는 춘추시대 검을 만들던 명장이었다. 구야자가 있다면 당연히 명검은 끊임없이 계속 만들어낼 수 있다.

유방은 천하를 얻은 뒤, 개국 공신 18명의 서열을 배정하라는 조서를 여러 신하에게 내렸다. 많은 사람은 온몸 70여 군데에 상처를 입은 평양후(平壤侯) 조참의 공로가 제일이라고 생각했다. 그런데 오직 악천추(鄂千秋)만은 생각이 달랐다. 그는 다수의 의견을 단호히 물리치며, 소하야말로 후방을 안정시키고 전방으로 군량을 공수하는 일을 수행하며 단 한 번도 부족함이 없었으므로 마땅히 첫 번째 자리를 내어주어야 한다고 주장했다. 결국 유방은 소하를 1순위로 두는 것으로 결정했다. 또한, '어진 사람을 천거한 자는 높은 상을 받아야 한다'며 악천추를 크게 칭찬하고 안평후(安平侯)로 봉했다.

소하와 조참(曹參)은 훗날 '蕭規曹隨(소규조수)'의 두 명의 재상이다. 그 두 사람의 성격상 1순위든 2순위든 서로 다투지 않았을 것이다. 오히려 유방의 이런 행동에 함축된 의미가 심오하다고 할 수 있다. 그 이면에는 다른 신료들이 악천추의 '어진 이를 천거하는' 행동을 본받기 바라는 유방의 속내가 담겨 있었다. 이렇게 하면 인재를 추천하는 기풍을 불러일으킬 수 있고, 그것은 온 조정이 모두 '백락'인 것과 다름없었다. 그렇다면 조정에 '준마'가 없는 것을 걱정할 일이 어디 있겠는가.

고전의 지혜

천리마는 백락이 자신을 알아주자 하늘에 닿을 듯한 소리로 울부짖었다. 인재는 자신을 알아주면 목숨 바쳐 일하려는 법이다. '재능을 알아보고 대우해준 은혜(知遇之恩)'의 효과는 계량화하기 어렵다.

뒤집어 말하면, 인재가 짓밟히고 모욕당하는 것은 정부나 기업에 있어서 가장 큰 손실이다. '사슴을 가리켜 말이라고 우기며(指鹿爲馬)' 현량한 사람을 모함하는 '멍청이'들은 더욱 말할 필요도 없을 것이다.

험난한 시대를 살아가기 위한 지략과 계책을 전수해주는 비서(祕書)

이 시대에는 통치자들의 덕이 부족하다. 그러므로 통치자를 위해 전략을 세우고 일을 도모하는 사람들은 자신의 세력을 밑천으로 삼으며 적절한 시기를 노려 판을 짜고 그림을 그리는 수밖에 없다. 그들이 내놓는 계책은 긴급한 상황을 해결하고 쓰러져가는 정권을 일으켜 세우며 강력한 권력을 만들어낸다. 그들의 계책으로 세상을 올바른 방향으로 이끌어갈 수는 없지만, 칼과 칼이 창과 창이 맞부딪히는 위급한 형세에서 구해낼 수는 있다. 여러 인재는 통치자가 해낼 수 있는 것이 무엇인지를 살펴 기묘한 계책과 이상한 지혜를 발휘한다. 그렇게 위기를 안정으로 바꾸고, 망해가는 추세를 기회로 만든다.

위의 '이 시대'란 구체적으로 언제를 의미할까? 특정한 어느 한 시기나 한 공간을 말하는 걸까? 지금의 우리 상황과는 동떨어진 다른 세상의 이야기일까?

위의 문장은 서한 시대에 유향이 『전국책』의 서문에 언급한 내용으로, '이 시대'란 중국의 '전국시대'를 가리킨다. 전국시대는 사회·경제적 토대가 변화하면서 낡은 사회질서가 무너지고 새로운 사회질서가 만들어지던 격변기였다. 이 시기의 여러 국가는 부국강병을 목표로 군사력, 경제력, 통치력, 외교력 등 모든 영역에서 '힘과 영향력'

을 키우기 위해 치열하게 경쟁했다. 이 상황에서 가장 돋보이는 임무를 수행한 사람들이 바로 통치자들에게 자신의 지혜와 계책을 팔아 그들이 목표를 이루게 해주었던 일군의 책사들이었다. 『전국책』은 이들 책사의 정치적 주장과 언행, 계책, 그리고 이를 둘러싼 역사적 사건을 기술한 책이다.

실제 『전국책』에 담긴 구절들을 살펴보면, 당시 책사들이 내세우는 정치적 주장이나 여러 일화가 우리에게 낯설기만 한 것은 아니다. 성공하겠다며 집을 나갔다가 거지꼴로 돌아온 아들에게 따뜻한 눈길 한 번, 말 한마디 건네지 않다가 그 아들이 다시 나가 성공하고 돌아오자 악대까지 불러 동네잔치를 벌이는 부모나, 그런 상황에서 '역시 사람은 성공하고 봐야 돼'라고 생각하는 아들의 모습(18번째 명구)이 그런 구체적인 사례이다. 이러한 모습은 오늘날 우리 주변에서도 얼마든지 일어날 수 있는 일이기 때문이다. 그러고 보면 과거 2~3천 년 전 황하 유역을 살아가던 사람들의 삶도 지금, 이곳을 살아가는 우리의 삶과 크게 다르지 않았던 것 같다. 그렇다면 그들의 역사는 오늘날에도 여전히 유효하다. 우리는 그들의 역사를 통해 현재를 해석하고 지혜롭게 대처할 수 있다.

그런 의미에서 고전은 생명력을 지닌다. '고전'이라는 것을 과거의 성현이, 지식인이, 책사가 남겨놓은 말의 찌꺼기라고만 치부할 수는 없다. 어렵고 복잡한 것, 고리타분하고 지루한 것, 현실성 떨어지는 과거의 죽은, 낡은 글이라고 단정할 수도 없다. 우리가 고전을 어떻게 이해하고 해석하고 활용하는지에 따라 고전은 지금, 이곳에서 살아 숨 쉰다.

하지만 우리는 고전에 대한 막연한 거부감을 가질 때가 많다. 언어라는 장벽에 막혀 접근이 쉽지 않다는 이유가 가장 크겠다. 고전에 덧씌운 '어렵다'는 이미지가 접근 자체를 막기도 한다. 시대적인 차이로 인해 현재에는 유용하지 못할 것이라는 편견도 작용할 것이다. 그러나 이러한 장애물들을 잠시 치워두고 실제로 중국 고전을 직접 체험할 수 있다면 우리는 그 안에서 현재의 가치로 환원할 수 있는 수많은 지혜를 발견할 수 있을 것이다. 이것이 바로 우리가 지금, 이곳에서『전국책』의 명구를 읽고 이해하려는 이유이기도 하다.

『전국책』은 서한 말기에『국책(國策)』,『국사(國事)』,『단장(短長)』,『사어(事語)』,『장서(長書)』,『수서(修書)』등 다양한 이름으로 유통되던 전국시대의 글을 유향이 나라별로 정리, 편집하여 완성한 책이다. 그 내용은 주로 주(周) 왕실의 권력이 약화하고 지방 제후국이 뒤섞여 전쟁을 벌였던 240여 년의 기간, 그 시기에 활약했던 종횡가(縱橫家)들의 정치적 주장과 외교적 책략을 다룬다. 따라서 유향은 이 책의 이름을『전국책』이라고 명명했다. 굳이 번역하자면 '싸우는 나라들의 책략'으로 옮길 수 있겠다.

이처럼『전국책』은 어느 한 시기에 한 사람에 의해서 만들어진 역사서가 아니다. 우리는 쉽게『전국책』을 역사적 문헌으로 분류하지만, 사실 이 책은 특정한 역사관을 지닌 역사가 개인(혹은 집단)이 저술한 여타의 역사서, 예컨대『춘추』나『국어(國語)』,『사기』와는 차이가 있다. 우선, 기록된 내용 중 많은 부분이 역사적 사실로서 신빙성이 떨어진다. 가령, 당저(唐且)가 진나라 조정에서 칼을 뽑아 들고 진왕 정(政)을 협박했다는 기록(24번째 명구)은 실제 일어났던 일로 보기 어렵다. 이러한 내용은 역사적 사실이라기보다는 극적 과장이 가미

된 '이야기'로 보아야 할 것이다. 또한, 『전국책』은 전체적으로 완전한 체제를 갖추지 못한 각각의 독립적인 단편 모음이다. 사건을 기술하는 역사가의 관점도 드러나지 않는다. 그로 인해 사상적인 측면에서 특정한 경향성을 보이지도 않는다. 오히려 비판 없이 당시 사회를 너무나 현실적으로 묘사했다는 점에서 역대 유학자들의 숱한 비판과 배척을 받았다. 과도하게 명리(名利)를 추구하고 임기응변으로 위기를 모면하기 위해 계책을 짜내는 것은 유가의 사상과 결코 합치될 수 없었기 때문이다.

그러나 오늘날의 시각에서 보면, 다양한 사상과 문화가 활발하게 생성되고 교류했던 전국시대의 역사적 상황을 사실 그대로 반영했다는 점만으로도 『전국책』은 충분한 가치를 지닌다. 거기에 더해 생동감 넘치는 인물 묘사, 신랄한 풍자와 비유가 뛰어나고, '화사첨족', '어부지리', '삼인성호' 등을 비롯한 수많은 성어의 '고사(故事)'가 가득 담겨 있다는 점에서 그 문학적 가치도 인정받을 만하다.

『전국책』을 통해 어떤 깨달음이나 교훈을 얻기를 기대하기는 어려울 수도 있다. 처음부터 세상을 교화하거나 일깨우려는 목적으로 쓰인 글이 아니기 때문이다. 그러나 우리가 이 사회를 살아가면서 부딪칠 수 있는 여러 가지 긴박한 문제의 해결책을 찾아낼 수는 있을 것이다. 과거의 수많은 사건에 대한 실패담과 성공담이 모두 이 책에 담겨 있으니 말이다.

이 책은 대만 상주출판사에서 출간한 중문 경전 100구 시리즈 중에서 『전국책』을 번역한 것이다. 서문에서 밝혔듯이, 저자는 『전국책』에서 가려낸 70여 개 명구에 『좌전』, 『설원』의 명구를 일부 추가하여

100개 구절을 채워 이 책을 집필했다. 그는 100개의 명구를 '개인의 삶', '처세', '리더십', '경영', '대인관계'의 다섯 가지 주제에 따라 배열 하였다. 각각의 명구는 해당 구절이 포함된 한문 원문과 번역문, 그와 관련한 배경 상황에 대한 설명, 그리고 명구의 내용과 관련 있는 동시 대나 후대의 사건에 대한 기술로 구성된다. 때로는 해당 명구를 현대 에는 어떻게 이해하고 적용할 수 있는지, 중국인은 이 구절을 언제, 어떻게 인용하는지 등에 대해서도 부연 설명한다. 생동감 있고 간결 한 문장으로 친절하게 서술함으로써 한문, 한자에 익숙하지 않은 독 자도 쉽게 고전을 음미하고 향유할 수 있게 한다. 이 책의 장점은 바 로 여기에 있다.

고전으로의 접근을 방해하는 장애물들은 이 책에서 이미 사라졌 다. 언어적·시대적 장벽이나, 고전은 당연히 어렵다는 편견은 이 책 어디에서도 느낄 수 없다. 오히려 고전의 정수만을 가려 뽑아 다시 제 련하여 누구나 어디에서든 쉽고 재미있게 읽을 수 있게 하였다. 또 다 른 장점은 명구의 내용과 관련된 서로 다른 시간과 공간의 사례를 함 께 언급함으로써 각각의 계책에 대한 다양한 시각과 풍부한 이해를 가능하게 한다는 점이다. 한발 더 나아가 21세기를 살아가는 우리가 이 명구를 어떻게 현재화하여 활용할 수 있을지 고민하도록 돕는다 는 점도 이 책의 분명한 장점이라고 할 수 있다.

따라서 이 책은 중국 고전에 호기심을 갖기 시작한 사람이 손쉽게 읽어볼 만한 책이다. 또한, 험난한 이 시대를 살아가기 위한 지략과 계 책을 고전에서 찾아내고자 하는 사람에게도 추천할만하다. 각 명구 에 한문 원문이 함께 제시되어 있으므로 한자를 익히고 한문 독해력 을 키우고자 하는 사람에게도 도움이 될 것이며, 명구와 관련된 당시 배경을 자세히 설명하고 있으므로 수많은 책사와 영웅호걸이 활약했던 전국시대의 사회상에 관심이 있는 사람도 흥미롭게 읽을 수 있을 것이다.

마지막으로 투박하고 난삽한 글을 꼼꼼하게 다듬어주신 편집자 이재두 님과 책의 출간을 위해 힘써주신 도서출판 눌민의 정성원, 심민규 대표님께 감사의 마음을 전한다. 역자 나름으로 최대한 원전을 찾아 맥락을 이해한 뒤 번역하고자 노력하였으나, 여전히 우리말로 제대로 옮기지 못하거나 오해의 소지가 있는 부분이 있지는 않을지 걱정이 앞선다. 이 점에 대해서는 독자들의 많은 지적과 가르침을 바란다.

2016년 7월
역자 안소민

안소민 금강대학교 중국어통역학과를 졸업하고, 서울대학교 중어중문학과에서 고대중
국어 어휘, 문자의 상관관계에 대한 논문으로 석사 학위를 받았다. 현재 서울대학
교 중어중문학과 박사과정을 수료하고 박사학위논문을 집필하고 있다. 지금은
중국 언어와 문자의 통시적 변화 과정, 언어와 사회, 문화의 상호 영향 관계 등에
관하여 관심을 갖고 연구하고 있으며, 금강대 등에서 강의하고 있다. 역서로 『고대
중국어』(공역), 『돈황학대사전』(공역) 등이 있다.

온고지신 인문학 역사 3

험난한 시대를 살아가기 위한 지략과 계책 배우기
전국책

1판 1쇄 찍음 2016년 7월 15일
1판 1쇄 펴냄 2016년 7월 25일

지은이 공손책
옮긴이 안소민
펴낸이 정성원 · 심민규
펴낸곳 도서출판 눌민

출판등록 2013. 2. 28 제2013-000064호
주소 서울시 마포구 양화로 156, 1624호 (121-754)
전화 (02) 332-2486   팩스 (02) 332-2487
이메일 nulminbooks@gmail.com

한국어판 ⓒ 도서출판 눌민 2016

Printed in Seoul, Korea

ISBN 979-11-956464-8-7 04140
      979-11-956464-0-1 (set)

이 도서의 국립중앙도서관 출판예정도서목록(CIP)은 서지정보유통지원시스템 홈페이지
(http://seoji.nl.go.kr)와 국가자료공동목록시스템(http://www.nl.go.kr/kolisnet)에서
이용하실 수 있습니다. (CIP제어번호: CIP2016016611)